杭州职业技术学院文库
杭州职业技术学院"双高计划"建设成果丛书
本书系浙江省第一批省级课程思政教学研究项目
"高端装备制造类专业核心课的课程思政实施方法和举措研究"成果之一

# 高职院校技术技能创新服务平台建设研究

孙红艳 © 著

中国纺织出版社有限公司

## 内 容 提 要

本书以高职院校的技术技能创新服务平台构建为题，重点探讨在"双高计划"实施背景下的高职院校技术技能创新服务平台的构建之策。本书主要包括绪论、理论研究、政策分析、案例分析、杭职实践、平台支持系统构建、团队建设、趋势和建议等八章。本书坚持理论和实践相结合，不仅详细阐述了创新服务平台构建的价值意蕴、研究动态、样态与问题、政策演进，还列举了一些高职院校在创新服务平台构建方面的典型做法，同时以杭州职业技术学院的平台建设为例，全面展示了在"双高计划"背景下技术技能创新服务平台构建的具体做法。

本书适合中等职业院校、高等职业院校的专业教师、管理人员和研究人员阅读和参考。

**图书在版编目（CIP）数据**

高职院校技术技能创新服务平台建设研究／孙红艳著．--北京：中国纺织出版社有限公司，2024.6．
（杭州职业技术学院"双高计划"建设成果丛书）．
ISBN 978-7-5229-1859-4

Ⅰ．G718.5

中国国家版本馆 CIP 数据核字第 2024K3P166 号

责任编辑：李春奕　　责任校对：李泽巾　　责任印制：王艳丽

中国纺织出版社有限公司出版发行
地址：北京市朝阳区百子湾东里 A407 号楼　邮政编码：100124
销售电话：010—67004422　传真：010—87155801
http://www.c-textilep.com
中国纺织出版社天猫旗舰店
官方微博 http://weibo.com/2119887771
三河市宏盛印务有限公司印刷　各地新华书店经销
2024 年 6 月第 1 版第 1 次印刷
开本：787×1092　1/16　印张：15.75
字数：245 千字　定价：89.00 元

凡购本书，如有缺页、倒页、脱页，由本社图书营销中心调换

# 目 录

第一章 绪论 ………………………………………………………………… 1
    第一节 高职院校技术技能创新服务平台的价值意蕴 …………………… 2
    第二节 高职院校技术技能创新服务平台的代表样态 …………………… 8
    第三节 研究内容和研究方法 …………………………………………… 15

第二章 高职院校技术技能创新服务平台的理论研究 ……………………… 19
    第一节 高职院校技术技能创新服务平台的内涵解析 ………………… 20
    第二节 高职院校技术技能创新服务平台研究综述 …………………… 25
    第三节 高职院校技术技能创新服务平台的理论框架 ………………… 31

第三章 高职院校技术技能创新服务平台建设的政策分析 ………………… 39
    第一节 高职院校起步发展时期技术技能创新服务平台建设的
           政策 ………………………………………………………………… 40
    第二节 国家示范校和骨干校建设时期技术技能创新服务平台
           建设的政策 ……………………………………………………… 43
    第三节 国家优质校建设时期技术技能创新服务平台建设的
           政策 ………………………………………………………………… 46
    第四节 国家"双高计划"建设时期技术技能创新服务平台建设的
           政策 ………………………………………………………………… 48

第四章 高职院校技术技能创新服务平台构建案例分析 …………………… 51
    第一节 产教融合视角下高职院校技术技能创新服务平台
           典型案例 ………………………………………………………… 52
    第二节 人才培养视角下高职院校技术技能创新服务平台
           典型案例 ………………………………………………………… 66
    第三节 管理机制视角下高职院校技术技能创新服务平台

典型案例 ………………………………………………………… 80

## 第五章　打造技术技能创新服务平台的"杭职实践" ……… 87
第一节　打造技术技能创新服务平台的前期积累 …………… 88
第二节　"双高计划"背景下的技术技能创新服务平台建设 …… 92
第三节　学校不同类型技术技能创新服务平台建设实例 ……… 103

## 第六章　杭州职业技术学院技术技能创新服务平台支持系统构建 … 125
第一节　校企共同体为技术技能创新服务平台构建创造新生态 … 126
第二节　经费和管理为技术技能创新服务平台运行提供保障 …… 133
第三节　教学研融合改革为技术技能创新提供新载体 ………… 139

## 第七章　高职院校技术技能创新服务平台团队建设 …………… 145
第一节　高职院校技术技能创新服务平台团队建设的意义 …… 146
第二节　高职技术技能创新服务平台师资团队建设存在的问题 … 149
第三节　技术技能创新服务平台师资团队建设的目标、任务和挑战 ……………………………………………………… 155
第四节　杭职院技术技能创新服务平台的师资团队构建实践 …… 160

## 第八章　高职院校打造技术技能创新服务平台的趋势和建议 …… 181
第一节　高职院校打造技术技能创新服务平台的趋势分析 …… 182
第二节　高职院校打造技术技能创新服务平台面临的主要挑战 … 187
第三节　高职院校打造技术技能创新服务平台的建议 ………… 192

## 附　录 ……………………………………………………………… 199
附录1　杭州职业技术学院技术技能创新服务平台建设相关制度文件 ……………………………………………………… 199
附录2　杭州职业技术学院技术技能创新服务平台团队管理相关制度 ……………………………………………………… 229

## 后　记 ……………………………………………………………… 245

# 第一章

# 绪 论

## 第一节

## 高职院校技术技能创新服务平台的价值意蕴

2019年2月,国务院印发《国家职业教育改革实施方案》(国发〔2019〕4号)在总体要求与目标部分指出,要对接科技发展趋势和市场需求,完善职业教育和培训体系。2019年3月,教育部、财政部发布《关于实施中国特色高水平高职学校和专业建设计划的意见》(教职成〔2019〕5号)提出,把打造技术技能人才培养高地和技术技能创新服务平台并列为两大支点,在顶层设计上引导高职学校补齐技术创新短板,明确要求高职院校对接科技发展趋势,以技术技能积累为纽带,促进人才培养、团队建设、技术服务有机结合、协同推进、相互促进、整体提升。这彰显了国家在宏观政策设计上对职业教育服务国家战略、融入区域发展、促进产业升级、培养高素质技术技能人才的高质量发展要求。

### 一、高职院校技术技能创新服务平台的价值

(一)有助于深化高职院校高质量发展

高等职业教育本身具有普通高等教育和职业教育两种类型教育的双重特征。一方面,高职教育不同于普通高等教育,高职教育兼具"高等性"和"职业性",如何加强高职院校的产学研、高职院校教师科研发展、人才培养的立足点等问题是高等职业教育区别于普通高等教育,亟待解决的根本问题,同时高等职业教育在办学过程中针对如何促进高等职业教育高质量发展、增强职业教育办学吸引力等有关社会经济发展的问题,不仅需要高职院校提高自身办学水平,也需要政府政策的支持[1]。另一方面,作为"职业性"的高职教育,其本身就是一种跨界教育,要服务经济社会发展需求,与产业发展有机衔接,助力现代化经济体系高质量发展。目前,高职院校在进行校企

---

[1] 匡瑛. "双高计划"背景下高职高等性意涵及其实现[J]. 高等工程教育研究, 2020 (1): 148-152.

合作办学实践中经常出现学校和企业"一头冷一头热"的现象，其深层次原因就是高职院校服务产业转型升级效能不足，人才供给与企业对优质人力资源的需求不匹配。为解决该问题，同时贯彻落实党的二十大精神和党中央、国务院有关决策部署，高职院校坚持以教促产、以产助教，不断延伸教育链、服务产业链、支撑供应链、打造人才链、提升价值链，加快形成产教良性互动、校企优势互补的产教深度融合发展格局，持续优化人力资源供给结构。

中国特色高水平高职学校和专业建设计划（简称"双高计划"或"双高"）启动，以高质量发展为导向，引导高职院校更加关注需求导向，深化产教融合，舞动起高职教育高质量发展的龙头，而技术技能创新服务平台就是其中的重要支点，通过打造高水平的技术技能创新服务平台，聚焦提升社会贡献度，实现大量的技术技能积累转化为现实生产力。

（二）有助于提升高职院校办学实力与社会声誉

"双高计划"的十大建设任务具有系统性，各个任务之间是彼此协同、关联的。以技术技能创新服务平台建设为例，平台建设需要学校内部提升专业群资源聚集和配套供给服务能力，也需要学校与产业园区、行业企业的深度合作。高职平台建设主要对接技术密集型中小企业的技术研发和产品升级。因此，平台建设有利于专业群的建设、人才培养工作的改进、高水平师资队伍的建设和社会服务水平的提升。有研究者检索了2010—2020年浙江省高职院校建设的21所高职院校高水平学术期刊文章[1]，发现科研能力表现对高职院校入选高水平职业院校建设名单有着显著的正向作用。

"双高计划"引领能够提高社会对职业教育的认同。高职院校创新服务平台建设能够为其他有待发展的高职院校勾勒出一幅相对理想的"蓝图"，因此，更应在创新服务理念、创新服务成效等方面体现时代性、革新性。此外，双高建设院校应注重提炼创新服务成效的高质量成果。高质量成效、成果的体现对内能够帮助高职院校平台建设提高认知、形成阶段性总结，实现其对"量""质"的统一评价，呼应"双高计划"办学评价中绩效评价指标与效能

---

[1] 马欣悦，石伟平，王碗. 72所国家示范性高职院校科研绩效研究——基于DEA模型的文献分析[J]. 中国高校科技，2021（S1）：48-52.

评价方式应相互衔接的评价理念；对外也能够提升职业教育的社会适应性与认可度，以实现内涵式发展。目前，有很多第三方机构编制高职排行榜，但是大多沿袭普通本科高校的评价指标体系，并且科学性存在争议。良好的社会评价有助于学校吸引更多的优质生源报考，形成办学质量、办学实力提升的良性循环❶。通过分析多个榜单的评价指标体系可以发现，与科研相关的指标权重占比在30%左右。

（三）有助于提升技术技能人才培养水平

双高院校建设的关键是人才培养，高职院校的科学研究、社会服务、创新创业要以人才培养为核心展开。人才培养的重要方式和途径是教学、科研和服务。高等职业教育和普通高等教育的科学研究有着根本的内在区别，普通高等教育的侧重点在于基础科学研究，而高等职业教育更多的是应用研究，即通过科学研究将实践知识落地，转化成企业所需的成果和工艺产品。高职院校教师的科研要更加重视面向企业技术服务，在创新服务的过程中更新所教的专业知识、素质和能力❷，明确产业发展趋势、企业对技术技能人才的最新要求，并使用"企业语言"将最新的产业变化需求反映在人才培养方案、课程标准、实践教学资源中，提升技术技能人才培养与产业发展的匹配度，提高技术技能人才的就业能力。

## 二、高职院校技术技能创新服务平台的关键因素

高职学校技术技能创新服务平台要兼顾产业需求、企业需求和育人需求。产业需求是"原动力"，行业企业需要是"立足点"，人才培养是"基本点"。

（一）产教融合

"双高计划"提出技术技能创新服务平台的服务对象包括地方政府、产业园区、行业企业。在平台建设上，高职院校要在了解企业真实需求的基础上，与企业开展深度合作。从企业的角度出发，重点在关键技术、工艺研究和人

---

❶ 石慧．"双高计划"背景下打造技术技能创新服务平台的价值、现状及策略［J］．教育与职业，2022（2）：41-45.
❷ 孙红艳．"双高"背景下高职院校技术技能创新服务平台构建的现实困境和优化策略［J］．中国职业技术教育，2020（24）：41-46.

才培养等方面,实现校企双方协同创新。高职院校要吸引行业企业、社会组织多方参与,加强平台基础建设。一方面,平台要找准对接的突破口,高职院校要对接技术创新链与区域产业链,找准平台建设方向。高职院校从"双高"优势专业集群出发,结合产业链中高端设计环节,攻关企业核心技术,突破技术和服务创新难题。另一方面,平台要发挥强强联盟、互惠共赢的多方合作效能。高职院校以产学研协同创新链优化人才培养链,从产学研协同创新的目标、定位、需求等方面,推动产业园区资源与教育资源的协同发展,合理调整和优化专业布局,培养高素质技术技能人才。

(二)服务区域

高职院校技术技能创新服务平台建设要对接国家经济发展战略,服务区域经济高质量发展。高职平台建设主要对接和服务区域中小微企业,因为这类企业具有大量机会实施可持续创新战略、开拓市场、带动新客户需求,形成区域、院校、行业企业和技术积累之间的良性互动。而实现这一互动的前提条件是系统性地运用技术创新服务平台,该平台应与现有的、针对特定企业和产业的知识结合。因此,高职院校要密切关注当地发展实际,对接地方人才需求。例如,"双高计划"中明确提出构建新型高职教育与产业发展新模式,探索特色化的职业教育发展模式,加强建设培训基地建设,加快高素质技术技能人才培养。

(三)成果转化

技术技能创新服务平台的重要功能是集聚区域内的人财物优势,围绕一个研发核心,推出成果,并将成果推向市场。对于研发密集型产业,平台的知识转化作用尤为重要。高职院校要积极开拓科技服务市场,对接企业需求进行科研攻关,并推进创新成果转化。对于地方中小企业,高职院校技术技能创新服务平台也为复合产品的生产拓展了应用前景。平台通过对新知识的适应和转化,推动中低技术企业提升现有产品的性能,实现更多的技术整合与升华。高职院校技术技能创新服务平台的搭建,鼓励院校科研人员深入行业企业,了解生产中的真实需求和实际问题,基于对中低技术企业与高技术企业之间的技术整合,创造新的知识体系,以解决实际问题进行科研攻关,在技术升级、标准制定、流程再造、产品研发和革新

等方面进行人力和其他资源的投入，让科研成果具备应用价值，加快科研成果向产品价值转化。

### （四）人才队伍

高职院校的高学历教师在不断增多，这些高学历人才具有较高的研究意识，进入高职院校后，也会将研究习惯带到工作场所，特别是很多高职院校教师队伍中博士占比较高。这些具有良好科研基础和相关工作经历的高学历教师群体，应发挥自身优势，利用科研带动实践工作。高职院校应该根据教师自身兴趣，将教学、科研、社会服务与院校产业发展要求结合起来，实行教师分类评价，不断加强和落实《深化新时代教育评价改革总体方案》的重要理念❶。根据高职院校人才培养特色和行业特点，找准自身的特色化和类型化研究定位，加强成果的多元性和应用性，以科研服务人才培养、区域经济发展，将科研成果转化落到实处。

## 三、高职院校技术技能创新服务平台的功能

"双高计划"中明确指出，在平台建设过程中，要将技术技能人才培养、队伍建设和社会服务摆在首要位置。

### （一）培育人才队伍

高职院校技术技能创新服务平台是实现科研人事管理创新的重要突破口，可实现科研人才的校企双向流通，使高职院校及企业获得源源不断的"人才红利"。通过搭建技术技能创新服务平台，建立人才柔性流动机制，增加高职院校和企业对科研人才的获取概率，使来自企业的"大师"在转岗实践中有效提升自身的科研素质，使具备科研创新实践经验的企业人才进入院校兼职，帮助高职师生提高技术技能水平；同时，还有利于破除岗位间的壁垒，减少人才跨区域流动的成本，形成科研人才的"群体"效应和规模优势，从而实现区域产业链与创新链的对接及地方主体的跨区域合作❷。

---

❶ 刘文娜. 促进知识创造的高校教师科研支持系统构建［J］. 现代教育管理，2019（8）：61-65.
❷ 朱雯珊. "双高计划"背景下高职院校教师发展中心功能定位与实施路径研究［J］. 职教论坛，2021，37（10）：85-89.

（二）技术创新积累

科研工作需要各类技术技能创新服务平台在建设过程中不断收集和汇总与行业相关的信息数据，在资源整合和价值挖掘的基础上形成技术创新的集合效应，实现科研资源的优化匹配；科研资源被采集到平台数据库后，相关管理人员要利用文本挖掘、关键词撷取、数据归纳等方式进行深度分析，将资源中的先进工艺、重要技能、关键技术、应用标准等核心价值知识按照专业门类和行业类别进行归纳，形成基于产业、条理清晰的核心知识条目，便于高职教师和企业人员检索查询。平台建设注重资源的跨专业、跨学科特性，有助于打破学术壁垒，将具有共通性的技术技能知识、岗位标准规范、工艺流程革新等资源汇集到平台内部。例如，平台可以将区域内的高校图书馆、地方性的资源平台及科技管理部门凝聚形成立体互通的网络结构，应用互联网技术、云平台技术及大数据处理等信息技术，实现各级科研主体间的互通互联，保障科技信息及技术资源的顺畅流动。

（三）促进产业转型升级

技术技能创新服务平台承担着推动高职院校科研发展、促进区域产业转型升级的职能，其实施主体不仅在院校管理部门和专业系部，更多的是促进政府、行业、企业的深度参与。政府科研管理部门注重"点对点"的校企产业项目对接，跨区域、跨行业、跨部门信息流通和关联设计，在区域内形成可持续的科研项目系列，发挥统筹管理的领导作用，彰显科研工作"统筹规划、协同创新"的特征；在此基础上，高职院校对创新服务平台的科研项目进行方向引领和过程管控，特别是针对以往部分项目依托教师的研究兴趣或特长，散乱而不成体系的现象，平台可以有效改善此类问题，实现长期的技术技能积累。同时，平台可以有效加强与研究成果应用方的行业企业的沟通，实现科研信息及时、资源共享、业务系统便捷对接等，以促进科研实施过程高效对接产业发展需求，减少供需障碍，更有利于科研成果的转化和推广❶。

---

❶ 董彦宗. 高职院校技术技能创新服务平台建设研究［J］. 教育与职业，2023（10）：65-70.

# 第二节

# 高职院校技术技能创新服务平台的代表样态

## 一、高职院校技术技能创新服务平台的代表样态

高职院校结合自身的办学定位、建设理念及人才培养模式，衍生出了多种形式的载体。下面介绍几种比较有代表性的技术技能创新服务平台。

（一）将技术技能创新服务平台建成集成化牵引平台

如常州机电职业技术学院等部分高职院校将技术技能创新服务平台打造成集成化平台，围绕并依附于该集成化平台，建设卫星城式的分中心及基地，将核心任务分解，各有侧重、各有专攻，共同打造指向明确、特色鲜明的技术技能创新服务平台。

常州机电职业技术学院主动对接国家产教融合试点城市建设任务，服务常州"智能制造"名城建设，整合政府、行业龙头企业等优势资源，充分发挥产教集聚优势，重点搭建"人工智能与先进制造工业中心"产教融合集成化平台，并以"人工智能与先进制造工业中心"建设为引领，拓展形成"三基地"（智能装备技术、人工智能与工业互联网技术、数字化设计与仿真实训基地）、"两中心"（大学生创新创业实践中心、机械工业职业体验中心）和"一院"（产业学院）三大载体，实施"三个十"工程（十个大师工作室、十个应用技术中心、十个培训中心），共建"常州智造产业研究院"等三个研究院，迭代建立产业智库，成为质量标准和技术创新发源地。链接56家智能制造企业、科研院所，覆盖"设计、生产、管理、服务"等智能制造专业集群，服务智能制造技术技能积累与成果转化，促进区域智能制造产业高速发展。该平台服务五大职教集团（联盟），成为全国智能制造装备展示选型、教育观摩、师资培养、技术交流、教学方法及标准输出的"一站式"技术平台。

（二）将技术技能创新服务平台建成项目化落地平台

如黑龙江农业经济职业学院等部分高职院校将技术技能创新服务平台打

造成以具体项目为依托，覆盖项目申报、项目落地、项目实施、项目流转、项目转化等全流程和全链条的创新服务平台。

黑龙江农业经济职业学院技术技能创新服务平台围绕乡村振兴、现代农业产业转型升级需要，服务中小微企业的技术研发和产品升级，实施涉农基地建设工程，创新"项目牵动—创新赋能—平台托举—成果落地"运行模式，先后建成"一园区、七中心、八平台"，与华为、阿里巴巴、大北农、华测、用友、京东物流等领军企业合作，完成中俄农业高新技术示范园区升级改造；建成现代农业协同创新中心（国家级3个，省级2个，校级2个）；建成以俄速通跨境数字贸易综合服务基地、京东智慧物流运营实训基地、合作社智慧运营服务基地、农村云财务共享服务基地为代表的现代农业服务平台8个，全面破解技术关键性难题。依托技术技能创新服务平台，健全区域农业技术技能创新服务支撑体系，建设现代农业智库，打造现代农业科技创新团队，反哺人才培养，为乡村产业振兴积蓄新动能，提高农职院校服务经济社会发展的科技创新能力，为我国农业高质量发展、国家粮食安全和乡村振兴提供有力支撑。黑龙江农业经济职业学院打造的技术技能创新服务平台是该校聚集智力创新要素、推动产业融合发展、实现农业现代化发展的重要载体。

（三）将技术技能创新服务平台建成功能化协作平台

以杭州职业技术学院为例的部分高职院校将技术技能创新服务平台打造成功能化协作平台。聚焦载体建设，把平台建成集合产教融合、专业建设、科研培训、技术服务等功能模块，模块间各有侧重，但又彼此联通、相互借力、资源共享、信息互通、协作共建。

杭州职业技术学院聚焦区域科技创新和产业转型升级、中小微企业技术研发和产品升级、区域重点行业和支柱产业发展等需求，通过政府共建、行业引领、扎根区域、赋能企业、培育孵化五大建设途径，构建了一系列功能平台。一是服务区域发展和产业转型升级，建设学校、专业发展支撑平台。学校与政府部门共建杭州市公共实训基地和杭州高职科技园，联合台州温岭市、金华金东区等地方政府设立区域技术转移中心，联合杭州钱塘科学城设立专利开放许可平台等学校发展平台，与全国电子商务职业教育教学指导委员会、中国跨境电子商务综合试验区、职业院校、行业企业共建全国跨境电

商综合试验区职业教育集团，与教育部高等学校纺织服装教学指导委员会、服装行业协会、东华大学等共建全国女装制版技术教育创新中心，与杭州安恒信息技术股份有限公司合作共建"杭州数智工程师学院"，与杭州西奥电梯有限公司（以下简称西奥电梯）共建"杭职院西奥电梯产业技术研究院"等专业发展支撑平台。二是服务中小微企业研发和产品升级，建设"三大中心"。围绕品牌和特色专业群发展，打造了10个协同发展中心；实行教学、科研、技术兼容，建设了30个工程教学中心；围绕创新性人才培养，建设了100个学生创新中心。三是服务重点行业和支柱产业，依托浙江省特种设备科学研究院共建"资源共享、优势互补、务实高效、合作双赢"的院士工作站，打造了10个左右能发挥带徒传技、技能攻关、技艺传承作用的大师工作站，为师生联合解决一批企业技术难题、完成一批企业教学项目、培训鉴定一批高技能人才、培养一支结构合理的师资队伍、形成一批优秀的技术技能成果打下基础。

这些多元化的平台突出各自的模块优势，同时也在资源流通、队伍建设、学生培养、技术服务等方面相互助力、相互促进，共同为区域产业升级和经济高质量发展赋能。

（四）将技术技能创新服务平台建成数智化服务平台

如江苏经贸职业技术学院等部分高职院校将技术技能创新服务平台打造成"数智化"技术技能创新服务平台。高职院校通过运用先进的技术和智能化的手段，实现数智驱动，与现代技术接轨，助力高校发展和创新。

江苏经贸职业技术学院建成以"数智化"为典型特征的技术技能创新服务平台，凸显数字化、智能化特色，叠加线上、线下服务效能，以科技创新、技能竞赛、人力资源等项目为引领，以科研服务平台、海外创新平台、金融投资平台和校地融合平台为助力，校企共建研究院、成果转化中心、院士工作室、博士工作站，实现数字技术赋能服务一体化，服务企业转型升级、科技研发和人才优化，服务学校人才培养、科研创新和成果转化。平台对接产业需求，进而优化专业结构，打造现代商贸流通、现代商务服务、健康养老、文化旅游和智能工程专业群，形成"两标杆、两特色、一培育"的专业发展格局，共建229个实践教学基地、10个产业学院、10个名企工作室、10个教师工作站、10个现代学徒制项目，增强了人才培养的多样化和承载力，有效促进了校企协同发展，促进产教融合可持续发展。❶ 通过有效利用大数据分析、人工智能、物联网等技术，大大提高了学校的管理效率、教学质量和科研水平。

## 二、高职院校技术技能创新服务平台建设存在的问题

高职院校技术技能创新服务平台建设经过几年的实践探索与建设发展，虽已取得了显著成绩，产生了一大批建设成果，有效推动了高职院校内涵建设。然而，平台建设也存在一些不足和问题，主要表现为以下四个方面。

（一）对平台作用认识不够深刻，顶层设计逻辑关系不清

部分高职院校对技术技能创新服务平台的功能和作用不够重视，顶层设计不够到位。有的高职院校在建设实际中没有切实权衡好人才培养与产教融合的关系，对技术技能创新服务平台建设目的、功能、目标、定位认识不深刻，建设逻辑不清楚，甚至认为平台建设是可有可无的，导致平台各主体在一定程度上处于盲目、无序、各自为政的发展状态。平台设置缺乏系统、科学的设计，资源没有有效整合，各功能模块间合作度低。甚至部分高职院校就是将原有或在建的相关平台拼凑在一起，组成了技术技能创新服务平台，实际上平台组织是松散的、结构僵化、功能呆板，难以融入学校建设，未能产生应有的和谐共生、优势互补的平台效应，平台建设缺少生机与活力。

（二）平台建设发展不均衡，作用彰显良莠不齐

区域经济发展不平衡，导致了不同区域的高职院校发展阶段、建设水平及教育资源分配也不平衡，高职院校技术技能创新服务平台的建设基础也不尽相同。地方政府对高职院校发展建设资金保障和经费投入力度不同，也间接导致了技术技能创新服务平台的建设发展不均衡。起步早、投入大、教育

---

❶ 薛茂云，陈春义，姚炜. 大格局·深融合 实现职业教育高质量发展——江苏经贸职业技术学院"数智化"技术技能创新服务平台建设实践［N］. 中国教育报，2023-06-24.

资源丰富的平台建设水平高、成效凸显、作用发挥力度大，反观起步较晚、投入较少或无投入的平台，建设水平较低，缺乏充足的资源融入，与产业链、岗位群对接吻合度低，行业、企业受益程度不高，参与平台建设动力不足、参与度不高。部分技术技能创新服务平台稳定性与持久性不足，运行乏力，对经济发展未能形成良性循环促进关系。

（三）平台建设内涵特色不明显，理想与现实差距较大

高职院校技术技能创新服务平台建设应体现学校办学特色，要与学校的产教融合、人才培养模式相适配。学校特色不同，高职院校建设的技术技能创新服务平台也应是不同的，不应是千篇一律的、整齐划一的。平台要结合本校的办学定位和特点，与当地产业特色相契合，融入行业企业发展，加强符合自身发展阶段的内涵特色建设，建成差异化、个性化、多样化、特色鲜明的技术技能创新服务平台。有的高职院校技术技能创新服务平台没有与学校实际发展阶段和当地经济发展特点相结合，脱离实际，将发展蓝图描绘得很美好，但受限于自身基础、管理水平、人员能力等诸多现实因素，最终的建设成果与美好愿景大相径庭，没有建成具有校本特色的技术技能创新服务平台，不能充分发挥平台的功能及作用。

（四）平台供需对接不够精准，本位主义较为明显

部分高职院校技术技能创新服务平台建设各方资源供给不足，供给各方本位主义比较明显。感兴趣的是"我可以提供什么"，对满足"对方需要什么"往往觉得比较吃力。较多关注自身，没有站在更高层面统筹发展看问题。平台建设各方的职教资源融合和共享程度也深浅不一，资源供需对接不够精准，部分资源利用率低、开放性差。信息整合和共享渠道较为单一，有效信息及优势资源往往掌握在个别部门手中，其他各方不能及时准确地获得有效的信息与资源，运行与管理上条块分割现象严重。数据挖掘、分析与共享程度不深，无法通过大数据分析技术，对供需各方数据进行深入探寻与研究，无法形成有效的数据流与信息流，信息智库功能没有充分显现，无法为各方提供精准的供需匹配服务，进而影响供需对接的精准度，限制了平台功能的进一步发挥。

### 三、高职院校技术技能创新服务平台建设的制约因素

随着国家"双高计划"持续深入推进，从顶层设计来看，技术技能创新服务平台的目标、定位与要求已经明确，但是落实到实际操作方面，各高职院校由于发展水平不一致，所面临的平台制约因素也不尽相同。主要体现在以下三大方面。

（一）产教融合的深度与广度不够

在顶层设计上，平台的建设要站在校企合作、产教融合的高度，统合高校人才培养、技术研发、社会服务三大功能，统筹实施产教融合综合改革。地方发展与区域经济建设对高职院校建设高水平技术技能创新服务平台建设是有切实需求的，但是平台的搭建是以深入的产教融合为基础的，校企双方的合作要足够深入，才能有效实现双方协同创新、协同发展。❶

产教融合的深度和广度不够，将直接导致双方无法深入合作，学校对企业一线生产所需人才及技术研发需求了解不到位，无法有效开展科技研究及成果转化；教产分离，学校无法培养出企业需要的优秀人才；企业对学校的教育教学资源和实际教学能力不清楚，也无法参与学校专业建设与人才培养等各环节。只有产教深度融合，才能实现教育资源生态链要素的良性互动与教育资源配置的优化整合，双方互相依存并发挥各自优势，充分发挥技术技能创新服务平台的作用。

（二）社会服务能力不足，社会服务功能有限

高职院校教师科学研究及成果转化能力不强，能够解决关键核心技术的研发能力缺乏，在精准服务企业时也往往力不从心。同时，高职院校缺乏专业的社会服务管理队伍，社会服务专业管理能力不强，社会服务管理水平不高。面对行业企业发展的多样化需求，高职院校的社会服务功能也比较单一，服务内容及形式发展不均衡。当前，高职院校对行业企业提供的服务占比较多的是技术研发及技能培训，较少涉及技术咨询和技术转让❷，平台成果转化

---

❶ 郭磊夫. "双高计划"背景下高职院校技术技能创新服务平台建设现状及改进对策[J]. 科教文汇（上旬刊），2020（31）：132-133.
❷ 窦佳佳，刘晓. 高职院校技术技能创新服务平台建设现状与提升路径——基于197所"双高计划"建设单位中期建设成效的分析[J]. 职教论坛，2023，39（2）：32-40.

实现困难且转化率不高[1]。当前，高职院校的高水平人才队伍建设还有待加强，学术水平高、组织能力强、专业基础扎实的社会服务带头人队伍和科研领军人才队伍建设还未达到一定高度，合作紧密的产教研融合型教学创新团队数量偏少，对全面提升高职院校的科研和社会服务能力的积极作用还不够明显。

（三）保障制度较为缺乏，系统服务不足

当前，高职院校占比较大的社会服务内容包括技术服务、技能培训及学历提升等，相关管理制度较为健全，但是关于技术技能创新服务平台的服务保障制度比较匮乏，这就使技术技能创新服务平台运行缺乏得力的专项政策支持。

高职院校的技术技能创新服务平台往往由某个行政部门牵头负责，相关部门辅助实施。平台的保障服务往往由涉及的多个行政部门共同完成，办事需要遵守各个行政部门各自的管理要求和办事流程，包括项目申请、审批备案、财务人事、后勤服务等多环节，程序较多，耗时较长，申请得不到及时批复处理，缺少系统性服务保障，在一定程度上也降低了技术技能创新服务平台的工作效能。只有厘清利益相关者的权、责、利，妥善解决各方不同的利益诉求，才能提高各参与主体的积极性，促进多方参与、合作共赢。

高职院校在技术技能创新服务平台建设上需要有与时俱进的制度创新，尤其是人事制度和财务制度需进行深度创新，给予平台建设更多的灵活性和自主性。通过简化行政审批流程，优化审批手续，提高及时办结率，制定出台专项激励政策，鼓励科研人员、教师、管理人员积极参与，切实调动各方的工作积极性。处理好管理与服务的关系，进一步完善信息化管理体系，系统性地提升服务保障水平，切实为打造高水平技术技能创新服务平台创造条件。

---

[1] 张向辉，刘丽．"双高"建设视域下打造技术技能创新服务平台实践研究［J］．对外经贸，2021（9）：133-136．

## 第三节

## 研究内容和研究方法

### 一、研究内容

本专著分为八章，主要内容如下。

第一章是绪论。本章从高职院校打造技术技能创新服务平台的价值意蕴视角出发，分析了打造技术技能创新服务平台对深化职业教育高质量发展、提升办学实力与社会声誉、提升技术技能人才培养水平的意义，同时对产教融合、服务区域、成果转化、人才队伍等这些影响技术技能创新服务平台建设的关键要素，以及"双高计划"下的高职院校技术技能创新服务平台的功能进行分析。此外，对当下高职院校技术技能创新服务平台建设的主要样态与问题进行研究，就专著的研究内容和研究方法做出说明。

第二章是高职院校技术技能创新服务平台的理论研究。本章首先阐述了高职院校技术技能创新服务平台的概念，解析技术技能创新服务平台作为集成平台的内涵，同时介绍了技术技能创新服务平台的人才培养与技术创新平台、产教融合平台和技术技能服务平台等三个类型。其次，对高职院校技术技能创新服务平台的研究进行综述。最后，对高职院校技术技能创新服务平台的理论基础框架进行分析，研究以系统论作为理论依据，据此对双高院校技术技能创新服务平台的主要构成和彼此的关联进行相应的分析。

第三章是高职院校技术技能创新服务平台建设的政策分析。技术技能创新服务平台与国家的职业教育相关政策紧密关联、伴生，平台在不同的职业教育发展时期居于不同的地位，有不同的内涵与发展重点。本章以人才培养工作水平评估、国家示范性高等职业院校建设计划、国家骨干高职院校建设、三年创新发展行动计划、"双高计划"建设等我国高等职业教育发展历程中的这些重要项目为节点，探寻这些时期的技术技能创新服务平台建设的政策要求和平台的建设特征。

第四章是高职院校技术技能创新服务平台构建案例分析。选取部分"双高计划"建设单位的中期绩效自评报告与对外宣传文稿为案例来源，从产教融合、人才培养、管理机制三个视角，聚焦具有特色的"双高计划"建设单位的技术技能创新服务平台建设典型案例，发掘高职院校技术技能创新服务平台的建设路径和策略。

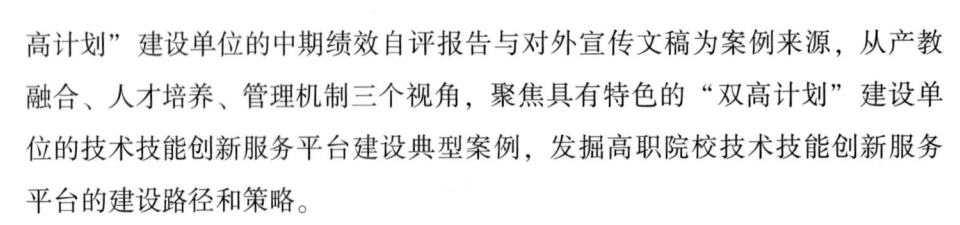

第五章是打造技术技能创新服务平台的"杭职实践"。本章主要是实践研究，以杭州职业技术学院的技术技能创新服务平台的发展线索为例，阐述了在不同的发展阶段，杭职院在技术技能创新平台建设方面的特点以及不同类型的平台建设情况，同时对不同类型的技术技能创新服务平台建设路径进行详细说明，为高职院校技术技能创新服务平台的建设提供方法和借鉴。

第六章是杭州职业技术学院技术技能创新服务平台支持系统构建。本章提出技术技能创新服务平台的建设是一项系统性工程，平台的构建不纯粹是实体的构建，还涉及需求对接、资源整合、各主体协同配合、组织与机制构建、运行管理、人员配备、资金投入等，为此，笔者从校企合作、平台经费投入、平台管理、"教学研"融合等角度阐述杭职院在平台支撑系统方面的举措和做法。

第七章是高职院校技术技能创新服务平台团队建设。本章主要探究技术技能创新服务平台的师资团队建设，包括平台师资团队构建的动因与问题、杭职院的平台师资团队建设的实践和成果成效等。

第八章是高职院校打造技术技能创新服务平台的趋势和建议。本章论述了技术技能创新服务平台建设的六大趋势，即技术技能创新服务平台在高职院校的重要性会进一步凸显、高职院校技术技能创新服务平台的投入和产出差距会进一步拉大、增值赋能水平是衡量技术技能创新服务平台价值的关键指标、多元主体治理是技术技能创新服务平台的活力所在、高水平跨学科和跨专业团队是技术技能创新服务平台的核心竞争力、制度与机制优化是技术技能创新服务平台可持续发展的必由之路，同时分析了平台建设面临的挑战，在此基础上提出了加强高职院校打造技术技能创新服务平台的五个方面的建议。

## 二、研究方法

本专著主要使用了三种研究方法。

第一，文献研究法。在研究前期，笔者阅读和剖析了技术技能创新服务平台的相关文件和学术论文，对技术技能创新服务平台的内涵和研究现状等进行了分析，明确了研究的起点和理论框架。

第二，典型案例分析法。技术技能创新服务平台建设是一项实践性很强的工作，不能停留于理论的论述，因此本研究通过参加"双高"建设成果展、学习优质高职院校在技术技能创新服务平台方面的典型做法、调研一些高职院校在平台建设方面的主要举措和存在的难题，利用案例分析的方式对高职院校的各类技术技能创新服务平台的建设举措、路径等进行了分析，同时立足杭职院的平台做法，对其进行了全面的实践分析，此举可以为相关平台的建设提供有益经验。

第三，文本分析法。本专著中的一些案例来源于"双高计划"中期评价的材料，以及高职高专网上推介的高职院校技术技能创新服务平台做法，这种方法可以在一定程度上弥补有限调研带来的研究对象不足的问题。

# 第二章

## 高职院校技术技能创新服务平台的理论研究

# 第一节

# 高职院校技术技能创新服务平台的内涵解析

内涵反映了事物发展的本质属性，表明了概念本身及其实践应用领域的总和。高职院校技术技能创新服务平台是一个复合词，包含"技术技能创新服务"和"平台"，对这一概念的解析和诠释，不仅要从字面上加以解释，同时也要结合高职院校的办学特质来理解。

## 一、高职院校技术技能创新服务平台的概念界定

### （一）何为"技术技能创新服务"

与技术技能创新服务的概念紧密相关的是"技术技能积累"。技术技能积累与创新是"企业在长期的生产和创新实践中，按照一定的技术轨道和路径所获得的实体性要素，如关键设备、仪器和工具、重要设施等的增添，以及技术知识和技术能力的递进"❶。在高职的场域下，技术技能积累指院校与行业企业对接，在学校教学、科研创新、社会服务和实践活动中，培养高素质技术技能人才，技术技能知识、教学科研能力和创新能力的递进、积淀和传承，如仪器设备、研发平台、实训基地等❷。高职院校的技术技能创新服务平台就是一种高职场域下技术技能积累的载体。

因此，技术技能创新服务具备长期性、应用性和公益性。首先，技术技能创新服务包括一类产业或产业集群的技术咨询、技能培训和技能鉴定等，而不是单个企业解决单个问题，主要利用高职院校的专业优势满足区域经济发展。其次，技术技能创新服务平台的受众群体之一是教师，平台建设的主要目的是推动教师在教学、科研和社会服务等方面与产业企业主动对接，以改变以往高职院校教学科研理论化的倾向，提高教学科研从企业真实问题中

---

❶ 赵正国. 企业技术积累和技术创新的关系研究［D］. 北京：北京工业大学，2009：8-10.
❷ 周哲民，韩锡斌. 基于产教融合理论逻辑的职业院校技术技能积累运行模型构建［J］. 中国职业技术教育，2021（18）：25-34.

来、再到实践中进行检验的能力，从而提升技术技能服务的效果。最后，技术技能创新服务的培育研发价值大于盈利创收，技术技能创新服务范围包括科技攻关、智库咨询、英才培养和创新创业。如果院校和教师忽视技术技能创新服务的内涵，将会导致其将技术技能创新服务视为一种盈利手段，过多追求经济效益和短期目标。

（二）何为"平台"

"平台"一词属于工程学范畴，指在生产或施工过程中，方便操作配置的工作台。1993年，美国西北大学教授迈耶（Meyer）率先提出"平台"这一概念，并认为平台是由一组亚系统与界面组成，并可以有效开发和生产相关产品的共有结构。随着现代工业蓬勃发展，平台逐渐作为一种产品研发与创新方法普遍应用于各领域，平台成为经济社会中组织交流、创新发展、生产消费等领域的主导互动模式。学界从不同视角论述了对平台的理解，主要集中在技术管理、产业经济学和企业管理方面。

从技术管理视角出发，平台被视为一个复杂的模块化系统或技术架构，包括平台技术构成、平台架构和组件。从产业经济学视角出发，平台是一种市场或中介，依靠平台促进不同群体之间的互动，平台会产生直接或间接效应。从企业管理视角出发，平台是一种商业模式，可以在其中创造和交换惊人的价值。这样的商业模式使平台公司充当供应商和客户之间的中间人，而不是传统流水线结构。综上所述，平台的实质是一种创新模式，即多要素集合的创新模式，通过多渠道、多方位关系和连接实现优势资源融合。基于此，高职技术技能创新服务平台作为一种新型模式，以此为契机，对接技术密集型企业、聚焦工艺产品技术服务，旨在加强院校的应用创新能力。

（三）何为"技术技能创新服务平台"

技术技能创新服务平台是一个综合、网络化的服务体系，旨在促进区域科技创新和战略性新兴产业的发展，通过现代化网络技术，将区域内共享平台和技术平台的科技、产业、人才资源进行有效汇聚、共享使用和再配置，构建多样化联盟合作关系，为区域内的技术技能创新和产业发展提供支撑和服务。科技创新服务平台通过将共享平台和技术平台进行综合集成，高效汇聚区域内的科技资源，并通过联盟合作关系的构建，形成一个网络化的服务

体系，有助于全面支持区域科技创新和战略性新兴产业的发展，从而为区域科技创新和战略性新兴产业发展提供全面的支撑。这样的平台作为产学研协同创新的新载体，加强科研机构、高校、龙头企业之间的利益共享和优势合作，提高院校教学科研和产教融合质量。平台本身作为一个集合体，能够为院校在科研创新、技术服务、人才培养、创新创业、产教融合等方面汇聚优势资源。学校可以在已有工程研究中心和实训实验中心的基础上，结合区域经济社会发展，通过有效整合和共享这些资源，利用平台为本地技术技能创新提供支持，平台能够为区域内的技术技能服务创新提供支持，同时平台也属于中介组织，旨在支持特定区域战略性新兴产业的发展，特别针对产业链中单一技术创新环节的共性技术需求而建立。

## 二、高职院校技术技能创新服务平台的内涵分析

高职院校技术技能创新服务平台从根本上指多方资源的优势整合与协同创新，实质上是各种资源不断跨界整合与创新的过程，如何理解平台的内涵是高效利用资源的逻辑起点。

### （一）锚定产业技术转型升级

职业教育的发展与经济社会的发展密切相关，同时容易受到经济发展规模与结构的影响，职业教育与经济发展之间的关系通常以供给与需求作为关联点。一直以来，高职院校重视产业需求变化，特别是新兴产业结构调整带来的教育模式转变，根据产业结构调整对人才培养规模和类型做出改变。同时，密集型技术产业中的工艺技术也会影响教育行动。一方面，职业教育办学要适应区域产业发展需求，满足区域经济发展对高素质技术技能人才的需要，另一方面，职业教育要增强吸引力，办好人民满意的教育，凸显职业教育作为一种类型教育的特有属性。因此，技术技能创新服务平台要立足高职院校办学的根本出发点，聚焦区域经济发展需求和产业技术转型要求，精准定位院校办学的实际需求，将平台建设的重点放在企业技术研发、工艺产品升级、技术人才培养，重点服务优势企业和支柱产业的升级换代和技术创新，通过优化资源配置和创新资源，不断推进技术研发和成果孵化、推广。

(二) 满足区域经济发展需求

在中国式现代化推进过程中，高职院校肩负培养大批高素质技术技能人才的历史使命，技术技能创新服务平台的高质量建设，关系到职业教育培养的人才能否适应国家现代化建设需要，是否能够提升职业教育吸引力，这不仅是全局性、战略性课题，同时也是落实"十四五"时期教育发展的使命和国家战略的内在要求。平台作为高职院校推动科技创新、技术研发、人才培养的集合体与中介，应遵从区域经济发展要义，从区域优势出发，聚焦特色产业，满足技术密集型企业的工艺产品升级需求，落实地方经济高质量发展目标。

(三) 实现各主体间资源共享

技术技能创新服务平台的核心在于以各要素价值创造为重，实现资源整合与价值共创。高职技术技能创新服务平台通过院校教育场域的组织结构与功能重构，使其从以人才培养为核心向兼具产品研发与制造、工艺开发与改进、技术升级与推广等多方位渗透，集聚高职院校外部创新主体资源，营造创新环境，以整体发力、资源整合、优势互补、协同发展的战略引领区域产业发展，扩大高职教育在经济结构与发展模式制约下的能动范围，加速推进技术技能人才培养与产业需求同向同速变化、技术创新与高职教育系统重组。因此，构建技术技能创新服务平台就是要打破各主体之间的壁垒，促进各主体进行有效沟通，实现信息、知识和技术等资源共享，形成平台建设合力。

(四) 发挥创新载体服务功能

技术技能创新服务平台是由创新主体、创新资源和创新环境三大要素组成，通过产教融合、校企合作机制作用，形成知识与技术创新、知识转化与应用系统间相互作用的有机网络。其中，网络结构决定其整体功能，一方面是平台内部网络结构形成的有效资源聚集、分享，转化知识、技术和工艺，另一方面是技术技能创新服务平台与其他社会系统产生互动，平台能够在人才培养、技术服务和科研创新方面发挥优势效应。

## 三、高职院校技术技能创新服务平台的类型

高职院校技术技能创新服务平台从目标对象和功能来看，可以分为以下

三种类型，分别是人才培养与技术创新平台、技术技能服务平台和产教融合平台。

（一）人才培养与技术创新平台

人才培养与技术创新平台指以企业特别是地方中小企业为服务对象，推动产业创新发展，这类平台主要以技术技能积累为纽带，通过人才培养、队伍建设、优势资源共享、协同创造等有效机制，推动成果孵化和创新，其根本目标是推动企业的核心技术升级和工艺产品研发。❶ 人才培养与技术创新平台侧重于技术研发和成果转化、技术咨询和服务、技术人才培养等。从根本上说，这类平台的核心是高素质技术技能人才的培养，人才是平台创新服务的根本出发点和落脚点，同时队伍建设是平台能够有效运行的根本保证和关键基础。因此，高职院校应发挥已有教师队伍的基础资源优势，同时汇聚具有企业实践经验的技术技能人才，构建科研创新团队。团队建设不仅可以为高职院校教学科研质量提升提供人才保障，还可以盘活用人管理机制。在组建队伍的过程中，一方面，高职院校可以通过人才引进的方式吸纳平台带头人，如界内知名企业技术技能大师，或其他高职院校联合培养的科研人才，组建多层次、多类型的创新团队❷；另一方面，为了保障平台运作需求，降低人才流动与人才晋升的壁垒，高职院校应构建适应本校发展和人才职业生涯发展的特色化用人机制，满足创新服务平台的运作需求。

（二）技术技能服务平台

技术技能服务平台以重点行业和支柱产业为服务对象。这种类型的平台主要通过专业群汇集和相关配套创新服务来提高平台服务，平台依托业内知名领先企业合作共建，其主要功能是科研创新、工艺开发、技术推广、大师培育等，服务重点行业和支柱产业。高职院校要发挥专业群的聚集效应，推出新技术、新工艺、新标准，促进企业产品研发和产品升级。从"双高计划"横向技术服务到款数据来看，2020—2021年少于横向技术服务到款平均值的院校有50~75

---

❶ 王小刚. 高职技术服务的发展现状与"协同积累"路径［J］. 教育与职业，2020（11）：57-61.
❷ 窦佳佳，刘晓. 高职院校技术技能创新服务平台建设现状与提升路径——基于197所"双高计划"建设单位中期建设成效的分析［J］. 职教论坛，2023，39（2）：32-40.

所，同时区域间、院校间存在不平衡现象❶，这反映出高职院校在与企业生产实践联系方面还不是很紧密，高职院校应致力于技术创新成果的产业化，解决企业技术研发、产品升级、工艺开发等问题❷，同时将科研项目、成果转化纳入学校教育教学团队建设和管理机制改革中。

(三) 产教融合平台

产教融合平台旨在促进产业转型升级和区域经济发展，该类平台需要与地方政府、产业园区、行业深度合作，兼具科技攻关、智库咨询、英才培养、创新创业功能。高职院校应与行业企业紧密结合，开展横向合作，搭建产教融合、校企合作的立交桥，要充分发挥自身的科技研发特长，对企业所需的关键技术进行攻关；利用自身所掌握的教育资源，组织开展社会培训；要积极参与行业相关标准的制定，为企业提供政策咨询服务及管理决策建议等，促进企业发展。高职院校还应找准自身服务定位，以应用研究为落脚点，精准服务中小企业，着重在应用技术研发、应用对策研究方面发力，例如，理工类高职院校可通过与政府、企业、行业协会共建产业学院或企业学院，解决供给侧和需求侧的对接问题，将高校实验室的研发成果尽快转化成中小企业的直接生产力，缩短从研发到应用的距离，打通科技成果转化的"最后一公里"。文经类高职院校应以学校所在地区经济社会发展中的热点、难点和焦点问题为研究重点，以推动地方经济文化发展为己任，为政府和行业企业提供决策咨询服务。

## 第二节

## 高职院校技术技能创新服务平台研究综述

为了解高职院校技术技能创新服务平台的研究现状，运用中国知网

---

❶ 应晓清. 伴生性创新服务平台推动技术技能人才培养的研究与实践——以浙江工商职业技术学院为例 [J]. 职业技术教育, 2020, 41 (35): 6-10.
❷ 高丽娟. 高职院校技术创新服务: 存在问题与破解之道 [J]. 职教通讯, 2019, 34 (23): 41-44.

(CNKI)全文数据检索平台,采用篇名检索法对"技术技能创新服务平台"进行检索,共有39篇在中文核心以及CSSCI等期刊发表的论文。由于"技术技能创新服务平台"这一名词概念是在2019年"双高计划"实施后才正式出现的,根据技术技能创新服务平台中所包含的内涵与特色,将关键词扩展为"高职院校科技服务平台""高职院校产教融合平台""高职院校科技服务平台"等再进行检索,共有373篇在中文核心以及CSSCI等期刊发表的论文。

以"双高计划"实施为时间节点,通过分析比较可发现,在"双高计划"实施前,国内学者对高职院校技术技能创新服务平台的研究主要集中在科研服务平台与产教融合平台;在"双高计划"实施以后,国内关于技术技能创新服务平台的研究主要包括内涵研究、问题研究、策略研究和实践研究,既有对技术技能创新服务平台相关理论的探讨,也有基于院校实践应用的研究。

## 一、研究现状

（一）"双高计划"实施前高职院校技术技能创新服务平台文献研究

1. 高职院校科研服务平台

关于高职院校科研服务平台的研究主要集中在平台构建方面,比如顾健将高职院校科研服务平台构建的重心放在了科研管理上,指出科研管理必须转变职能、树立服务理念、提高服务能力,构建起科研信息服务、人员沟通服务、成果查询服务、科研管理服务、校企互动服务等多维服务平台❶。陶永诚认为高职院校应着力发挥自身优势,构建校企合作的研究机构、常规性成果应用平台、经营实体平台、横向课题研究平台和专业信息数据平台等科研服务主体平台,并为科研服务平台的构建和功能发挥建立相应的保障机制❷。另外,方美君认为校企共同的利益驱动是科技服务平台可持续发展的基础,凸显校企共建是形成高职院校科技服务平台类型特色的重点❸。胡坚达、方磊

---

❶ 顾健.高职院校科研管理多维服务平台的构建[J].国家教育行政学院学报,2008(12):73-75.
❷ 陶永诚.对高职院校科研服务平台建设的思考[J].教育与职业,2009(2):44-45.
❸ 方美君.高职院校科技服务平台构建策略与实践反思[J].中国高教研究,2010(6):73-74.

认为高职院校科技创新服务平台尚处于研究初期，存在经费支持不稳定、资源共享体系缺乏、成果转化前瞻性不足的问题，提出要分阶段和多渠道地进行平台投入、创新科研管理体制和激励举措、建立资源共享网络，以及根据企业需求找到科技创新切入点❶。

2. 高职院校产教融合平台

对高职院校产教融合平台的研究一般集中在高职院校产教融合平台的内涵、政策保障、运行机制、搭建渠道和模式创新等方面。钱程、韩宝平认为通过建立协调协作的政策支持和组织保障平台、升级契合区域产业发展的教学科研平台、打造协同育人的公共实训平台、共建创新创业的研发孵化平台、构建产教资源优化调控平台和建立独立运作的督导评价平台，可推动职业教育产教深度融合❷。翁伟斌认为在平台建设过程中，需要充分发挥产教融合平台作为产学交互学习与协同创新"场"的作用❸。金祝年认为要了解共建产教融合、校企合作平台的内涵，还要分析平台运行的必要性及存在的问题，为平台运行提供切实保障❹。刘丽花、金祝年认为必须转变观念、完善机制、制定政策、保障平台，为实现专业建设与经济发展同步、人才培养与企业需求同步、科技服务与行业发展同行发挥应有的作用❺。张玉清、魏怀生主张建立校企深度合作长效机制，与校企双栖双管双向发展师资队伍建设机制，构建能力递进式人才培养模式，创新校政企共建实训基地机制，推进项目化课程改革❻。还有学者从技术创新方面进行了研究，比如潘美莲、林启英以高职计算机应用专业群为例，认为应该建立学校、企业、学生等多方面的信息网络沟通渠道，提高产教融合各方的积极性，从而提升人才培养质量，创新校

---

❶ 胡坚达，方磊. 高职院校科技创新服务平台构建初探［J］. 才智，2013（16）：96-97.

❷ 钱程，韩宝平. 基于平台建设的职业教育产教深度融合研究［J］. 教育与职业，2017（13）：32-37.

❸ 翁伟斌. 职业教育产教融合平台建设的现实诉求和推进策略［J］. 内蒙古社会科学（汉文版），2019，40（4）：183-188，213.

❹ 金祝年. 高职院校校企共建科技服务平台的问题与对策［J］. 现代教育管理，2013（10）：106-109.

❺ 刘丽花，金祝年. 高职院校科技服务平台对专业建设的作用及思考［J］. 职教通讯，2015，30（17）：40-44.

❻ 张玉清，魏怀生. 校政行企共建产教融合平台培养创新性人才探索与实践——以潍坊工程职业学院食品营养与检测专业为例［J］. 教育教学论坛，2016（5）：114-116.

企合作人才培养模式❶。

(二)"双高计划"以来高职院校技术技能创新服务平台文献研究

1. 高职院校技术技能创新服务平台的内涵

教育部办公厅与财政部办公厅联合印发《关于开展中国特色高水平高职学校和专业建设计划项目申报的通知》对技术技能创新服务平台建设提出了明确要求,根据平台的功能定位,将其分成三类:一是人才培养与技术创新平台,二是产教融合平台,三是技术技能平台。陈悦、岳芸竹、陈丽艳在综合已有研究的基础上,从功能定位角度,提出技术技能创新服务平台的内涵主要有两个:一是创新平台,二是服务平台❷。应晓清提出了伴生性创新服务平台的概念,认为创新服务平台具有明显的产业匹配识别特质,并且分析了这种伴生机理❸。

2. 高职院校技术技能创新服务平台的问题

对高职院校技术技能创新服务平台存在问题的研究相对较多,石慧认为虽然高职院校的科研意识逐渐增强,科研产出逐年增加,但高职院校科研平台建设逻辑不清晰,成果导向偏离,技术技能创新服务平台建设路径还不够清晰,在科研成果产出的导向上没有突出类型教育特征,在创新服务平台反哺人才培养方面缺少重视与系统设计❹。黄河、杜秀君、岳松等认为技术技能创新服务平台建设存在的问题主要有平台硬件条件较差、平台校企协同不够、高质量研究成果不多、平台中试能力不足、成果转化应用率低、科研团队水平不高、创新服务意识不强、平台管理不够专业以及激励措施亟待加强❺。陈路、刘鸿程、黄丽认为职业院校科技平台建设过程中存在科研经费投入不足、高水平创新平台不多、高层次科技领军人才缺乏、高质量科研成果有待增加、

---

❶ 潘美莲,林启英.搭建校企产教融合平台的人才培养模式探究[J].科技资讯,2016,14(12):137-138.

❷ 陈悦,岳芸竹,陈丽艳.高职院校技术技能创新服务平台建设的理论基础、关键要素与实践路径研究[J].创意设计源,2023(1):68-72.

❸ 应晓清.伴生性创新服务平台推动技术技能人才培养的研究与实践——以浙江工商职业技术学院为例[J].职业技术教育,2020,41(35):6-10.

❹ 石慧."双高计划"背景下打造技术技能创新服务平台的价值、现状及策略[J].教育与职业,2022(2):41-45.

❺ 黄河,杜秀君,岳松,等.地方高职院校技术技能创新服务平台建设路径探析——以宜宾职业技术学院为例[J].机械职业教育,2022(3):38-42.

科技成果转化率不高等问题❶。杨理连则表示技术技能创新服务能力存在的不足主要集中在支撑专业群不够、协同融合不够、成果转化不够等方面❷。张向辉、刘丽指出目前平台建设存在几大问题：缺乏政行企校融合、缺乏平台领军人才、资金投入不足和成果转化应用率不高等问题❸。

3. 高职院校技术技能创新服务平台的实践

关于高职院校技术技能创新服务平台实践的研究，众多学者普遍认为应该注重人才与技术两项指标，比如，黄河、杜秀君、岳松等结合宜宾职业技术学院创建省级"双高"和国家"双高"的具体实践，探析出建设地方高职院校技术技能创新服务平台，应以技术技能积累为纽带，构建"平台N+"技术技能创新服务体系，汇聚人才、资金、技术、信息、环境等创新要素，打造高水平科技创新团队❹。应晓清以浙江工商职业技术学院的宁海模具创新服务平台为例，提出了学院、政府共建伴生性创新服务平台的做法，实现区域产业向技术创新的衍生❺。张向辉、刘丽提出了加大平台资金投入、打造高水平科技创新团队、出台平台绩效考核制度、提升服务平台的产出质量、提升成果转化效率等措施❻。曹明认为创新服务平台建设应该从精准定位，明确平台建设方向、融合创新，构建校企"命运共同体"、完善机制，实现平台高效运作、汇聚人才，组建科技服务团队等方面着手❼。田方提出应发挥"产业端—教育端"双向驱动作用，以实现产教融合型技术技能创新服务平台构

---

❶ 陈路，刘鸿程，黄丽．高职院校技术技能创新服务平台建设探索［J］．岳阳职业技术学院学报，2019，34（6）：9-12．
❷ 杨理连．"双高计划"建设下高职院校技术技能创新服务能力研究［J］．职业技术教育，2020，41（11）：6-9．
❸ 张向辉，刘丽．"双高"建设视域下打造技术技能创新服务平台实践研究［J］．对外经贸，2021（9）：133-136．
❹ 黄河，杜秀君，岳松，等．地方高职院校技术技能创新服务平台建设路径探析——以宜宾职业技术学院为例［J］．机械职业教育，2022（3）：38-42．
❺ 应晓清．伴生性创新服务平台推动技术技能人才培养的研究与实践——以浙江工商职业技术学院为例［J］．职业技术教育，2020，41（35）：6-10．
❻ 张向辉，刘丽．"双高"建设视域下打造技术技能创新服务平台实践研究［J］．对外经贸，2021（9）：133-136．
❼ 曹明．"双高计划"背景下高职院校打造技术技能创新服务平台的策略探讨［J］．开封大学学报，2021，35（3）：41-44．

建的实践目标❶。韩提文、曹珍、肖斌以 H 校"端端驱动、融合赋能"模式为例,提出了"产业端—教育端"双向驱动、搭建技术技能创新服务平台架构体系等观点❷。李波认为应该建设以科技攻关为突出特色的产教融合型技术技能创新服务平台,基于现代学徒制开展"教、学、做、创"一体化教学模式,将创新创业教育贯穿学生专业教育和技能培养全过程❸。

## 二、研究述评

从上述国内研究现状来看,相关学者对高职院校技术技能创新服务平台已进行了大量的理论与实践研究,对技术技能创新服务平台的内涵本质、现状问题、构建策略和建设实践案例等方面开展了深入的分析与研究,获得了较为丰富的理论研究成果。

一是,高职院校技术技能创新服务平台建设的重要性已经普遍明晰。目前,多数高职院校已经认识到了技术技能创新服务平台建设的重要性,积极推动技术技能创新服务平台建设已经成为促进职业教育高质量发展亟待解决的问题。解决职业院校技术技能创新服务平台建设问题,可有效推进我国职业教育改革与发展进程,促进职业教育融入区域发展,推动产业升级。

二是,多样化的研究视角利于从不同维度剖析事物发展过程。学者们结合"协同创新"等理论,从伴生性等不同视角,采用问卷调查、访谈、观察等研究方法,对技术技能创新服务平台建设现状和问题进行了分析,并且提出了相应的建议。这种多元化的研究视角对厘清平台建设中的困境、根源并提出相应的优化对策具有很强的建设性。

通过对当前研究文献进行梳理,主要解决了如"技术技能创新服务平台的概念内涵是什么""关于当前技术技能创新服务平台的建设,学者都进行了怎样的分类和研究,有没有固定的建设模式""技术技能创新服务平台的建设

---

❶ 田方. 高职院校产教融合型技术技能创新服务平台建设研究 [J]. 大众标准化,2022(7):80-81,84.
❷ 韩提文,曹珍,肖斌. 高职院校技术技能创新服务平台建设的路径——以 H 校"端端驱动、融合赋能"模式为例 [J]. 温州职业技术学院学报,2020,20(4):18-22.
❸ 李波. 高职院校技术技能创新服务平台建设的政策、逻辑与实现 [J]. 温州职业技术学院学报,2021,21(3):30-37.

目前存在的问题与不足有哪些"等诸多问题，以上文献系统梳理了创新服务平台的相关理论研究。同样，通过分析可以发现，当前对技术技能创新服务平台及其如何建设的研究还存在一定的不足，主要体现在以下三个方面。

一是，研究方法需要进一步丰富和完善。虽然文献研究、案例分析和问卷调查等方法在相关研究中发挥了重要作用，但缺乏多学科交叉视角和综合性研究方法，也会导致研究的深度和广度受到限制。例如，针对案例研究方法，目前虽有相当部分的平台建设的案例文章，但是通常是经验性的描述和介绍，对平台建设的总结提升较浅、较少。此外，这类研究方法主要集中于定性研究，实证方法的运用相对较少。

二是，研究内容需要深化和拓展。当前的理论研究已经较为丰富，为本书的研究提供了基础性内容和思考，是进行技术技能创新服务平台建设现状研究的基础。然而就目前而言，这些研究较多为宏观理论探讨，或者是松散对策建议的提出，关于如何系统性开展平台建设的研究还有待加强。这为本文在后续的研究中，进一步挖掘技术技能创新服务平台的本质内涵，并且针对不同类型的技术技能创新服务平台提出构建思路提供了研究空间。

三是，研究成果的实践指导意义需要加强。部分研究成果理论阐述较多，而针对实际问题的解决方案和具体措施相对较少，影响了研究成果的实践指导价值。

## 第三节

## 高职院校技术技能创新服务平台的理论框架

技术技能创新服务平台需统筹行政校企等多方建设主体，满足多方需求，在管理学视域下，技术技能创新服务平台的搭建是一项系统工程，需要在理论指导下进行。因此，本书以系统论为理论依据，试图在该理论的指导下，对双高院校技术技能创新服务平台的组成部分和层次关系进行学理分析，进而探讨双高校打造创新服务平台的推进策略，以期为高职院校开展平台建设提供思路和依据。

## 一、高职院校技术技能创新服务平台的理论基础

在系统思维的引领下，高职院校技术技能创新服务平台要具备全面性、功能性、适应性和最优化等特征。

### （一）系统观的主要内容

20世纪20年代，美国理论生物学家贝塔朗菲提出"系统科学"这一概念。系统论作为一种学科，关注系统的一般模式、结构和规律，旨在聚焦事物的本质特征和共同属性。系统论具有一定的逻辑和数学性质，它通过数学定量方法描述研究对象的功能，旨在寻找并建立符合所有系统的根本属性、原理、原则和模型。系统论最早应用于生物学领域，由于系统论具有深刻的哲学启示和数学逻辑，它被广泛应用于管理学、教育学、社会学等不同学科。系统论在不同学科和领域的推广和应用，在一定程度上推动了不同学科和领域的研究范式演变。系统论的存在基于一定的因素，首先，研究对象要具备相应的要素；其次，研究对象本身具有特定的结构和功能；再次，研究对象具有特定的状态和过程，要素之间存在相互作用；最后，研究对象本身处在特定的环境中。因此，系统的基本特征体现在集中性、关联性、整体性、目的性、层次性、环境适应性等方面❶。

2019年，教育部、财政部出台《关于实施中国特色高水平高职学校和专业建设计划的意见》，指出平台建设的功能要"集人才培养、团队建设、技术服务于一体"，特别是强化高职院校与政府、产业园区、行业企业的深度合作，构建集科技攻关、智库咨询、人才培养、创新创业功能为一体的特色化产教融合平台❷。基于上述系统论的观点，平台建设要从系统论的理论和方法出发，围绕环境、系统、要素、结构和功能，整体布局平台建设，促进平台科学化、常态化运行。系统思维的根本出发点是将研究和处理的客体作为一个整体，在整体中包含要素与要素、要素与系统，以及系统与环境之间的关联。就高职技术技能创新服务平台而言，平台建设作为客观对象，从政府、

---

❶ 赵利堂，谢长法. 跨界与交融：高等职业教育质量评估的跨学科协同设计 [J]. 教育发展研究，2018, 38 (7)：28-34.

❷ 潘海生，杨慧. 技术技能创新服务平台建设的内在逻辑与实践路径研究 [J]. 职教论坛，2022, 38 (7)：29-36.

产业园区和行业企业外部来看，其与平台的关系构成了系统整体和组成系统各部分的相互关系。同时，平台自身的建设表现为系统与平台内部子平台、各个平台之间、平台内部不同要素之间的有机关联。在此过程中，总目标和子目标之间存在着管理与监督、协同与制约、依赖与共赢等多种关系；系统内各要素之间的相互联系和相互作用影响平台整体的运行机制和速率，系统与环境之间存在因环境的改变而连动改变的适应关系。因此，总体上需要平台运行的顶层框架设计和系统安排。

（二）基于系统论的高职技术技能创新服务平台的特征

系统论思维的核心要义是在系统观点和理论的引领下，协同系统内部与外部、系统内部之间的关系。因此，应根据系统本身的特征，着眼平台建设的根本目标，将系统论特征与平台建设特点对应分析，促进技术技能创新服务平台内部与外部、子平台之间的有序构建。

1. 高职技术技能创新服务平台的目的性

系统论的目的性特征是指在一定程度和范围内，系统的发展不受或者很少受到外在条件变化及不同方式方法的影响，而是根据自身运行特点表现出一定的趋向性，朝着事先预定的方向前进。系统观点中的目的性特征与"双高计划"职业院校建设技术技能创新服务平台的初衷不谋而合，表现为一定的目的性和驱动性。首先，平台建设的出发点和运行过程是为了助力国家重点战略、区域支柱产业发展，推进新时代职业教育高质量发展这个总目标；其次，平台内部各个部分的组建主要是分配和落实上述总体目标，目的性贯穿平台建设的始终，同时平台运行机制、配套政策和管理制度也要围绕该目标的实现进行部署。

2. 高职技术技能创新服务平台的关联性

系统论关联性指的是系统内部的各要素、系统与要素、系统与系统、系统与环境，以及系统内部结构、功能、表现之间的联系，这种联系主要表现为各个部分之间的相关依存和制约关系。从高职院校此前的平台建设经验中来看，虽然平台系统非常重视加强科研创新、人才培养和创新服务功能的发挥，但是平台内外部各要素之间缺少沟通和协同，学校职业教育研究与企业人才培养、学校科研与企业研发、学校课程建设与企业技能推广等内容存在

脱节的现象❶。基于系统观点，平台要聚焦产学研跨界之间的相互协调，强化系统的整体性特征优势和资源调配，促进系统结构重组，发挥系统内各部分之间的关联、整合和协调功能。

3. 高职技术技能创新服务平台的动态性

系统论的动态性指事物是不断变化和运动的，系统平台也是不断变化和生长的有机体，系统平台的动态性和稳定性之间是相对的，系统内部联系具有不断变化和运动的特征。动态性表征了平台建设随内外部环境变化不断做出调整的能力。就内部条件而言，高职院校创新服务平台需要协调科研队伍与人才培养、科技发展等诸多要素间的关系，就外部环境而言，其受到社会环境、区域环境、产业环境等的影响。一方面，高职院校要建立相应的动力协调、成员互促、监督考评等链条式的一体化机制，提高平台与各子平台对外部环境的适应能力，并及时根据环境的改变，优化整体系统，做到及时反馈政策环境、经济环境和产业布局对高职教育提出的新要求。另一方面，高职院校自身应深刻认识社会服务、培养人才和科技发展间绝非相互割裂或独立运行，而是具有互为前提、相互促进的关系。

## 二、高职院校技术技能创新服务平台的分析框架

系统论将高职院校技术技能创新服务平台视作一个由宏观环境、中观结构和微观要素组成的整体系统，要想对其进行深入分析，既需要基于中国式现代化道路这一社会背景，也需要洞悉系统论的一般结构，同时又需要兼顾高职教育的特定性要素。

（一）高职技术技能创新服务平台的环境条件

从系统论的视角，环境条件直接决定和影响系统目标与功能定位。技术技能创新服务平台的环境条件包括国家政策环境、经济环境、社会发展战略和产业布局。针对高职技术技能创新服务平台建设的理想样态分析，应置于中国式现代化发展这一大的系统之中，深刻理解其本质特征。中国式现代化发展是中华民族伟大复兴之路中的新思想、新产物，是中国自主探索现代化

---

❶ 陈会玲，杨云箐，杨建民．"双高"院校打造技术技能创新服务平台的理论基础和推进策略［J］．教育与职业，2021（1）：67-70.

发展过程中的经验总结和优势凝练，也是高质量发展的继承和延展。基于此，回应中国式现代化时代诉求的高职院校，也应当以面向政府、产业园区、行业企业等利益相关者，强化高职院校平台的"产业性"和"多元化"的本质特征。

根据系统论中关于输入、处理、输出的环节划分，高职院校技术技能创新服务平台建设可以分为分析、运行与反馈三个主要行动环节。其中，分析环节强调对平台服务形式及客体等的设计；运行环节强调高职院校平台建设过程中的行动执行与及时调整；反馈环节强调基于平台服务成效的结果呈现与后续的反哺优化，由此也明确了高职院校平台服务的分析结构与观测维度，即系统论视角下的高职院校平台服务并不是碎片化、功利化和终端化的服务供给，而更为强调全过程性和系统参与。

(二) 高职技术技能创新服务平台的总体目标

平台建设的前提是要明确其总目标，因为目标既是发展方向，又是资源分配与组织能力建设。总体目标的确定将会影响平台未来发展的稳定性，特别是产教融合的技术技能积累与创新持续性。随着人工智能时代的到来，以及制造业产业变革和工艺创新的更迭，企业生产范式开始关注不同主体的合作共享，将组织范式放置在一个更大的开放系统中，摒弃传统的只关注既定目标的正式化、封闭化的理性系统。平台建设正是职业院校在外部协同创新与生产组织范式改组的背景下提出的。在职业教育高质量发展的背景下，为应对外部需求，职业院校建立了这种开放系统，在此过程中，高职院校更加重视高素质技术技能人才培养，将人才培养内化在经济高质量发展、产业链更新和教育现代化过程中，增强技术技能人才培养与经济社会需求之间的紧密程度，实现教育要素与产业要素的协同变动。

平台建设的焦点应该是将产业需求侧要素与教育供给侧要素充分融合，提高两种要素之间的依存度。高职院校平台建设需要职业院校打破以往办学格局，遵循开放共享互动原则，加强不同利益相关者之间的合作共赢，形成相互依存、相互协同的互利共同体。根据职业院校办学的外部现实需求和不同利益主体，通过社会合作网络构建平台与各主体之间的共生关系，实现不同主体之间的相互合作、资源更新迭代，构建资源整合联动体系，推动平台

内部系统良性发展。

（三）高职技术技能创新服务平台的功能设定

系统本身具有一定的功能性。系统的功能性指平台建设内外部联系中的不同特点和表征。高职技术技能创新服务平台建设的目的是使高职院校技术技能人才培养体系与人才市场需求体系的各种要素功能发挥出最优水平。在此过程中，高职院校不同要素的内外部联系都发挥着多样化的功能，不同要素将会影响平台整体建设。系统在与内外部环境产生相互作用的同时，系统的功能性将会显示出不同的属性，这也是系统内外部能够保持相对稳定的组织结构关系和关联形式的一种表征。

高等职业教育虽然与普通高等教育同具有高等性，但是由于高等职业教育的职业属性，高等职业教育从知识传递与知识生产视角，与普通高等教育具有根本差异。从知识论视角，高职院校传递的知识主要以技术知识与实践知识为主，这两种知识体现着实践逻辑，更多地体现为在企业生产过程中解决工艺问题和技能操作情景。技术技能创新服务平台作为高职院校的知识生产载体，在运行过程中将人才培养、技术研发、创新服务和知识生产汇聚整合，发挥产教融合、团队建设、科技创新、人才培养、智库咨询和质量评价等功能，实现技术技能创新与区域经济发展的同频共振。

（四）高职技术技能创新服务平台的结构层级

结构层级指系统各要素的排列组合。系统的结构性指结构作为系统内要素之间连接的方式，系统结构性包括结构组织、要素和层次变化，系统结构的规范和管理影响系统要素和层次。高职院校技术技能创新服务平台本身就是系统性工程，同时作为"双高计划"整体任务建设中的一部分，系统的关联和结构将会影响高职技术技能创新服务平台的内在关联性和运作结构。根据建设目标，平台可依据系统结构划分，即"三层级六平台"。"三层级"指的是整体系统、子平台及子平台构成要素，这三个层次自上而下形成层级关系；"六平台"包括校企协同创新平台、名师工匠平台、技术转移转化平台、英才培养平台、专家智库平台及质量体系监测管理平台等[1]。各子平台作为分

---

[1] 陈会玲，杨云箐，杨建民．"双高"院校打造技术技能创新服务平台的理论基础和推进策略［J］．教育与职业，2021（1）：67-70.

目标实现的主体,承担着分目标的实现任务,从而支撑总目标的达成。

(五) 高职技术技能创新服务平台的组织要素

系统论的组织要素指事物的基础要素,而这些要素和整体系统之间的关系是相对的。在搭建平台的过程中,我们能见到两组这样的对应关系:一方面,从整个系统的角度观察,平台就是由各种要素组成的;另一方面,从平台自身的角度看,子平台就可以被看作是构建整个系统的要素。在技术技能创新平台的建设过程中,校企协同创新平台、实验实训平台、工程实验中心等都算是相对独立的要素。同时,学校、企业、行业、政府等各方也是校企协同创新平台的构成要素,共同推动平台的发展。

技术技能创新服务平台的建设不仅体现在整体系统与各平台之间、子平台之间的相互关系,还包括子平台内部各要素之间的互动。在这个过程中,系统与环境之间由于内外部环境和条件的不断变化,呈现出一种不断适应的关系。值得注意的是,平台建设的顶层框架系统设计对平台各要素之间的联系有着重要的影响。顺畅的要素联系有助于提高系统的运行效率,反之则会制约系统的发展。因此,平台建设的顶层框架系统设计对平台的发展具有至关重要的意义。总之,技术技能创新服务平台建设是一个复杂的系统工程,需要充分理解和把握系统论的观点,处理好平台与要素、子平台与子平台、平台与环境之间的关系,优化顶层框架系统设计,以实现平台的高效运行和持续发展。

# 第三章

# 高职院校技术技能创新服务平台建设的政策分析

在高等职业教育的不同发展阶段中，各级政府制定和出台了高职院校建设和发展的一系列制度、政策和法规，以此为"牛鼻子"牵引和带动高职院校的发展，逐步塑造了当前我国高职院校的发展格局。

技术技能创新服务平台也是与国家的职业教育相关政策紧密关联、伴生，其在不同的职业教育发展时期处于不同的地位，有着不同的内涵与发展重点。在高等职业教育发展的不同阶段，国家对高职院校技术技能创新服务及其相关平台建设的要求也不尽相同。从总的发展趋势来看，随着高职院校办学定位及社会功能越来越明确，高职院校技术技能创新服务平台建设的目的及功能越来越明晰，建设机制体制越来越成熟，作用发挥越来越明显，建设成效也越来越显著。

本章以高职院校起步发展时期（1998—2005年）、国家示范校和骨干校建设时期（2006—2015年）、三年创新发展行动计划时期（2015—2018年）和首轮"双高计划"时期（2019—2023年）等我国高等职业教育发展历程中的重要项目时期为线索，探寻高职不同发展阶段中的技术技能创新服务平台建设的政策支撑和发展特点。

## 第一节

## 高职院校起步发展时期技术技能创新服务平台建设的政策

### 一、高职院校起步发展时期技术技能创新服务平台建设的政策演进

这个时期大体是1998—2005年。国家对我国现代高等职业教育发展的指导性政策演进起源于1985年颁布的《中共中央关于教育体制改革的决定》，该文件明确了要"积极发展高等职业技术院校"。1991年，《国务院关于大力发展职业技术教育的决定》提出"把发展职业教育作为经济社会发展的重要基础和教育工作的战略要点"，职业教育办学思想要转变，要由"传统的升学导向向就业导向转变"，以及"促进职业教育教学要和生产实践、技术推广、社会服务紧密结合"。在此阶段，国家还是以关注职业教育教学为主，技术技能服务也是服务于教学的手段。1993年，中共中央、国务院颁布《中国教育

改革和发展纲要》，进一步明确高等学校要在国家科学技术工作中发挥作用，要大力实施科技攻关，使成果转化为现实生产力，同时打造一批国家级的基础研究基地和工程（技术）研究中心。在当时高职院校办学薄弱的情况下，这些举措的实施主体主要是普通高等教育，而不是高职院校。1996年颁布的《中华人民共和国职业教育法》在技术技能创新服务方面主要是提倡职业院校和教育机构可以针对从业前、转业、学徒、在岗、转岗等情况开展职业性培训，同时鼓励院校和教育机构开展面向社会的、多种形式的职业培训。1999年颁布的《中华人民共和国高等教育法》的第35条提出，"高等学校根据自身条件，自主开展科学研究、技术开发和社会服务"，并且鼓励院校社会机构或者组织开展科学研究、技术开发和推广等合作。就是在这一阶段，全国一大批行业职工大学、高等专科学校、职业大学、成人高校、中专学校等陆续剥离原隶属关系，通过合并重组，筹建高等职业院校，大力发展高等职业教育，高职教育发展明显加速。

2000年，国务院调整了高职院校的审批手续，将高职院校的设置审批权限给到了省级人民政府，各地设立高职院校在省政府审核通过后，需要向教育部备案。在这种背景下，高职院校通过合并、转设或者新设等路径迅速扩张，2001年一年中，教育部就公布了194所新增高职院校。2001—2004年，高职院校每年的增速是平均172所。

2002年，《国务院关于大力推进职业教育改革与发展的决定》（国发〔2002〕16号）指出，大中城市和经济发达地区要积极发展高等职业教育，要促进职业教育与经济建设、社会发展紧密结合，进一步要求高等职业教育不仅要适应社会需求，更要适应企业需求。

2004年，《教育部关于以就业为导向深化高等职业教育改革的若干意见》（教高〔2004〕1号）首次提出了高职教育五年评估一次的评估制度。同年，《教育部办公厅关于全面开展高职高专院校人才培养工作水平评估的通知》（教高厅〔2004〕16号）指出，评估的导向是引导职校明确定位，坚持以服务为宗旨和就业导向，努力办出特色，走产学研结合的路子，并提出可以评估推荐优秀的少量院校作为示范校建设候选。

示范性高职院校评估主要面向两类院校：一是在各省（自治区、直辖

市)组织的评估中,原则上达到"优秀"水平、并经省级教育行政部门推荐拟成为示范的院校;二是近几年中央财政支持建设、开展示范性职业技术学院建设的高职院校。在高职高专院校人才培养工作水平评估指标体系中,产学研结合成为考察学校定位和办学思路的重要指标之一,提出院校要主动为行业企业服务,在技术研究、开发、推广和服务中有明显成果或者效益。

2005年,为适应全面建成小康社会对高素质劳动者和技能型人才的需求,《国务院关于大力发展职业教育的决定》(国发〔2005〕35号)明确提出,职业教育办学思想要转向市场驱动,同时要促进职业教育教学和生产实践、技术推广和社会服务紧密结合,并且还要加强创业指导和相关创业服务体系的构建,要依靠行业企业发展职教,企业可以联合举办职校或者与职校合作办学,通过这样的一些举措促使高职院校的办学面向市场和社会,也在一定程度上激发了高职院校开展技术推广、社会培训和社会服务。❶

## 二、高职院校起步发展时期技术技能创新服务平台建设的政策特点

在高职院校的起步时期,高职院校的发展重心是解决高职教育办学定位、人才培养及办学方向等方向性、路线性重大问题。绝大部分高职院校的中心工作还是放在建校办校这一核心任务上,新合并或新组建的高职院校还处于磨合期,高职院校在这一阶段重点关注的是人才培养模式、人才规格,以及如何培养出与国家经济快速发展转型相匹配、相适应的技术技能型人才等层面,办学重心是提升教育教学能力及水平,解决学校生存的基本问题,科研与社会服务功能相对弱化。《中华人民共和国职业教育法》虽已明确了职业教育的地位、体系构成及政府等有关方面在发展职业教育中的责任,但此时大多数高职院校刚刚建立,治理体系还处于搭建阶段,各项机制体制还在探索,不够成熟,高职院校技术技能创新服务理念还不够清晰,高职院校教师的技术技能创新服务能力整体偏弱,技术技能创新服务平台的建设仍处于边缘地位和起步阶段。

---

❶ 李波. 高职院校技术技能创新服务平台建设的政策、逻辑与实现[J]. 温州职业技术学院学报, 2021, 21 (3): 30-37.

## 第二节

## 国家示范校和骨干校建设时期技术技能创新服务平台建设的政策

### 一、国家示范校建设时期技术技能创新服务平台建设的政策要求

这个时期大体是 2006—2009 年。2006 年 11 月，教育部印发《关于全面提高高等职业教育教学质量的若干意见》（教高〔2006〕16 号），明确提出适当控制高职院校招生规模和增长幅度，工作的重点是提高办学质量，再次重申高职院校的发展道路是以服务为宗旨、就业为导向、产学研相结合，认为实训、实习基地的建设是提高教学质量的重点，可见此时对"平台"的构建有了更加明确的要求，更是具体到高职育人要"充分利用现代信息技术，开发虚拟工厂、虚拟车间、虚拟工艺和虚拟实验"，要建成装备水平高和优质资源共享的高水平实训基地。同年，教育部、财政部《关于实施国家示范性高等职业院校建设计划加快高等职业教育改革与发展的意见》（教高〔2006〕14 号）提出布置全国 100 所国家示范性高等职业院校（以下简称示范校）建设工程，开始实施"国家示范性高等职业院校建设计划"，重点建设 100 所办学特色鲜明、教学质量优良、在全国起引领示范作用的高职院校。截至 2008 年，中华人民共和国教育部和财政部正式遴选出天津职业大学、成都航空职业技术学院、深圳职业技术学院（现深圳职业技术大学）等 100 所国家示范性高等职业院校建设单位和 8 所重点培育院校。高职院校发展建设进入一个前所未有的新的发展历史时期。

国家示范性高职院校建设是基于 20 世纪 90 年代后，我国高等教育扩招和"三改一补"发展高等职业教育的方针带来了高职院校规模的大发展，而并没有彻底解决当时高职院校存在的基础办学条件差、双师型师资数量不足及办学体制机制缺乏特色等问题，因此对高职院校进行系统性变革、内涵提升来提升办学质量和服务经济社会能力，形成一批标杆校、一批强校是示范校建设的出发点。同时，通过开展示范校建设，打造一批改革和发展标兵，摆脱高职院校的本科发展路径依赖，在高等性和职业性的兼顾中找到一条自己的高质量发展之

路，在改革、管理和发展方面发挥带头和示范作用，以点带面，以经验和模式辐射带动其他高职院校的改革与发展，逐步形成结构合理、功能完善、质量优良的高等职业教育体系，更好地为经济建设和社会发展服务。

根据示范校建设的总体目标及建设任务，示范院校建设阶段的建设重点是教育教学改革、社会服务能力建设、实训实习基地建设、双师团队建设及国际合作与交流。在建设的主要内容中，几乎没有提到技术技能创新服务平台建设，仅在相关的建设板块中穿插表达了对技术技能服务的一些要求。例如，在"提高示范校整体水平"中，要求高职院校要和行业企业在育人和技术开发等方面开展合作，以此将多元化的物质、资金和人力等吸纳到示范校建设中来；在"加强重点专业领域建设"中，提出实训基地要兼具培训、鉴定和技术研发功能，同时提出打造重点建设专业群的目的是提升学校对社会的服务能力；在"增强社会服务能力"方面，提出示范校要大力开展职业技能培训，积极为社会提供技术服务；在"创建共享型专业教学资源库"方面，提出要向外界开放教学资源，为社会的技术技能人才培养搭建共享型的、助力于终身学习的公共资源平台。

示范校已经开始有意识地提高站位，在服务区域发展的背景下，围绕省、市、地区发展建设重大战略，立足专业建设创新发展，在原有专业建设和师资培养基础上，开始思索并着手运用现代信息技术手段，提升自身服务区域发展的能力与创新能力。然而，这一阶段高职院校建设整体仍处于较低水平，有的高职院校解决了专业建设及师资数量的问题以满足办学需要，技术技能创新服务各要素经过一段时间的建设发展也取得了一定成果，但专业建设、师资培养、技术服务、产学合作、社会培训、继续教育等各个模块之间还处于各自为政的发展阶段，彼此即使有联系，也一般是以某个具体项目为基础，彼此之间的联系并不紧密、比较松散。高职院校并没有从全局统筹设计技术技能创新服务平台，各模块建设多从自身角度出发，还没有连成片，高效、集约、合作、共享的技术技能创新服务平台也还没有建立，更没有上升到质的发展阶段。

## 二、国家骨干校建设时期技术技能创新服务平台建设的政策要求

这个时期大体是2010—2015年。2010年，教育部、财政部联合下发了《关于进一步推进"国家示范性高等职业院校建设计划"实施工作的通知》（教高〔2010〕8号）提出新增100所左右的国家骨干高职院校（以下简称骨干校），作为示范校的建设延续。示范校建设以育人模式创新和专业建设为主，而骨干校是以办学的体制机制创新为要义，通过在校企合作的路径、手段上不断开拓创新，倒逼地方在学生实习补贴、兼职教师的补助和顶岗实习的规范等方面做出相应的政策跟进，同时，使一些校企合作典型经验上升为国家制度文件，以此改善高职建设的外部环境。❶

国家骨干校建设的申报要求中提出高职院校要引导教师主动开展技术研发，同时要求高职院校要面向区域的技术技能需求，强化服务国家和区域发展战略的能力，为社会人员和企业职工提供接受继续教育的机会和条件，同时院校要主动服务企业的研发需求和技术创新需要。

在骨干校建设期间，高职院校面向行业企业开展新技术、新工艺、新材料方面的培训，鼓励教师参与企业技术创新和研发，同时还发挥骨干校的辐射带动作用开展不同形式的对口支援。在这期间，高职院校构建了研发中心、大师工作室、技术技能鉴定中心以及技能培训基地等技术技能服务平台，这些做法还延伸至一些非国家骨干校、示范校。❷ 此时的技术技能创新服务主要是随着社会服务项目展开，缺乏独立的技术技能创新服务体系的构建，对院校的技术技能创新服务水平的衡量也主要是技术服务到款额。另外，在当时全国1200多所高职院校的办学格局下，各个高职院校的办学基础存在差异、所处地区不同等原因造成了创新服务平台建设水平良莠不齐，各个院校之间的技术技能服务存在很大差距。

---

❶ 翟帆. 优质校建设，高职改革举起"新标杆"[N]. 中国教育报，2016-11-08（9）.
❷ 李波. 高职院校技术技能创新服务平台建设的政策、逻辑与实现[J]. 温州职业技术学院学报，2021，21（3）：30-37.

## 第三节

## 国家优质校建设时期技术技能创新服务平台建设的政策

**一、国家优质校建设时期技术技能创新服务平台建设的政策要求**

这个时期大体是2015—2018年。2015年，教育部颁布了《高等职业教育创新发展行动计划（2015—2018年）》，该计划使高职教育创新发展进入"全面施工"和"内部装修"阶段，为新时代高等职业教育高质量发展奠定了坚实的基础。该计划的任务之一就是开展200所左右的优质校建设，并且设计了一系列政策制度和任务项目，旨在进一步优化高职教育培养结构，加快完善高职发展机制，保证提升发展质量，实际提高高职服务国家发展战略的能力。

在对优质校的技术技能创新的要求方面，该计划提出高职院校要面向国家重点发展产业，提高专业的技术协同创新能力，促进区域产业结构调整和新兴产业发展。此外，"加强技术技能积累"任务中，明确提出"服务区域、产业发展和国家外交政策需要，紧密结合培养杰出人才和加强教师队伍建设，加强应用技术的传承应用研发能力，提高人才培养的水平和技术服务的附加值"，鼓励专科高等职业院校与当地企业合作发展，以市场为导向多方共建应用技术协同创新中心。对于师生拥有自主知识产权的技术开发、产品设计、发明创造等成果，选择自主创业的，按规定给予启动资金贷款贴息、税费减免等政策扶持；与企业合作转化的，可按照法律规定在企业作价入股。支持学校与技艺大师、非物质文化遗产传承人等合作建立技能大师工作室，开展技艺传承创新等活动。

**二、国家优质校建设时期技术技能创新服务平台建设要求的政策特点**

一是优质校建设时期，国家政策对高职院校技术技能创新服务平台的建设理念越来越明晰，目标越来越具象，建设路径也越来越明确。此时的高职院校发展从由教学培训为主向教学培训与应用研发并重转变，技术技能创新服务在该计划中有了更加独立的地位和存在感，行动计划也对技术技能创新服务平台建设有了专门的要求。在推进现代学徒制、共建生产性实训基地、以市场导向多方共建应用技术协同中心等方面，该计划强调了发挥企业作为人才培养主体的作用，使合作企业成为学生教学和训练的主要场所、教师双师素质锻造和科研的平台、校企合作和生产服务的基地，成为教师在应用研发方面进行社会服务的重要窗口。

二是优质校建设对高职院校的技术技能积累提出了更高要求。鼓励高职院校与当地行业企业联合办学和合作育人，以校企共建的现代学徒制培养为切入点，以市场为导向，多方共建应用技术协同发展的技术技能创新服务中心。对于师生拥有自主知识产权的技术开发、产品设计、发明创造等成果，鼓励自主创业或推广企业合作转化；鼓励有条件的高职院校发挥学校人才、信息、资源聚集的优势，引导广大教师围绕专业建设、教学改革等方面开展教研；积极发展多种形式的继续教育，开展广泛的职业教育和技术技能培训，服务全民学习、终身学习，推进学习型社会建设；在科学研究、技能大赛、专业建设过程中不断打磨教师的专业技能，精进专业技能，提升教育教学能力，实施头雁引领，在职业教育和成人教育改革发展方面发挥示范引领作用。至此，以人才培养、技术研发、社会服务为代表特征的、政企行校共同推进的技术技能积累创新机制已初步建立。

三是在政策的助推下，技术技能创新服务受到了高职院校的更多重视。在此阶段，高职院校内涵建设及办学水平的快速提升，也大大促进了高职院校技术技能创新服务平台的建设发展，建成了功能更完善、更强大、更高水平的高职院校技术技能创新服务平台，平台建设规模效应已初步显现，平台在管理体系、保障制度、相关标准、运行机制等方面更加健全和完善，各方对技术技能创新服务平台的认识显著提高，多方支持和参与职业教育的氛围更加浓厚。

## 第四节

## 国家"双高计划"建设时期技术技能创新服务平台建设的政策

**一、国家"双高计划"建设时期技术技能创新服务平台建设的政策要求**

2019年，国务院印发《国家职业教育改革实施方案》，明确提出将实施中国特色高水平高等职业学校和专业建设计划，"双高计划"开始启动。同年3月，教育部、财政部发布《关于实施中国特色高水平高职学校和专业建设计划的意见》，为"双高计划"建设指明方向。4月，教育部、财政部印发《中国特色高水平高职学校和专业建设计划项目遴选管理办法（试行）》（教职成〔2019〕8号），双高校建设申报开始。同年12月，教育部、财政部公布《中国特色高水平高职学校和专业建设计划建设单位名单》，正式公布中国特色高水平高职学校和专业建设高校及建设专业名单，第一批"双高计划"建设名单共197所学校入选，其中高水平学校建设单位56所，高水平专业群建设单位141所。"双高计划"是国家发展具有中国特色、世界水平的高等职业学校和骨干专业（群）的重大战略决策，是推进中国教育现代化的重要抓手，被称为高职"双一流"。

"双高计划"提出十大建设任务，即"一加强、四打造、五提升"，其中"打造技术技能创新服务平台"被置于和"打造技术技能人才培养高地"同样的地位，同时还对技术技能平台做出了提质升级的要求，即技术技能创新服务平台不再囿于原来的科研平台或者实验实训平台，而是主体更多元、类别更丰富、范围更广、体系更健全、功能要求更高，主要包括服务中小微企业的人才培养和技术创新平台，服务区域发展和产业需求的产教融合平台，以及助力重点行业和支柱产业的技术技能平台。

**二、国家"双高计划"建设时期技术技能创新服务平台建设的政策特点**

一是，这是高职教育发展史上首次明确提出"技术技能创新服务平台"这个概念，并明确描述了技术技能创新服务平台的建设目的。在这之前，高职教育的重点放在人才培养、专业建设、校企合作、产教融合、产学研一体化建设等相对独立的平台建设，没有一个可以囊括高职院校全功能的、覆盖高职院校建设各环节的综合性平台建设框架。而"双高计划"首次将打造技术技能人才培养高地和技术技能创新服务平台并举，列为两大支点，可见其重要性越来越凸显。

国家在顶层设计层面将技术技能创新服务平台的建设定义为一个汇聚资源、多方协作、共建共享的集合体功能平台，上对职业教育高质量发展，下接高职院校内涵建设各要素，借助高职院校技术技能创新服务平台建设，提升高职院校的人才培养、科研水平和综合办学实力，促进学校内涵建设和高质量发展。要求以高技能人才培养为牵引，以服务区域经济发展为核心，打造一批高水平协同创新中心、研究基地、行业培训中心、大师工匠工作室、重点实验室等产学研创新发展平台，并以平台建设为载体，以创新资源和各相关要素的有效汇聚为保障，深化学校与各创新主体间的联系，大力推进学校与地方政府、科研院所、行业企业、其他中高职院校等有效社会力量的深度合作，探索基于满足不同需求的一体化协同创新模式，将技术技能创新服务平台打造成融合高层次理论研究、人才培养、政策咨询、科技研发、成果孵化转化、创新创业等创新发展功能的实体，成为学校创新发展体系建设的有力支撑。

通过建设高水平的技术技能创新服务平台，转变创新方式，为学校建设发展集聚和培养一批拔尖创新人才，培育一批顶端的科研创新团队，孵化一批前沿的科研成果，产出一批代表的性标志性成果，为高职院校双高校建设做出更大贡献。

二是，平台的建设具有不同的功能定位。首先，高职院校技术技能创新服务平台要服务于技术技能人才的培养。以技术技能创新服务平台为载体，探索政企行校合作新模式，整合政企行校优势资源，拓展产学合作渠道，促进产教融合、产学研用一体化，增强新技术、新知识以及新标准在专业建设及专业教学中的应用，促进专业现代化建设，提升人才培养成效。同时，高职院校通过技术技能创新服务平台，将自身的教育资源与区域区产业资源深度对接、协同发展，适时调整专业设置和专业结构，优化职业教育服务产业

布局，培养高技能应用型人才。其次，高职院校技术技能创新服务平台要服务于团队建设。师资专业能力及教育教学水平是影响职业教育办学质量的关键。学校和企业共同组建教学团队，院校面向企业，选聘技术能手、大师工匠作为高职院校的兼职教师，既作为高职院校师资的有效补充，又可带领学校教师共同开展科技研发与技术服务；学校教师下企业一线顶岗实践，深入了解学习企业一线技术技能需求。师资队伍建设反哺教学，把技术技能创新服务平台的科研及实践成果融入专业教学，根据生产实际调整产业人才培养方案，重构课程体系，提高人才培养质量。最后，高职院校技术技能创新服务平台要服务于技术研发及成果转化。高职院校要积极主动地与行业内领军企业、优质企业开展多边技术研发合作，共建技术技能创新服务平台。高职院校围绕服务企业技术研发和产品升级，找准技术技能创新服务与企业技术研发和产品升级需求契合点，把区域产业技术革新需求作为切入点，针对产业链中的难点、堵点开展技术研发，依托专业资源优势，集中突破关键核心技术，解决企业"卡脖子"问题，使科研成果更快地转化为现实生产力。

三是，在政策的推动下，技术技能创新服务平台建设发生了根本性的转变。首先，高职院校对技术技能创新服务的范畴认知发生了改变，不再拘泥于科研平台或者创业平台，而是在不同层面、不同层级上构建体系化的技术技能创新服务平台。其次，技术技能创新服务平台的保障机制也得到了极大的优化，在"双高计划"背景下，高职院校在保障技术技能创新服务平台良好运行、成果产出、人员激励、多元合作等方面进行了更深入的制度构建。最后，"双高计划"下的技术技能创新服务平台的水平得到了极大的提升。高职院校加强与地方政府、行业企业等深度合作，精准对接区域人才培养需求及技术发展需求，打造了一系列面向市场、服务发展的国家级、省部级的高水平技术技能创新服务平台，平台在促进产教融合、专业建设、师资培养、人才培育、社会服务、科学研究、成果转化等方面表现亮眼，为社会输出了大批的成果和方案，培养了一大批技术技能拔尖人才，在服务国家战略、区域发展、行企需求、城市发展等方面做出了积极的高职贡献，这对提升高职的社会形象有极大的促进作用。

# 第四章

## 高职院校技术技能创新服务平台构建案例分析

随着高职院校"双高计划"的推进，根据院校的发展优势、区域需求及实践创新，双高院校在技术技能创新服务平台方面开展了多元化的尝试，并且打造了诸多平台，围绕平台建设需求也进行了一系列的管理制度和组织创新。本章主要以"双高计划"建设单位公示的"双高计划"中期绩效自评报告与对外宣传文稿为案例来源，从产教融合、人才培养、管理机制三个视角，聚焦具有特色的"双高计划"建设单位的技术技能创新服务平台建设典型案例，发掘高职院校技术技能创新服务平台的建设路径和策略，为同类院校的技术技能创新服务平台建设提供方法论支持。

# 第一节

## 产教融合视角下高职院校技术技能创新服务平台典型案例

在"双高计划"中，产教融合平台主要是服务区域发展和产业转型升级这类平台，平台主要发挥联合攻关、创新创业、智库咨询、英才培养等功能，合作的主体主要是区域的政府、科技园区及主流行业组织等。双高建设院校在产教融合视角下的技术技能创新服务平台建设成效显著，搭建了具有学校特色的技术技能创新服务平台，在高职技术技能创新服务平台建设中起到了示范引领作用。

### 案例1

#### 开创性搭建"实体化"产教综合体平台，实现产教平台共建

校企成立股份制公司、推行实体化运行是深化产教融合的有效途径。金华职业技术学院从三个方面有效解决了产教融合平台如何建、如何管的难题。一是以资产经营公司为桥梁开展股份制合作，打通政策瓶颈。在地方政府的支持下，金华职业技术学院以设备、场地、品牌等入股，企业以资本、技术和订单入股，优化决策执行，保证政校企各方的平等话语权。二是股权结构组成多样化，降低国有资产流失风险。针对不同类型合资公

司，金华职业技术学院采用轻资产和重资产两种股权类型，通过明晰股权架构、设置股权下限和一票否决权等措施，平衡各方利益。三是建立系列管理运行制度，形成运行保障机制。建立政校企融合的管理机构，制定融合运行制度和方案，推动校企利益、制度、资源、文化、技术和人员的全面融合。产教综合体航空精密零件制造实体公司通过航空体系AS9100认证，年产值超6000万元，被沈飞民机授予2021年度"优质产品奖"；《年产50万件铝合金轮毂高效柔性机加工自动化生产线》评为浙江省装备制造业重点领域首台（套）产品，生产产品获得浙江省科学技术进步三等奖、金华市工业设计一等奖。

### 案例2

#### 整合优化，搭建高层次科研创新服务大平台

浙江金融职业学院紧紧围绕"双高"建设目标与自身办学定位和特色，搭建了以金融职业教育为特色，以探索金融职业技能人才培养为定位的应用型金融人才培养研究院，依托金融、国际贸易两个高水平专业群，开展商贸类、金融类应用型职业技能人才培养的国家级别跨境电商综合服务应用技术协同创新中心和省级服务万亿金融产业产学研协同创新中心，旨在提升以教师科研创新与社会服务能力为核心的浙江省软科学研究基地浙江金融职业学院科技金融创新研究基地、中东欧研究基地、浙江省中国特色社会主义理论体系研究中心基地三大省级基地，以及高等职业教育发展研究中心、课程思政研究中心、捷克研究中心、浙江地方金融发展研究中心四大研究中心，依托社科联赋能的12个研究会平台和散布在二级学院的研究院所，架构起以技术技能创新服务为核心，其他平台为支撑"一核多点满天星"的多元化科研创新服务平台，形成国家、省级、校级和院级有层次、有梯度的技术技能创新服务大平台[1]。一是，升级跨境电商综合服务应用技术协同创新中心为电子商务与新消费研究院，与国际贸易经济合作研究院（国家高端智库）共建浙

---

[1] 潘锡泉. 一核多点满天星 "双高"建设放光芒[N]. 中国教育报，2021-12-21（8）.

江省哲学社会科学重点研究基地与省级智库，建成集应用研究、智库咨询、人才培养于一体的新型重点研究基地；二是，整合优化浙江省服务万亿金融产业协同创新中心、浙江省软科学研究基地科技金融创新研究基地和浙江地方金融发展研究中心，聚焦浙江省区域金融改革和发展重点难点，开展地方金融产业转型研究，助力浙江区域经济高质量发展；三是，整合优化捷克研究中心和浙江省软科学研究基地中东欧研究基地，服务好"一带一路"咨政、咨企、咨民服务，打造新型区域与国别研究高端智库"金名片"；四是，与中国银行等金融机构合力建设面向未来的数字人民币研究、信用与社会治理研究、金融服务乡村振兴与共同富裕研究等"X"个重点研究平台，服务浙江高质量发展建设共同富裕示范区。通过整合优化搭建高水平科研创新服务大平台，推动高水平咨政咨企研究成果不断涌现，在服务地方决策和行业企业发展中发挥重要智囊作用❶。

### 案例3

**实施集群创新服务国家战略，打造应用技术研发转化高地**

黄河水利职业技术学院主动落实创新驱动发展战略、黄河流域生态保护和高质量发展等国家战略，以服务民生、生态、智慧水利为重点，以培养新时代水利高素质技术技能人才为目标，遴选多元主体共建全过程技术创新链与全功能孵化创业的四大平台。一是，与中国水利水电第八工程局有限公司、开封市黄河河务局等10家机构共建坝道工程医院黄河水院分院、黄河工程安澜医院等，组成了技术服务中心，与三门峡黄河明珠（集团）有限公司、黄河勘测规划设计研究院有限公司、江河工程检验检测有限公司等行业龙头企业建成6个国内产业学院、3个国际产业学院。技术服务中心和产业学院组建了生产服务平台，即学产服平台。二是，与中国水利水电科学研究院、黄河水利科学研究院、河南省时空大数据应用产业技术研究院等19个科研机构组建技术研究平台，即学研平台。三是，与中国

---

❶ 潘锡泉．搭平台　组队伍　构机制　释放科研服务效能［N］．中国教育报，2023-03-03（12）．

电建市政建设集团有限公司、上海华测导航技术股份有限公司等9个机构共建应用技术转化中心、专利导航基地等，组建技术成果转化转移平台，即学转平台。四是，与创业公司和行业龙头企业联合共建国家级众创空间、黄河之星创业孵化器等，组建学创平台，建设全功能孵化创业平台。依托平台瞄准产业升级发展需求，对接水利中游产业链，多元主体联手共建"产学研转创"共同体，多元主体协商、协同、合作，形成共同体育人合力❶。

### 案例4

#### 聚焦产业发展前沿，搭建产教深度融合新平台

淄博职业学院高起点共建产业学院，助推"双高端"创新引领。以高水平专业群为载体，满足高端产业与产业高端需求，积极与高端装备、新能源、新材料等国家战略性新兴产业，以及区域支柱产业集群进行对接，联合山东新华医疗器械股份有限公司、西铁城（中国）精密机械有限公司、北京新能源汽车股份有限公司、山东一诺威聚氨酯股份有限公司、淄博齐翔腾达化工股份有限公司等行业龙头企业，始终坚持面向产业，以市场需求为导向，充分发挥各方优势，实现资源的最优配置。同时，积极探索创新办学模式，以协商共治的方式推动学校的持续发展，共建产业学院、协同创新中心、工程技术中心等高水平产教融合平台。淄博职业学院与企业在创新人才培养模式、共建数字化教学平台、打造高水平结构化双师队伍等方面深度融合。校企"双元"育人，引入行业最新技术标准和规范，开发新型活页式、工作手册式教材及配套教学资源，深化项目教学、案例教学、情景教学等教学方法改革，推动课堂革命，打造了一批新形态规划教材、在线开放课程等教学成果。

---

❶ 周保平. 创新产学研转创共同体育人模式打造职业教育高质量发展新生态［N］. 河南日报，2023-04-04（10）.

**案例5**

## 校企协同，提高人才培养契合度

陕西工业职业技术学院以服务"中国制造2025"战略、服务区域经济转型为宗旨，对接人才培养供给侧，校企共同制定人才培养目标、确定模块化课程体系、建设校内外实训基地、打造"双师型"教学团队。依托陕西现代工业和服务业职业教育改革试验区，服务产业转型升级，打造西部装备制造产教融合创新示范园区，以西部产教融合研究院、西部现代职业教育研究院及西部创新创业研究院这三大平台为主要载体，进而构建多个如数字经济产教融合创新发展中心的高端产教融合平台，精准对接区域行业、企业工作岗位和工作标准制订人才培养方案，加快从"校企利益共同体"走向"产教利益共同体"的全新布局，服务区域人才需求❶。

陕西工业职业技术学院按照"聚焦产业、实体运营、多维共建、功能复合"的原则，与数字经济产教融合创新发展中心、西部产教融合研究院、西部现代职业教育研究院和西部创新创业研究院，共同支撑和推动着科技创新与成果转化。陕西工业职业技术学院成为国家自然科学基金依托单位，设立院士工作站1个、院士工作室1个，2项国家自然科学基金项目获批，实现了陕西工业职业技术学院零的突破；获批陕西（高校）哲学社会科学重点研究基地1个，省市工程研究中心、重点实验室等3个，成立"咸阳市知识产权维权援助工作站"，设立包含工程技术研发中心、研究所及智库等功能的技术创新服务平台14个；2019—2021年，制定全国行业技术标准6个，申请授权国家专利676件，其中24件专利成功转化，获陕西高校科技成果转移转化绩效评估A等，被省委组织部、省科技厅认定为省级法人科技特派员，被授予"省科技成果知识产权规范管理试点高校"、省高校科研管理工作先进集体。

---

❶ 刘永亮. 走产教融合的可持续发展之路［N］. 中国教育报，2023-01-31（2）.

案例6

## 打造"顶天、立地"的应用技术研发高地

深圳职业技术大学紧跟科技前沿，在科学的技术化、技术的产业化、产业的高端化链条上找准生态域、着力点，瞄准关键核心技术攻关，解决了一批"卡脖子"技术难题。对接粤港澳大湾区战略性新兴产业，建成霍夫曼先进材料研究院、集成电路关键材料研究院、物联网研究院等一批应用技术创新中心。

联合华为、华星光电、研祥等龙头企业开展核心技术攻关，参与解决了5G基站PCB板材性能、集成电路光刻胶、工业互联网边缘网关、高性能电子锡焊膏等一批"卡脖子"或行业关键技术问题。通过建设一批公共技术服务中心、应用技术研究院，推进技术技能创新，服务行业企业需求。

打造一批高端智库和市厅级以上人文社科平台，主动围绕党和国家重大战略任务、重大决策部署，开展政策研究，服务社会经济发展。构建更加富有成效的产学研协同创新机制，全方位服务支撑国家和区域创新驱动发展，涌现了解决5G通信基站建设中的"卡脖子"问题等"从0到1"的原创性成果。

坚持应用研发导向，打造了技术创新高地。聚焦新材料与新能源、人工智能、物联网技术等领域，打造技术创新高地，为湾区产业走向全球产业中高端提供技术和人才支撑。2019—2021年，新增各类科研项目1662项，其中国家级科研项目52项，省部级项目84项，科研到账经费达6亿元；新增省、市级科研平台21个，发表SCI论文800余篇，2021年，在自然指数（Nature Index）学术机构排名中位列199（全国高校排名）；获广东省科技进步奖一等奖1项、二等奖2项。推进技术技能创新，服务了区域产业和行业企业需求。对接粤港澳大湾区行业发展和中小微企业技术服务需求，组建一批公共技术服务平台，技术研发和技术服务覆盖中小企业1570余家。新增专利授权901件，新增国际、国家、行业及地方标准

68项，新增成果转化经费4203.5万元，应用研究项目到账经费占科研到账经费的79.86%。

### 案例7

#### 创新产教融合机制，打造技术技能创新服务平台

天津职业大学聚集学校优势资源，围绕技术研发和服务、技能传承与创新、智库咨询、人才培养，打造"66311"技术技能创新服务平台体系。

一是，技术攻关援企纾困。面向区域重点发展产业需求，重点打造6个研发中心，为140余家中小微企业解决生产实际难题，促进企业工艺革新和产品升级。2019—2021年累计到账经费4000余万元，为企业创造经济效益达1.1亿元。

二是，技能传创重德育匠。优选精密加工等特色领域，重点打造6个大师工作室，由大国工匠、非遗传承人挂帅，传承绝技绝艺、弘扬工匠精神，服务技能型社会建设。百余名学生成为高技能人才，天津职业大学成为劳动模范、技术能手成长的摇篮。

三是，智库引领咨政服务。聚焦服务脱贫攻坚、京津冀协同发展等重大国家战略，重点打造3个智库。为天津、和田、雄安研制职业教育发展规划，引领区域职教改革发展。围绕健康养老领域，参与开发"居家养老护理人员培训规范"地方标准。牵头修订全国眼视光职业教育教学标准，为行业人才培养提供智力支持。

四是，双向转化促产助教。创新技术成果双转化机制，在服务企业技术革新、工艺改进、产品升级的同时，将成果转化为教育教学资源，融入教材和课堂，助力人才培养。60%以上的专利等技术成果转化为教学案例应用实施。

### 案例8

#### 形成"校企双向嵌入"的产教融合生态

湖南铁道职业技术学院将产教融合作为学校发展的动力之源和目标所向，

湖南铁道职业技术学院牵头成立湖南省轨道交通装备制造与运用职业教育集团和全国高铁装备制造职业教育产教联盟，实施"产教融合提升工程"，推行"一群一链、一专一企"产教融合实践模式，构建以大型国有企业为龙头，中小型企业为支撑的产教融合生态圈，建立中车株洲电力机车有限公司刘友梅院士驻校工作站指导的学校科研与技术创新团队，开展创新研发与技术咨询。聚焦"产、学、研、用"，对接服务企业的技术领域成立 12 个创新团队，建成技能大师（名师）工作室 23 个。立项湖南省职业教育教师技艺技能传承创新平台 2 个，湖南省职业教育"双师型"名师工作室 2 个。建成轨道交通装备智能制造技术应用中心、轨道交通装备运用技术研究所，对接服务企业的技术领域成立科研与技术创新团队，在相应企业设置企业名师工作站、博士工作站，成立 1 站 3 地 5 院 5 中心 26 室交流平台，搭建校企双向互动联结桥梁，攻关完成轨道交通装备核心零部件 7 项，主持产品技术创新 8 项，2019—2021 年，为轨道交通制造中小微企业提供"四技"服务 191 项，专利授权 125 项，横向项目服务到账 2768 万元。

同时期，湖南铁道职业技术学院生产型实训基地为轨道交通产业开展研发、技术服务及核心部件生产，年产值达 1.5 亿元，为轨道交通装备制造企业提供配套零部件产值 4.83 亿元，已经成为中国中车产品链中的重要一环。创新共建共享共赢"三级双轨"产教融合运行机制，形成"人才共育、基地共建、人员互聘、资源共享、协作服务和文化交融"合作新格局。

学校与行业领军企业合作共建校外实习实训基地 254 个，校企共建"教、研、培、证、赛、创"六位一体功能的大型产教融合实训基地 2 个。企业捐赠价值 1 亿多元的高铁变流器、机车控制屏柜、电力机车模拟仿真驾驶装置、铁道运输等实训装备，促进湖南铁道职业技术学院基地水平提升。立项湖南省"楚怡"产教融合实训基地 1 个。2019—2021 年，与中国铁路广州局集团有限公司共建 1.8 万平方米的大型产教融合基地，年培训量达 5 万人次，为轨道交通行业转型升级赋能。积极主动对接国家重大战略，湖南铁道职业技术学院制定《服务湖南全面落实湖南"三高四新"战略定位和使命任务十项行动》，以建设世界级轨道交通装备产业集群为目标，对接轨道交通前沿技术，加速科技成果转化，促进学生个性化培养。

### 案例9

**产学研用协同发展，打造引领地方产业转型升级的"江苏样板"**

江苏农林职业技术学院科技团队聚焦地方农业产业发展需求，将"一粒种子强农业""一棵小草富农民""一片叶子美农村"打造成引领地方产业转型升级的三张名片。

一是，专注于地方农业产业的前沿发展，建立了一个集产业、学术、研究和推广于一体的平台。创建了如彩叶林木育种的国家级长期科研基地等多个综合"产学研用"平台，坚持攻关江苏省农业种质资源的创新和利用的关键技术，进行了包括彩叶苗木和草坪草在内的种质资源的发掘、选育，以及对抗逆境和提高产量的机理研究。

二是，聚焦农业"卡脖子"难题，组建"亚夫"科技团队。成立了一个由国家顶尖教师和产业领军专家等科学研究领袖组成的研发团队，专注于农业领域的前沿技术创新，并解决关键"卡脖子"的种源问题。该团队全省首创组织建立了13个"亚夫科技服务团队"，深入乡村、逐户提供指导，以支持当地特色农业村镇的发展。

三是，开发"适配性"科研成果，全力打造"三张名片"。立足区域特色产业，重点研发现代种业、优质茶叶、无土草毯、彩叶苗木、应时鲜果等新品种、新技术。四是，汇聚成果转化推广要素，构建"四轮联动"模式。构建"科技推动、产业拉动、园区带动、培训驱动"的"四轮联动"体系，形成"两地文站一体"农技推广框架，服务区域经济发展。

### 案例10

**多举措促进校企合作创新，多维度助推产业转型升级**

促研究中心共创，助推校企关键技术攻关：陕西铁路工程职业技术学院聚焦铁路智慧建造、工程智能监测、"互联网+材料"、铁路"四电"集成等行业关键技术，陕西铁路工程职业技术学院联合职教集团龙头企业共创铁道工程未来产业创新研究院，组建高铁施工与维护等15个技术应用研究中心，出台了《科研平台管理建设与管理办法》《重点技术应用研究中心建设项目评选办法》等管理办法，助力校企双方围绕青藏铁路路基冻胀失稳等企业"卡脖子"问题，组建"行业专家+院所科学家+学校教师+企业工程师"多元化科研攻关团队，采取"揭榜挂帅"方式，新增校级重点课题，开展现场调研、方案论证、原理攻关、产品设计等活动，为企业"送技术、解难题、优服务"，进一步在产业服务中以关键技术突破带动产业提升，为集团企业科技攻关提供硬核保障。

促产业学院共享，助增校企成果转移转化：2019—2021年，陕西铁路工程职业技术学院与职教集团龙头企业围绕"聚焦产业链、打造人才链、赋能大产业"发展目标，共建铁建盾构等产业学院8个，出台《产业学院技术经理人建设方案》《杭州职业技术学院科技成果转化管理办法》等管理办法。通过引导产业学院教师联合企业专家组建成果转化队伍，打造"产业学院培育、技术经理人引导、新双创队伍孵化、共建企业转化"的成果转化服务模式，组建了"省—市—校"三级技术经理人20余名、"教师—学生联合"新双创队伍100余支，新增创新创业专项计划项目10余个，组织高价值专利大赛、科技成果路演等活动40余次，引导、助推路基变形病害微变形扰动快速整治技术、地铁渣土就地制备免烧砖等产业学院科技成果向企业生产转移转化，打通校企科技成果转化"最后一公里"，打造共建、共享、共赢的产教融合共同体。

### 案例11

**架构"一体两翼"平台，打造钢铁冶金行业特色技术技能创新体系**

河北工业职业技术大学构建冶金工业技术研发平台体系，逐步实现"科研—开发—产品—市场"良性循环。面向钢铁、装备制造、节能环保等河北重点行业和支柱产业，分层次、有重点加大对现有科研平台和基地的投入力度，校企共建河北省金属材料深过冷制备技术与科学重点实验室（省内高职唯一）等6个省级技术创新中心，利用"教授+博士+技能大师"创新团队智力优势，重点开展硅钢带材、切削材料涂层、冶金工业过程数字化等领域应用技术研究，显著提高了学校总体研发实力和企业综合竞争力。

与世界500强企业河钢集团有限公司合作建立双向联合体合作模式，在人才培养、职工培训、技术咨询、合作研发、成果转化等方面持续开展合作，举办河钢集团职工技能大赛10届，担任总裁判长和18个工种裁判长，担任裁判1128人次。定期对河钢集团进行管理、技术、检测人员理论培训，2019—2021年，学校累计为河钢集团分公司开展职工培训达25360人次。精准对接行业企业新技术研发、技术改进等需求，长期为河北钢铁企业提供冶金生产工艺改进、应用技术研发、成果应用转化、技术咨询服务，先后与河钢集团、新兴铸管等世界500强企业联合开展"高炉探尺微机控制系统"等技术攻关项目，获河北省科技进步奖2项，获河北冶金科学技术奖15项。参加河北省国资委、工信厅、生态环境厅主持的压解钢铁产能核查等活动，制定行业压减产能标准，参与焦化产能核查、压减等相关技术服务100余项。

### 案例12

## 打造"智能制造产教园"

"三链衔接"、落地生根，构建科技服务体系三维联动"新体式"。常州机电职业技术学院不断强化重大科研成果与常州国家高新技术产业开发区和产业集群的精准对接机制，持续优化成果转化承载条件，大力促进科研骨干与企业家双向流动，将产业科技前沿关键技术资源转化为教学资源，有效推进科技平台与常州支柱产业、专题创新园区的无缝对接，成功打造"国家—省—市"三级科技创新平台体系，有效运行"制度—平台—团队"科技联动机制，创新链、人才链、产业链"三链"要素有机流动，"三链衔接"机制落地生根❶。

常州机电职业技术学院通过政行校企合作共建"人工智能与先进制造工业中心"和"共享工厂"，汇聚国内外智能制造技术领域知名企业，建设一批应用技术中心、i创·创客空间，成为资源集聚的磁场、技术积累的引擎、创新创业的平台、文化传承的沃土、教师发展的熔炉、人才培养的阵地；构建

---

❶ 许朝山. 聚焦"双高计划"建设 打造高职院校新名片 [N]. 中国教育报, 2023-09-02 (3).

"人才共育、基地共建、人员互聘、信息共享、协作服务、文化交融"运行机制，实施"一群一行业、一专一名企、一师一方案、一生一专项"产教融合实践模式，建成集成化产教融合服务新生态，成为全国智能制造领域产教深度融合的标杆。

### 案例13

#### 坚持技术引领，打造"技术引领，并跑产业"技术技能积累模式

无锡职业技术学院围绕江苏省和无锡市重点发展的物联网、高端装备等产业集群，以服务区域产业转型发展为导向，主动在科学技术应用链上寻找位置，建设中小企业智能化改造和数字化转型服务中心，形成服务企业生产与服务"端到端"全智能化升级能力。

适应产业转型升级，打造智能制造产教融合集成平台。为满足制造业向全球产业中高端发展的需求，主动采取策略，专注于质量与创新，实现政府、行业、企业和学校之间的协同合作，打造了集"人才培养、生产示范、技术服务、文化融合、国际交流"五位一体的智能制造产教融合集成平台——智能制造工程中心，实现了从平台共建到资源共享再到命运共通。

产教融合校企合作，建设中小企业智改数转服务中心。建立与产业界深度联动机制，坚持科研服务下沉街道、乡镇级科技园区，打造产学研用协同创新共同体，实现社会服务能力的多维提升。

### 案例14

#### 实践产教融多元路径，提升电梯专业群的服务水平

杭州职业技术学院电梯工程技术专业群依托协同创新中心、工程教学中心、实训中心等载体，将科技成果融通到教学、应用于企业，实现产学研用一体，真正提升人才培养与产业需求的契合度，提升专业群服务产业的能力。将企业的技术产品标准、培训包、技师、真实项目、工作页、能力评价标准、实践平台等引入和应用于教学，真正实现岗位内容和教学内

容的高度契合，实战为上，突出学生综合能力培养。以学校人才培养、社会公益为主导，以企业技能培训和技术研发为主体，建立"开放共享、循环运行"的资源反哺机制，实现专业群可持续发展。依托电梯协会与电梯人才培养联盟，发挥杭州职业技术学院在国内电梯人才培养领域的高地作用，吸引社会机构和企业投身电梯职业教育。加大社会培训服务能力，提高社会培训服务收入，反哺专业建设，构建专业群发展新生态，实现资源与市场的同步更新。

## 案例15

### 推进"以研兴企"融汇创新，赋能企业科技自强

宁波职业技术学院致力于产教协同创新，校企协同突破关键技术，促进科技成果快速转化、落地，助力提升"单项冠军"企业科技创新能力。近几年在机床控制系统、石油树脂应用、高附加值汽车电子产品等"卡脖子"技术上取得重大突破。

应用化工技术专业群与恒河材料科技股份有限公司聚焦企业碳五、碳九综合利用"卡脖子"难题，开展产学研协同创新合作18年，共建校企命运共同体。国家名师孙向东教授带领团队，帮助企业完成石油树脂生产工艺路线优化，使趋于停滞状态的公司重新运转，一年实现扭亏为盈，三年实现产值翻番。双方共建国家企业技术中心、省级企业重点研究院、工程技术中心、协同创新中心等研发平台，实施"研究一批、转化一批、引领一批"课题共研行动。2019—2021年，教师团队牵头承担国家发改委、工信部、科技部等各类研发项目18项，涉及金额7000余万元，获45项发明专利，构建知识产权护城河，成功突破国外技术封锁和市场垄断，研发成果获浙江省科技进步奖一项、宁波市科技进步奖四项。2020年，恒河材料的石油树脂产量居亚洲第一，世界第二，入选工信部"国家制造业单项冠军产品"。

### 案例16

### 搭建平台，科研成果"高质高产"

烟台市大成食品有限责任公司自2019年起应用烟台市基于食疗的慢性病防控服务平台研发中心研发的非化学法脱脂花生加工关键技术，并实现产业化生产销售低脂花生制品，近3年实现产值4000余万元。

基于食疗的慢性疾病防控服务平台由烟台职业学院博士于金换牵头，联合烟台市百吉林生命科学研究院、烟台融科生物科技有限公司等企业共同建设。该平台聚焦大健康领域，联合高校、研究机构和企业的优势资源，采用产品开发、信息咨询和技术培训等多种手段，针对肥胖、糖尿病和高血压等慢性疾病，在基层层面进行防治，并通过社会化的营养干预手段来提升公众健康水平。改善大众健康。目前已研发创新健康饮食产品82个，联合14家企业创造了近亿元产值的经济效益。

这样多维度、立体化的技术技能创新服务平台，在烟台职业学院已形成规模化发展。烟台职业学院成立2个教育部门协同创新中心，7个山东省高校工程技术研发中心、协同创新中心、新技术研发中心，承担校地融合研发项目7项，集中开展技术攻关与创新服务，产出高水平高质量科研成果，研发收入过千万元。通过实施博士"领衔工程"、开展"百名科技人才进百企活动"等，2023年以来已与企业达成合作协议80余个，为企业解决技术难题230余项[1]。

### 案例17

### 增强技术创新载体效能，夯实融汇基础

重庆电子工程职业学院策划"环重电"创新生态圈，建设聚集人才、技术、政策等创新要素的技术创新载体。积极与科研机构、企业共建科研平台，建有"重庆精密加工及在线检测"等9个省部级科研平台，建成5个省级以上技能大师工作室，与重庆国家应用数学中心共建"大数据与最优化研究

---

[1] 宫珮珊，孙梦佳．"科教融汇"创新赋能 服务区域发展[N]．中国教育报，2023-11-02（8）．

所"，筑牢技术创新载体基础；与重庆市永川高新区共建国家市域产教联合体、"产城职创"融合试验区，牵头建设网络空间安全等3个行业产教融合共同体，拓展产教融合深度；通过引入先进科技手段打造沉浸式技术创新载体，实施工作场景沉浸式教学，夯实职业技能训练基础，面向园区、产业等共性需求建设"数据取证及司法鉴定中心"等公共测试、试验平台，推进科研成果服务社会需求；鼓励科研平台开展技术咨询、技术开发、技术服务，积极促进成果转化与推广应用。

探索出一套"园区（企业）出题、学校立题、平台（团队）破题"的科技创新模式，实施"百名博士下园区计划"，积极推进学校科研人员进产业、入园区、下企业，重构共建共享共赢的"政产园企校"合作新局面，提升各类科研载体育人效能❶。

综合分析我国高职院校，特别是双高院校，在产教融合维度下的技术技能创新服务平台建设，可发现这些院校在平台建设过程中，利用其在地区产业发展和社会需求方面的优势进行科学研究，探索如何使科研成果直接推动经济和社会发展，这不仅寻找了新的发展机遇，也增强了学校服务于区域经济社会的实力；通过深入了解与分析当地主导产业，双高院校以产业需求为导向积累技术，专注解决区域产业发展中的关键问题，将科研成果与市场需求结合起来，同时致力于产品研发和技术创新，进一步提升了对地方经济和社会发展的贡献；与龙头优质企业进行深入、稳定、长期的技术技能研发合作，促进了优质科技成果进行转化生产，提升其科研服务能力。

## 第二节

## 人才培养视角下高职院校技术技能创新服务平台典型案例

人才培养是高职院校的根本使命，技术技能创新服务平台建设的落脚点

---

❶ 许磊，陈海燕. 探索"科教融汇"机制 服务产业发展［N］. 中国教育报，2023-11-07（7）.

是育人，因此，高职院校打造技术技能创新服务平台不仅要开展科技创新、服务区域产业转型，更要在开展科研项目攻关与社会服务的同时，通过教学科研深入融合，推动人才培养目标、内容、手段与教学方法的创新。高职院校技术技能创新服务平台的人才培养功能主要从科技创新、英才培养、大师培育等方面呈现。

### 案例1

#### "园校企协同、产教研融合"人才培养模式引领业内同行

北京电子科技职业学院"园校企"共建"生物医药技术平台"，开展校企、校际合作，组建"企业专家+专业教师+在校学生"研发团队和"研究生+本科生+高职生"活动小组，联合培养高端技术技能人才，校企共同制订人才培养方案，开发融入企业新技术的特色课程，企业生产项目、实践教学项目、学生创新创业项目、教师科研项目互相渗透，学生创新实践、教师科学研究、企业成果孵化融为一体，"产教研"融合提升学生创新素质。《产城教融合视域下生物医药产业技术技能人才培养模式探索与实践》入选教育部产教融合校企合作典型案例，在全国高等职业学校校长联席会议和教育部"双高计划"建设推进会作典型发言。

### 案例2

#### 系统性构建"多元融合"课程框架，实现产教机制共融

金华职业技术学院对照实体公司产业岗位需求，校企共同设计课程理念。校企师资共同组成课程开发团队，打破传统课程体系弊端，以产业技术颗粒化、资源立体交互为主要理念设计产教融合课程。在对国内航空制造企业岗位、职业能力、典型工作任务分析的基础上，结合国内外航空制造新技术、新工艺的特点，构建多轴精密加工方向的产教融合课程体系。

在第 4 学期开展在企实践性课程，以工作任务为核心，结合企业生产开展项目任务实践，在学习中突显新知识、新技术及新工艺的要求，达到职业能力的持续性提升。

金华职业技术学院共享校企双方优质资源，校企协同确立课程建设机制。一是，在人力资源层面，校企协同、双向流动。一方面，引师入企，2021—2022 年，金华职业技术学院先后派遣 5 位教师全职进入航空制造公司工作，协助公司技术改造，一年内完成 120 多个产品的技术改造，同时吸取行业最前沿的飞机零部件制造新技术，运用到课程开发中，反哺教学；另一方面，聘请企业导师入课，以《精密零件综合训练》课程为例，选派 12 位经验丰富的师傅为企业课程导师，通过具体岗位工作任务，传授给学生与工作相关的知识、技能、习惯。

二是，校企协同、引证入课。例如，产教综合体中的 GF 加工方案精密制造技术应用中心与北京精雕科技集团有限公司合作开展"精雕精密数控加工 1+X 证书"考证，充分发挥行业企业的五轴加工技术优势，促进"1+X 证书"与实体企业产业对接、课程内容与企业岗位要求对接、教学过程与生产过程对接。

三是，校企协同，引技入课。例如，在"多轴加工技术"课程建设中，引进航空制造实体企业加工技术与案例，案例从易到难，让学生循序渐进习得多轴技术的知识点和技能点，最终系统地掌握航空零件最新的加工技术，提高学生学习主动性和创新性。

金华职业技术学院发挥综合体"即产即学"特性，打造新型"园区课程"模式（图 4-1）。一是，首次提出生产性"园区课程"概念：将行业企业生产性资源要素融入课程，将知识学习过程与生产工作过程有机融合，学生学业成果与企业产品相统一。2022 年 9 月起，38 名机电 201、202 班的学生在产教综合体实体公司进行"精密制造加工综合项目"课程的学习，真正实现"即产即学、即学即练、即练即用"。二是，形成"五个阶段、五项任务"生产任务教学改造规范：校企联合团队在"选取载体、分解项目、细化任务、文本编制、评估验收"五个阶段，分别完成

"教学目标制定、教学内容重构、教学任务序化、课标教案编写、考核方案制订"五项任务。三是，确定"虚实衔接、训产结合"教学流程：教学场所在"教学车间、仿真车间、生产车间"之间按需轮换，教学过程任务驱动、成果导向，推动"封闭课堂"走向"职场化、生产性"教学，缩短学生"专业技能"与产业"岗位技术"的距离。

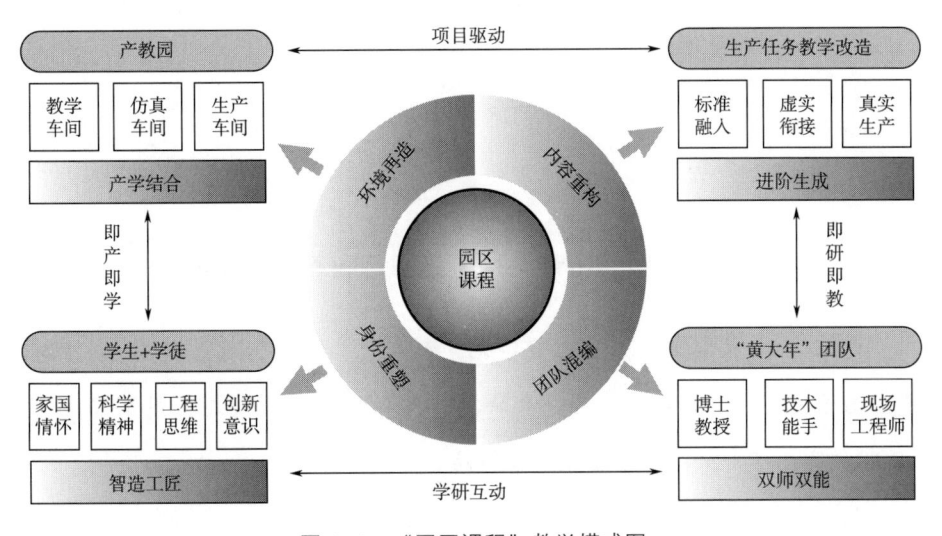

图 4-1 "园区课程"教学模式图

### 案例3

## 立足教育基地建设，服务学生成才

"我们将通过2~3年的建设，进一步完善'产科教融合、校企协同、科学管理、多方评价'运行机制，培养具有现场工程师潜质的，适应现代化、自动化、智能化生产的复合型高素质技术技能人才，将智能制造示范性虚拟仿真实训基地打造成为全国一流、国际水准的职业教育示范性虚拟仿真实训基地。"淄博职业学院副校长曾照香介绍说。淄博职业学院创新性地建立了智能制造示范性虚拟仿真实训基地，此举是基于淄博智能装备制造实训基地建设项目的核心。该基地与行业领军企业共同建设，形成了虚拟仿真实训基地联合体，其运行管理机制融合了产业与教育，实现开放共享，旨在探索满足职业院校和淄博市产业需求的创新教学路径和方法。基地以学校的两个国家级高水平专业群为载体，运用新一代信息技术推动专业教学改革。此外，整合了共享性的大型智能实习实训基地建设要求，以智能制造技术为中心，促进智能制造产业链中其他专业的发展。基地建设了以智能制造技术为核心的"一核多极"虚拟仿真实训集群，旨在更好地服务学生培养。

### 案例4

#### 平台依托、项目纽带，构建高职产科教融合新模式

顺德职业技术学院聚焦产业数字化、智能化、绿色化发展新要求，探索"平台为依托，项目为纽带，产科教融合"高职教育发展模式（图4-2），形成高职教育支撑产业高质量发展的大格局。

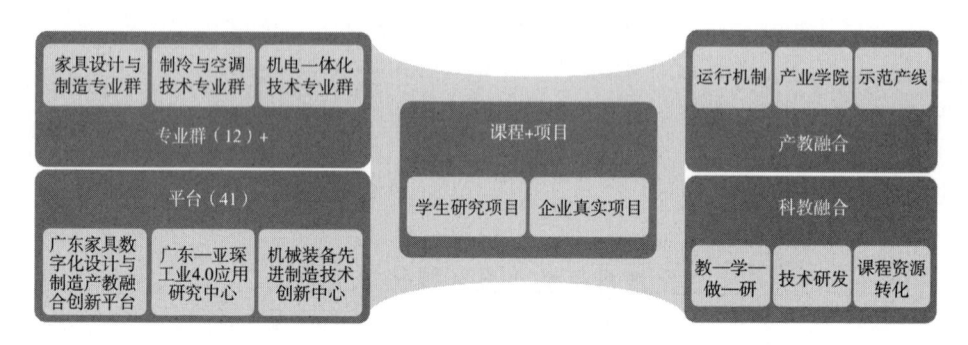

图4-2 "平台为依托，项目为纽带，产科教融合"模式图

专业群+平台：针对我国职业教育专业分散、口径过窄、服务产业能力偏弱、学生发展后劲不足等问题，顺德职业技术学院全面加强专业群建设，探索出对接产业链或岗位群的专业群设置、专业群人才培养、支撑群发展的校企合作平台与机制等系列制度体系，全面架构出"高水平专业群+综合性产教服务平台"的发展新机制，推动学校更深入地融入区域产

业发展大格局。建立专业群与产业耦合机制，聚焦智能家电、装备制造业等支柱产业，组建智能制造专业群、家具设计与制造等12个专业群。

课程+项目：以项目为纽带，把教师、学生和企业师傅等参与主体黏合起来，推进"项目+课程"改革，构建富有教育意义的合作互动活动结构，提高实践育人效果。如：实施SRP（Student Research Program，学生研究项目）计划，引入企业真实技术与服务项目，在项目研究过程中，把技术开发和成果应用与课程的教学改革及人才培育紧密相连，推动项目与课程互促、教学与科研互动，以科研成果支持课程教学改革推进"三教"改革。教师将项目中的新技术、新工艺、新规范及时融入教材、融入课堂，转化为教学资源、教学内容与教学标准。学生主动积极参与项目研究团队，通过"做中学""研中学"，切实提高创新能力和实践能力。

### 案例5

## 巧布局，巧实施，行协同创新之路

广东职业技术学院创新"专业融入产业、教学融入企业"的"双融引领"理念，巧妙地优化专业布局，建立完善体制机制，实现专业精准对接产业。在实施的过程中，学校主导，确保专业设置与区域产业发展对接；行业企业引领，确保人才培养方案与岗位职业要求、教学内容更新与前沿先进技术对接；政府部门参与，创新软硬件资源共建共享模式。形成覆盖纺织服装设计、生产、检测、销售等全产业链的专业体系，政校企行联动，在专业设置、人才培养方案、课程体系设置及教学资源开发等方面开展系统建设，提高人才培养与岗位需求的匹配度，实现精准育人。

此外，广东职业技术学院依托共建共管共享的纺织服装公共实训中心、广东高明产业创新研究院、博士工作站等国家、省市级科研创新平台，引入企业生产设备、技术创新与服务项目、行业前沿技术及优秀文化，创新构建"创意+设计、创新+工艺、创业+营销""三创并举"能力

递进课程体系，政校企行多元协同开发配套优质资源，使教师能在平台承接科研技术服务项目，学生能不同程度地参与真实项目，科研创新成果、发明专利转化率高，适宜孵化创新创业项目。通过"三创并举"，强化对学生创新意识与能力、专业知识与技能、文化素质与职业道德的培养，让毕业生个个"会设计、懂工艺、善营销、能创业"，满足先进制造业对于高素质高技能人才的需求。

### 案例6

## 构建服务"三农"的"4+5"产教融合矩阵

按照"服务产业发展，提升人才适应性"发展思路，成都农业科技职业学院紧密对接成都市六大农业功能园区和农业产业化龙头企业，与蒲江县现代农业产业园、金堂县食用菌产业园共建了蒲江柑橘猕猴桃产业学院、金堂食用菌产业学院，通过"送教入园区"延伸成都农业科技职业学院的办学空间，推动成都农业科技职业学院人才培养模式的改革，服务园区产业发展。学院与中国企业500强新希望六和股份有限公司、通威股份有限公司共建了"新希望现代牧业产业学院""通威产业学院"，通过产业学院机制体制的建设，逐步探索混合所有制模式，使成都农业科技职业学院人才培养真正融入企业生产服务流程和价值创造过程。通威产业学院人才培养模式被推广应用到国内农业类职业学校。

同时，成都农业科技职业学院还联合吉峰农机、成蜀电力等知名企业，围绕农机装备、智慧农业、园林技术、农业种植等方面深度打造了"花艺大师工作室""烹饪技能大师工作室""成都市泽邦精英育才工作室"等五个企业（大师）工作室，逐步实现学生培养、产品研发、创新实践、创业项目孵化等功能，将企业的真实项目与人才培养融合一体，其中蒋跃军花艺技能大师工作室被认定为成都市大师工作室。

### 案例7

## "推院助园",构建平台赋能新模式

成都工业职业技术学院坚持服务园区发展与反哺"三教"改革并举并重,打造人才培养、技术技能、创新服务平台等创新策源平台,构建育训结合、科教融合、产创融合的综合赋能新模式。人才培养平台通过育训结合赋能人才供给,服务园区企业员工及校内外人员职业技能培训。在全国总工会、成都市总工会和教育、人社等部门的指导支持下,聚合区域企业和研究院等资源,在校共建成都工匠公共实训基地、"1+X"培训中心及大区办公室、"智能设备维护与维修"省级高技能人才培训基地等,形成校内平台与园区特色分院多核驱动的人才培养平台。坚持以现代治理服务高质量人才培养供给,探索建立专业、人才培养方案、课程内容"三更新"机制。一是,在体制机制方面,出台《二级管理专业评估实施细则》等文件,建立专业设置围绕产业需求动态调整机制;二是,在校企融通方面,创新实施"五千企业走访服务"活动,建立人才培养方案围绕企业需求及时更新机制;三是,在改革试点方面,试点项目化教学改革,建立课程内容围绕企业生产实际实时更新机制。

在"五千企业走访服务"活动中,成都工业职业技术学院以区域为节点、企业为重点、学校为基点,全面拓展与新一代信息技术、智能制造、轨道交通等重点产业"链主"企业合作,主动对接、实地走访、线上调研,利用信息技术精准抓取重点企业发展规划、岗位标准、用人需求、技术服务需求、实习实训资源等关键信息,构建"五千企业走访动态数据图景",形成专业设置与产业需求匹配度报告、产教融合需求报告、就业分析报告,科学指引学校专业布局动态调整、人才培养模式全面更新,服务职业教育资源与区域重大产业战略相匹配,三家合作企业被认定为省级产教融合型试点企业[1]。

---

[1] 廖红燕,李杰,唐璐,等.引园筑院 推院助园 链式融通[N].中国教育报,2023-10-20(4).

### 案例8

## 研学共融,精准培养,深化纺织服装创新型技术技能人才培养"双元模式"

杭州职业技术学院的纺织服装专业群在"职业教育引领产业发展"理念的引导下,联合企业共建"一个中心、多点布局"纺织服装技术创新中心(图4-3),针对企业与市场需求,精准培养,深化了纺织服装创新型技术技能人才培养的"双元模式"。构建"企业购买服务、校企协同共建"的共管策略。学院组建以专业教师为主体、企业师傅参与的研发团队,大大降低了企业产品开发成本。强化校企合作,引入企业真实产品研发任务开展实践,以服务收入换取企业新技术支持,建立起"输血"与"造血"功能互为补充、构建教学、科研、社会服务一体化的人才培养机制,有效解决人才培养能力滞后、创新能力不强等问题。"双元模式"运营,实现产教融合共赢。企业和学校共同制订产品年(季)度开发方案、计划和进度,分组实施新产品研发,专家教师学生共同研讨,按照企业产品开发计划和质量标准实施完成样品试制,最终投入大货的生产和市场投放。通过新产品研发提高学生的市场意识、成本意识、质量意识和品牌意识,在产品开发的过程中汲取企业文化,养成良好的职业素养。

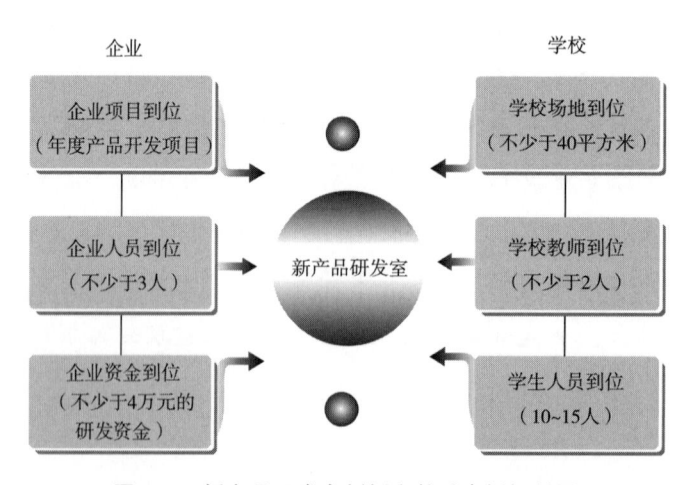

| 企业 | | 学校 |
|---|---|---|
| 企业项目到位（年度产品开发项目） | → 新产品研发室 ← | 学校场地到位（不少于40平方米） |
| 企业人员到位（不少于3人） | | 学校教师到位（不少于2人） |
| 企业资金到位（不少于4万元的研发资金） | | 学生人员到位（10~15人） |

图4-3 新产品研发室创新产教融合新机制图

学院优化资源整合，与达利公司共建"校企研究院"，推进产学研深度融合，与企业开展协同攻关，提升师生科技成果转移转化能力。以达利国际集团有限公司为主体，研究院根据集团未来发展规划设立三个中心：创意产品设计中心、创新面料研发中心、新媒体营销中心，创意产品设计中心负责成衣产品设计和丝巾产品设计，创新面料研发中心负责新面料开发、面料性能改进等，新媒体营销中心负责营销策划。根据企业每个阶段的发展情况，结合学院实际情况提出需求、对接项目，并安排项目负责人及时跟进和指导。学院根据项目情况组建跨专业师生产品研发团队，加强研究院运行过程管理，对研究进程定期汇报交流，完善以成果转化效果为导向的评价激励机制。

### 案例9

#### 以研促教、以研促赛、赛教融合，科研工作成效显著

重庆财经职业学院打造"科研创新平台+众创空间+校外创新创业实训基地"一体化科研创新实践基地，形成"创新创业通识教育+技能培养+创业实践与孵化"创新创业课程研究体系，构建以"大赛+实训+实战"创新创业实践育人体系，搭建产教融合创新研究平台，依托各类创新创业大赛，坚持以研促教、以研促赛、赛教融合，不断强化师生职业技能培养和能力素质提升。重庆财经职业学院以"一个专业群+一个科研平台"为模式，聚力打造"数智财经"科研创新平台，为科研人员从事科学研究搭建平台载体，发挥科研平台聚智创新作用。同时，积极为教师与企业搭建对接平台，鼓励教师走进企业，引导教师利用自身专业特长为企业提供技术服务，进一步提升教师专业化水平、成果转化意识、研究方法和手段的科学化程度。

### 案例10

#### 打造"专业融入产业"协同育人新模式

青岛职业技术学院通过专业融入产业，增强产教融合深度，实现共同

建设、共同管理、共享资源，实现可持续、内涵式创新发展。基于 CDIO（构思、设计、实现、运作）核心理念"实践导向"与"全过程性"推进实践教学改革创新，专业链对接产业链；基于生产需求规划实践教学模块，挖掘本土红商文化和儒商精神课程思政资源，构建平台课程共享、实战项目贯穿、技能证书互选的"贯通递进"实践教学课程体系，通过"专业通用技能—专业核心技能—专业复合技能"的进阶提升，实现"贯通培养"，坚持标准引领、技术引领、创新引领，立足德技融合、赛教融合和专创融合；基于岗课赛证融通，搭建产业学院、混合所有制生产性实训基地、实体企业和协同创新体"四轮驱动"实践教学平台，将企业新技术应用于教学平台，引入京东 KPI 员工考核体系，注重工作实绩评价，强化真实生产、实训教学、科技研发、社会培训、创新创业等一体化建设，构建专业群"贯通递进"实践教学课程体系，实现人才培养和企业反哺良性循环。

### 案例11

## 聚焦产教融合，多方联动合力育人

积极搭建产教融合平台是深化产教融合的重要一环。岳阳职业技术学院通过"政校行企"联动，全力推动高职教育和区域产业统筹融合。牵头成立岳阳职业教育集团，与66家集团成员单位开展订单培养合作；成立游乐设施人才培养基地，创建中国游乐设施产业联盟协同创新中心、游乐设施创新人才团队，制定国家行业标准5个，成功申请专利3项、省级课题4项，以及横向项目、其他专利等30余项；牵头成立了岳阳现代物流产业发展研究院，支撑岳阳港口物流千亿级产业发展；成立湖南省老年健康服务产学研协同创新联盟、社区学院联盟，与政府部门、行业、企业结盟订约，创造更多育人"红利"。2020—2023年，岳阳职业技术学院与企业共建专业覆盖率达70%，建成10个校内生产性实训基地、281个校外实习实训基地、52个教师流动工作站。主持完成各类应用技术项目65项、横向合作项目82项，与企业合作开展技术研发 50 项❶。

### 案例12

## 产教融合，实施资源集聚工程

徐州工业职业技术学院搭建产教融合信息平台，成立国家科技企业孵化器大学科技园与两个职教集团，开设继续教育网络学习及培训平台，开启和创新"234"人才培养路径，即建设两大工程、深化两个"333"计划、实施"2222"措施，打造高职院校服务贡献典型学校。

"两大工程"，一是资源集聚工程，二是产业支撑工程；两个"333"计划，一是资源集聚工程中的"团队+平台"捆绑计划、师生科研共同体计划、高层次项目培育计划，二是产业支撑工程中的创新驱动计划、桥梁纽带计划、支撑产业计划；"2222"措施，一是高层次人才引培措施与高层次项目培育措施，二是精准扶贫措施与新农民助力措施，三是区校互助措施与品牌提升措施，四是指中小学职业体验专业中心建设措施与志愿者服务措施。

以打造高职院校服务贡献典型学校为己任，徐州工业职业技术学院在资源集聚工程中，致力于构建技术技能创新服务平台，创设条件提高全院校师生，尤其是博士生导师的科研能力、创新能力、实践能力，将现有科技创新平台、科技创新中心与科技创新团队进行捆绑建设，成立师生科研共同体，鼓励学生积极加入教师的科研团队，参与科学研究、科技服务、创新创业等活动。

教师将师生共研成果，如新技术、新方法、新工艺等，融入课堂教学；同时引进其他本科院校的教授、博士生导师，指导和促进本院校博士教师的高层次项目申报及科研活动，持续推进科教协同、产教融合❷。

---

❶ 陈美中. 聚焦产教融合 多方联动合力育人[N]. 中国教育报，2023-06-05（12）.
❷ 杨昭，徐云慧. 实施"234"人才培养方案 助力科技创新[N]. 中国教育报，2023-10-19.

**案例13**

## 人才培养创新创见

　　江苏经贸职业技术学院技术技能创新服务平台高度重视数字经济人才培养，建立人才培养方案的持续改进机制，实施人才培养全过程的工学结合，岗课赛证融通，打造"一书一课一空间"综合育人体系。聚焦数字经济领域高素质技术技能人才培养，与平台企业一起，制定专业教学标准和"1+X"证书标准，对接商贸流通、金融科技、健康养老、文化旅游、人工智能产业发展，紧跟七大主要行业（电商平台、平台电商、供应链服务、新零售、智慧康养、智慧文旅、人工智能）、三个新兴行业（直播电商、农村电商、跨境电商）的发展趋势，重构专业课程体系，将原有的专业课程知识体系转化为教学模块。形成教学项目集，快速响应产业人才培养需求。校企协作，开展短期业务实训、订单项目合作、现代学徒制项目等多种形式的实战教学，创新"分阶段多循环递进"人才培养模式，遵循"学校—企业—学校—企业""理论学习—实践训练—理论学习—实践训练"的实施路径，实现人才培养全过程的工学交替。通过专业调研及"1+X"证书试点，实施书证融通，将新工艺、新技术、新规范融入人才培养方案中的专业基础课和核心课，保证了对教学内容与产业一线岗位能力要求的动态跟踪；在主持的国家资源库课程数字化资源开发、"双高计划"专业群高水平课程开发及配套的"互联网+"新形态教材的开发中，以对接产业一线岗位新要求、国赛和职业技能一类国赛等赛项规程为原则，以赛促教，实现"一书一课一空间"；建设集教学、科研、竞赛、培训、服务于一体的校内实训室和虚拟仿真基地，开发基于企业真实生产项目的实训教学项目，构建了岗课赛证融合的综合育人体系。遵循学生的身心发展特点和职业教育教学规律，平台致力于为每位学生提供定制化的教育资源，旨在深度挖掘他们的内在潜力，并增强其就业和创业技能，以及终身学习的能力，促进学生全面发展。截至2023年上半年，共有75名学生获得省级三好学生、优秀学生干部、优秀毕业生等荣誉称号，25个班级获评省级先进班集体，8名学生获江苏省"最美职校生"称号；教师指导学生参加中国国际"互联网+"大学生创新创业大赛等比赛，获国奖27项、省奖62项❶。

### 案例14

#### 科教融汇，赋能复合创新型技术技能人才培养

南通职业大学以培养复合创新型技术技能人才为目标，探索形成"科研+"的育人模式，促进高水平科研育人，培养具有研究力和创新力的高素质复合型技术技能人才。

一是以"科研+教学"培养学生的研究能力。依托跨学院、跨专业的课程开发团队制、学生科研导师制、学生研究助理制等制度，探索形成"教学研"相融的科研育人模式，推动科研成果向教学资源、教改方案转化。

二是以"科研+实践"培养学生的实践能力。以江苏省首批现场工程师培养项目、混合所有制生产性实训基地为依托，充分发挥高职院校科技成果转化为"中试车间"的作用，培养学生在实际生产中发现问题、解决问题的科研实践应用能力。

三是以"科研+双创"培养学生的创新能力。鼓励教师带动学生共同开展科研项目，发展科技创新技术学生社团，孵化培育省级以上创新实践项目120项，激发学生创新创业活力、促进创新人才成长。近年来，学生在各级各类创新创业大赛上屡获佳绩，获得"创青春"中国青年创新创业大赛国赛银奖，中国国际"互联网+"大学生创新创业大赛全国铜奖1项、江苏省一等奖4项、江苏省二等奖9项，"挑战杯"江苏省选拔赛一等奖3项和红色专项活动特等奖1项、一等奖2项❷。

深入剖析高职院校技术技能创新服务平台在人才培养功能的建设情况，发现这些双高院校将技术技能创新服务平台的建设与职业教育技术技能创新型人才培养紧密联系在一起。职业教育的重要价值体现在培养技术技能型人

---

❶ 薛茂云. 大格局·深融合 实现职业教育高质量发展［N］. 中国教育报，2023-06-24（4）.
❷ 李博，黄良斌，刘志军. 科教融汇 育复合创新型技术技能人才［N］. 中国教育报，2023-11-07（8）.

才上，而实现这一价值的重要手段在于将技术技能创新服务平台的建设与课堂教学紧密结合。在这些案例中，双高院校将项目研发和实施融入实际课堂教学过程，使技术研发项目与课程教学紧密融合、相互促进，形成了一种联动机制。这种联动机制优化了平台资源与专业课程教学的配置，发挥了平台自身的育人功能。技术技能创新服务平台选取具有丰富实践经验的专家培养学生专业技能，充分调动学生参与科研平台建设，学生也有机会参与重大项目，实现技术开发和科学研究。通过社会服务、工程实践和科学实验扩宽学生视野，提升学生业务素质以及发现与解决问题的能力，锻炼与提升学生的研究和服务水平。

## 第三节

## 管理机制视角下高职院校技术技能创新服务平台典型案例

构建技术技能创新服务平台就是要打破各主体之间的壁垒，促进各主体进行有效沟通，实现信息、知识和技术等资源共享。为进一步推动产教深度融合、激发科研人员创新活力与热情、优化科研资源配置等，需要不断完善技术技能创新服务平台机制，为平台运行提供坚实的制度保障。在全国范围内，各高职院校正积极投身于技术技能创新服务平台的建设，重视平台顶层设计，着眼于创新管理体系和运作机制，调动各方积极性，共同打造出高效合作的平台，形成强大的建设合力，共同推动技术技能创新服务平台的高质量建设。

### 案例1

**建立"两型+两向"科研成果评价体系**

湖南工程职业技术学院拓宽科研活动渠道，将教师解决企业技术问题与管理难题、服务乡村振兴等活动纳入科研课题，让更多学有专长的教师充分发挥了专业特长，为企业、社会贡献自己的力量，让教职工找到存在感和获得感，激发了科研工作者的科研热情。学校通过拓宽科研活动范围，改革科研评价机制，重点构建理论型研究与实用型研究并重的"两型"科研成果评价机制，建立成果质量导向和贡献导向的"两向"科研实绩评价机制，改变传统的以理论研究为主的评价机制，突出实用研究评价，进一步提高教师参加科研活动的积极性，达到"破五唯"效果，全面提升学校科研活力和水平。

一方面，突出实用成果评价，通过修订《科研成果评价标准》《科研成果奖励办法》等制度文件，降低课题、论文等理论成果的评价权重，提高解决实际问题等实用成果的评价权重，破除唯论文、唯课题的评价方式，创新评价机制，不断提升教师的专业水平。另一方面，突出贡献质量评价，完善《科研成果量化考核细则》《教师职称评定科研成果量化考核细则》等制度办法，结合湖南工程职业技术学院原有基础性评价，开展以创新成果质量、服务社会贡献为导向的多元化、系统化的综合科研评价，让为社会发展作出真正贡献的科研工作者得到更高评价、获得更多奖励，使科研评价更趋公平、合理，惠及更多教师。

通过实施"两型+两向"科研成果评价体系，湖南工程职业技术学院科研评价改革建设取得实效。2023年，湖南工程职业技术学院高层次人才结合自己的研究方向申请立项专项课题3项，并积极培育省级以上课题。此外，湖南工程职业技术学院还出台了《科技创新团队建设管理办法（试行）》《关于加强校内高层次人才科研专项（启动）经费支持的实施意见（试行）》，为科研团队建设提供经费和制度支持。2023年，湖南工程职业技术学院共立项建设以高层次人才、教授等为负责人的科技创新团队9支，团队围绕学校研究基础好、研究较深入的领域开展相关研究，为湖南工程职业技术学院申报更高级别课题打下坚实基础❶。

**案例2**

## 构建以项目驱动为载体的高标准体制机制

浙江金融职业学院构建以项目驱动为载体的高标准体制机制，激发教

---

❶ 陈志军. 以教育评价改革推动高质量发展[N]. 中国教育报，2023-09-24（3）.

师科研活力，推动高水平咨政咨企研究做大做强做特。一是建立以解决实际问题为导向、项目化驱动的服务地方政府部门、行业产业发展所急的应用型研究课题发布机制，加强与引进专家、合作单位科研创新人才的交流，强化科研创新和服务社会的效能；二是优化学校高质量科研创新的激励考核机制，拓宽高质量科研申报渠道，搭建高质量科研交流平台，提升高质量科研服务水平，激发教师科研创新与社会服务活力；三是优化校内外联合开展科研攻关和科技成果转化机制，探索市场化运作的技术服务与成果转化、收益分享机制，拓展多元化智库成果报送渠道，激活教师的科研创新能动性，把高校科技创新优势转化为产业优势和发展动能，推动科研创新链与人才链、产业链、教育链的深度融合；四是创设科研"三金"交流机制，通过定期组织专题讲座或研讨会，项目汇报与交流培育机制，围绕做好政府部门决策咨询、做好科研服务行业企业等主题开展名家"金讲座""金博士"学术沙龙、青年教师"金讲坛"等学术活动，激活科研内生活力❶。

### 案例3

#### 科教协同、创新研发，创新生态圈迸发生机

重庆电子工程职业学院依托产业学院、卓越人才班，工匠工坊等育人载体，完善科教协同育人模式，初步建立相关机制1套；完善教师教学与科研工作量互换，促进形成科研成果转化为教学资源等机制1套；完善分类科技评价机制，形成可持续影响的科研"放管服"体制机制1套。构建起"双循环三融合"协同发展科研治理模式（图4-4），始终遵循"全方位、全领域、全元素"的综合性科研定位，从科技创新的供给与需求两个方面及内外部环境两个维度出发，坚持"大科研"的定位，确保科研工作的全面性和深入性，通过推动"机构—制度—文化"有机整合，通过政府、行业园区、企业和学校之间的联动，实现资源的集中。这种聚合旨在推动平台、项目和成果三者

---

❶ 潘锡泉. 搭平台　组队伍　构机制　释放科研服务效能[N]. 中国教育报，2023-03-03（12）.

的有效结合，采用"三融合"的策略来激活科研资源，促进科研资源和要素在内外部循环流动中的整合、优化和匹配，有效撬动科研资源的利用，提高科研效率和创新能力，促动资源共生共融协同发展。将科技创新供给与"两链"的持续需求不断正向循环，便是重庆电子工程职业学院提出的创新之举。在技术与产品开发创新生态下，全校师生披荆斩棘，孕育出更多符合产业发展需求的创新型人才。

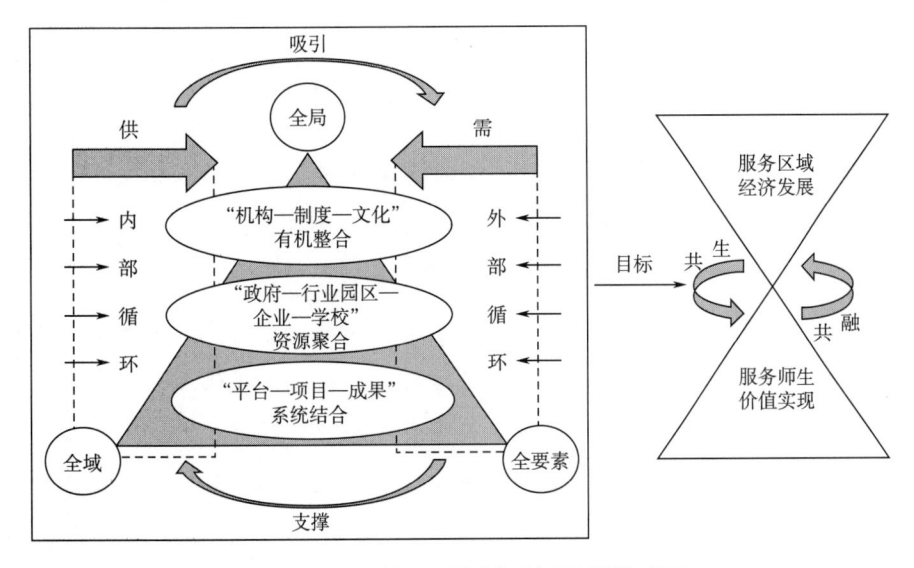

图 4-4 "双循环三融合"科研治理模式图

### 案例4

#### 促职教集团共建，助力校企合作交流对接

依托陕西铁路建筑职业教育集团，陕西铁路工程职业技术学院将深化"产教融合、校企合作"作为赋能企业转型升级的根本动力和发展主线，不断加强制度体系建设，出台了《校领导分区域深入联系企业的通知》《推进校企"四级对接"运行机制管理办法》等管理制度，坚持校企合作"走出去、引进来"工作思路，持续推进"学校对接集团公司、二级学院对接子分公司、教研室对接工程建设项目部、专业教师对接技术人员"的"四级对接"校企

合作运行机制。组织召开"科技部长进校园""科技成果转移转化推动会"等各类校企合作科技洽谈会，开展"四方协同推进产教融合，政行企校共建双高院校""书记校长带队暑期访企拓岗"等专项校企交流、合作活动，奠定了良好的"平台共建、成长共助、议事共商、资源共享、人才共育"校企合作基础。

### 案例5

## 创新产教融合政策联动保障机制

成都农业科技职业学院借鉴国内外先进的办学经验和国家相关产教融合校企合作政策，充分发挥企业在人才培养中的重要作用，不断创新校企合作办学模式和运行机制，形成了校内外比较完善的制度体系。梳理了产教融合校企合作相关政策汇编和先进的校企合作办学模式，形成了汇编手册，从政策理论和实践层面为成都农业科技职业学院的产教融合提供政策和方法提供指引。制订了《产教融合校企合作管理办法》和《产教融合工作考核办法》，理顺了产教融合校企合作的责权利，规范了合作程序和监督流程，为产教融合校企合作厘清了障碍，同时制作了学校《产教融合校企合作指引手册》，总结校企合作模式，为成都农业科技职业学院校企合作方式和路径提供指导。另外，一个产教融合案例入选四川省职业教育产教融合典型案例。

### 案例6

## "链式融通"，构建产教融合共同体

为破解政产学同频共振机制不健全的问题，成都工业职业技术学院瞄准"组织链""利益链""文化链"三个关键，以创建产教融合型园区及企业为动力源，强化园区综合承载桥梁及企业重要育人主体作用，政产学共建服务成都贡献度评价指标，创新形成基于园区承载、企业主体、学校评价的"贡献导向"产教融合驱动机制，促进"链式融通"构建产教融合共同体。

在融通组织链方面，成都工业职业技术学院实行党委领导下的理事会负责制，携手园区及企业共建学校理事会及理事分会，"三级联动"共同治理二级学院、特色产业学院。园校互聘"双师型"教师队伍，以"双导师制"推进中国特色学徒制人才培养。

在融通利益链方面，以建设"园中校"为着力点，建立以服务贡献为导向的产教融合驱动机制，将学校评价作为企业获得政策扶持的重要考评依据，推动博士后创新实践基地、成都工匠公共实训基地、职教集团等共享资源、开放服务。

在融通文化链方面，则是促进价值共鸣。组建含高校教授、园区领导、企业专家在内的天府文化教师队伍，开展天府文化课程和活动。共建工业文化研究中心、四川省科普教育基地等，打造产教文化融合育人空间。融通园企校文化，精技立业。培育劳模精神、劳动精神和工匠精神，助力学生由"校园人"向"职业人"转变❶。

### 案例7

## 创新共建共享共赢"三级双轨"产教融合运行机制

湖南铁道职业技术学院高度重视产教融合工作，成立校企合作领导小组和校、院、专业群三级产教融合工作委员会，设立产教融合处，研究指导产教融合、校企合作工作，完善考核细则，激发各二级学院积极主动对接企业。先后制订《深化产教融合三年（2018—2020年）行动计划》《产教融合升级工程实施方案》，校企合作运行机制更加健全，产教融合协同育人质量持续提高。全面推进"一群一链，一专一企"产教合作模式与创新实践，对接株洲市轨道交通装备集群、长沙市工程机械集群及其头部企业，紧跟新经济、新业态、新科技、新工艺，加快专业的数字化升级与改造，推进集聚、集约、集优的科教融汇创新研发平台建设；打造"轨道交通装备制造应用技术协同创新中心"，服务企业特别是中小微企业的技术研发和产品升级。建设"门户+数据系统"的产教融合信息平台，构建产业资源与教学资源之间的桥梁，实

---

❶ 廖红燕，李杰，唐璐，等. 引园筑院　推院助园　链式融通［N］. 中国教育报，2023-10-20（4）.

现资源的共享、互通。

该校技术技能创新服务平台在管理机制方面，一是进一步完善了以市场需求为导向的研发机制，以应用为导向，立足产业需求，提升了科技成果源头供应质量，同时吸引了更多企业组织联合研发，形成了主要由市场决定的技术创新机制；将科技成果的经济社会效益作为教师能力评价的重要参考指标，完善了成果转化收益分配激励机制，加大奖励力度，逐步建立起了有利于激发科研人员转化科技成果积极性的考核评价体系。二是建立健全了成果转化工作机制，建立了专门从事科技成果转化的管理服务机构，充分发挥了市场化技术转移机构作用，培育打造了属于自己院校的运行机制灵活、专业人才集聚、服务能力突出的技术转移服务中心，打通了科技成果转化的"最后一公里"。

# 第五章

## 打造技术技能创新服务平台的"杭职实践"

杭州职业技术学院的前身是由杭州机械职工大学、杭州纺织职工大学、杭州丝绸职工大学、杭州化工职工大学、杭州轻工职工大学、西湖电子职工大学6所学校合并而成的杭州职工大学，这些学校基本都是杭州市经济和信息化委员会所属的行业职工大学及其联合办学的中专、技校，这种深厚的行业企业办学基因根植于学校。自建校以来，学校就坚持跨界融合和开放办学的思维，充分融合政行企校的资源，以"根植地方、依靠地方、服务地方"的发展路子切实增强学校服务企业、服务市场和服务社会的能力。

近年来，学校在产教融合、科教融汇方面不断探索，积极服务国家发展战略和区域经济转型升级，积极融入地方政府重大建设任务，紧密结合行业龙头企业需求，着力补强技术技能创新服务平台"短板"，强化平台的体系化构建、高水平服务和高效能运行，依托校企合作的特色和优势，持续迭代升级，不断深化合作，打造了一批支撑学校发展、服务行业企业转型、面向公共服务的技术技能创新服务平台。

# 第一节

# 打造技术技能创新服务平台的前期积累

在2002年"摘帽去筹"后，学校充分认识到科学研究是高校发展的重要支撑，服务社会是办学的重要使命，即使在经费紧张、办学条件受限的时期，也仍然采取诸多措施，努力提升科研服务的质量和水平。可以说，学校的技术技能创新服务平台建设的大发展阶段是"双高计划"时期，在此之前的时期暂且称为前期积累阶段。在这个阶段，学校在管理、制度、平台等方面进行了诸多探索，为"双高计划"阶段的技术技能创新服务平台建设做了诸多准备。

## 一、前期积累阶段的技术技能创新服务平台建设

（一）不断夯实技术技能创新服务管理机构

1. 成立专门的科研管理机构

2005年学校成立了科研处，负责全校科技项目的申报及过程管理、科研

平台建设、科技成果奖励的组织与申报、知识产权管理、科技成果的转化、重大科技项目的协调组织工作,并承担学术交流与合作、学会工作、科协工作、科技评估与统计等工作。在2013年1月,为加强学校科研经费使用信息公开和监督管理工作,成立科研经费使用信息公开领导小组。

2. 健全科研管理组织

2014年11月,通过无记名投票民主选举产生杭州职业技术学院第一届学术委员会。学术委员会是学校最高学术机构,在专业建设、学术评价、学术发展和学风建设等学术事务及其他按规定必须提交或学校认为应当提交的事项上,统筹行使决策、审议、审定和咨询等职权。2017年1月,学术委员会进行换届选举,经大会无记名投票,第二届学术委员会经民主选举产生,共有15名委员。

2020年12月16日,杭州职业技术学院第一届教科研大会召开,提出注重内涵发展、坚持教学中心地位、注重创新驱动、突出人才强校战略、重视立德树人。此次大会总结交流了学校教学科研工作的主要成效与经验,分析研判了教学科研工作面临的新形势和新任务,同时研究部署了今后一个建设时期学校的教学科研和科技成果转化工作,对科研工作的进一步深入开展具有重要意义。2021年12月,杭州职业技术学院第三届学术委员会成立。

(二)不断优化技术技能创新服务相关的管理政策

在2007年以后,学校科研工作进入快速发展期,师生的科研积极性逐渐提升,学校的内涵建设也亟需科研工作更加走深走实,为破除限制师生科研创新方面的各种阻碍,学校不断优化科研管理,通过一系列的制度改进技术技能创新服务的相关工作。例如,先后制订了《杭州职业技术学院研究所(中心)管理办法(试行)》(杭职院〔2007〕44号)、《杭州职业技术学院科研工作管理条例(试行)》(杭职院〔2009〕38号)、《杭州职业技术学院教科研项目配套和奖励办法(试行)》(杭职院〔2010〕25号)、《杭州职业技术学院科研项目管理办法(试行)》(杭职院〔2013〕26号)、《杭州职业技术学院名师(名专家)工作室管理暂行办法(试行)》(杭职院〔2013〕108号)、《杭州职业技术学院杭州市哲学社会科学重点研究基地(现代职业

教育研究中心）管理与实施细则（试行）》（杭职院〔2014〕126号）、《杭州职业技术学院科技计划项目管理办法》（杭职院〔2020〕103号）、《杭州职业技术学院科技成果转化管理办法》（杭职院〔2020〕105号）等文件。

（三）不断推进学校科技创新平台建设

在不同的发展阶段，学校在技术技能创新服务平台方面开始了不同程度的尝试，主要做法是围绕行业产业需求，突破体制机制禁锢，集聚创新要素，打造层级分明、分布合理、运行规范的科研平台体系。

在2007年6月，学校首次组织成立了"杭州职业技术学院现代制造与自动化技术研究所"等13个院级研究所。2013年5月，学校21个校内技术研发平台正式开始运作，实行全过程管理，科研处负责督促研发平台负责人完成平台建设任务。2014年，杭州市社会科学界联合会批准杭州职业技术学院"现代职业教育研究中心"为杭州市哲学社会科学重点研究基地。2015年7月，学校有22个校内技术研发平台通过校内建设期满验收。

## 二、前期积累阶段的技术技能创新服务平台的不足

（一）平台建设处于边缘地位，缺乏全面的顶层设计

首先，技术技能创新服务平台在"双高计划"之前并没有真正成为学校核心建设项目，因为当时学校更多关注的是专业建设、校内外实训基地建设、校企合作等，在技术技能创新平台实体建设方面往往是以"挂牌"为主，专用场所、高水平的核心设备和设施不足。其次，技术技能平台在学校的定位不明确，重建设轻管理，在科研管理的体制机制、项目管理、科研考核评价、科研管理信息化水平等方面还是处于不成熟的阶段，缺乏多元化的技术技能创新服务平台的专门管理制度。再次，由于平台建设需要较大投入，因此学校在技术技能创新方面更多关注的是科研成果的产出，如高级别课题立项数、技术服务到款、专利数、论文发表数量。最后，技术技能创新服务平台投入也是均匀用力，没有突出建设重点。在前期的技术技能平台建设中，科研基础设施、实验室建设与专业设置、教学实训室建设和学生实践基地建设缺乏统筹安排，往往是点状的、

不成体系的建设，缺乏系统规划。

（二）高层次人才缺乏，技术技能创新平台团队实力不强

首先，传统的技术技能创新服务平台的团队往往是缺乏具有极强领军能力、精准把握市场需求、开展有组织科研的负责人，在成员方面主要是由承担专业教学的老师兼任，这种团队往往缺乏一致的研究方向，也缺乏较强的研究能力，团队成员之间往往是各自为战，没有形成结构化团队。其次，这些平台成员缺乏来自行业企业、高水平研究机构等方面的专家，这导致传统的技术技能创新平台的团队在技术创新、产品开发、课题研究、项目推进等方面的能力不够强。最后，传统的平台管理缺乏人员招聘自主权、薪酬激励绩效无法实现、收益分配无法实现企业化，这也影响了团队成员工作积极性的发挥和团队整体水平的精进。

（三）平台功能单一，教学和科研服务之间缺乏互融互促

在教研融合方面，此时学校尚未探索和建立教学促进科研、科研反哺教学的协同机制，教学和科研仍是"两张皮"，人才培养与技术技能创新缺乏良性互动，教学与科研没有全方位融合。在技术技能创新服务平台中，教师的研究方向、内容选择也与教学内容改革缺乏深度结合，教师的研究内容没能有效地向教学内容渗透和转化，使科研和教学呈现"两张皮"。

（四）平台缺乏造血功能，可持续发展能力不足

传统的技术技能平台缺乏和地方企业、行业的深度融合，平台团队所研发的成果因市场需求不足，加上成果转化过程中缺乏工程化开发、应用型设计、市场化推广等支撑，整体上缺乏有效的市场化持续盈利模式，平台的企业化运作程度低、开放创新程度不高；成果多是局限于内部研发，难以有效转化，创新对产业带动和外溢作用有限，自我造血功能不强，这就导致传统的技术技能创新服务平台的运行要长期依赖财政经费投入，部分机构甚至出现亏损。另外，部分平台投入建设后，资金投入缺乏、软硬件更新不够、平台管理效能低、利用率低等问题也较为突出，导致平台的发展难以为继。

# 第二节

## "双高计划"背景下的技术技能创新服务平台建设

在进入"双高计划"阶段后,学校顺应国家科技政策改革方向,聚焦区域产业升级和经济高质量发展需要,稳步推进科研管理体制机制改革,不断整合资源、集中方向,大力构建高水平技术技能创新服务平台,全面激发科研人员科技创新活力,积极争取重大项目,持续强化科技成果产出,以技术创新和服务深化学校产教融合水平,为区域产业升级和经济高质量发展赋能助力。学校打造了多元化的技术技能创新服务平台,学校创新和服务能力持续增强。

### 一、聚焦载体建设,打造成体系、多元化的技术技能创新服务平台

根据《关于实施中国特色高水平高职学校和专业建设计划的意见》中的技术技能创新服务平台的三类平台要求,即人才培养与技术创新平台、产教融合平台和技术技能平台,学校以服务国家发展战略、满足区域科技创新和产业转型升级需求、服务中小微企业成长为宗旨,提出在首轮双高建设期内(2019—2023年)建成三大类平台,即服务区域发展和产业转型升级的4个学校发展支撑平台、5个专业发展支撑平台,重点服务中小微企业技术研发和产品升级的10个协同发展中心、30个工程教学中心、100个学生创新中心,服务重点行业和支柱产业发展的1个院士工作站和10个技术技能大师工作室(站)。

(一)服务区域发展和产业转型升级,建设学校、专业发展支撑平台

1. 整合优势资源,打造学校发展支撑平台

一是针对区域企业职工培训,统筹杭州市人社局及所辖技校、主流企业培训中心等多种资源,多方共同提升杭州市公共实训基地(学校是托管单位)的运营维护、社会服务水平,将其打造成开放共享的,集实训教学、职工培训、承接大赛、社会服务等多元化功能于一体的高水平职业教育实训基地。

杭州市公共实训基地优化开放共享发展模式，实现智能化预约管理，配备81个实训室，面向社会人员提供48个职业（工种）的实训，累计开展各类实训、培训、鉴定（认定）26.5万人次，被人社部、财政部确定为国家级高技能人才培训基地。

二是与杭州钱塘新区共建杭州高职科创园，吸纳、集聚在杭高校大学生来园创新创业，将高职科创园打造为全国一流高职科技园。杭州高职科创园不断升级创新创业与专业教育的融合孵化机制，累计培育国家级高新技术企业5家、省科技型中小企业9家，学生优秀创业项目获第八届中国国际"互联网+"大学生创新创业大赛国赛银奖、首届"两山杯"全国大学生乡村振兴创新创意创业大赛一等奖，成为全国高等职业院校创新创业教育联盟副理事长单位。

三是依托校企命运共同体研究院，与教育部职业技术教育中心研究所共建产教融合研究基地，现代职业教育研究中心入选杭州市哲学社会科学重点研究基地，杭州市产教融合研究院入选杭州市哲学社会科学研究培育基地，为省、市政府提供决策咨询报告12篇，研究成果获全国教育科学研究优秀成果奖1项、浙江省哲学社会科学优秀成果奖1项，建立高水平专家团队，参与《浙江省深化产教融合推进职业教育高质量发展实施方案》《浙江省职业教育"十四五"发展规划》《浙江职业教育改革亮点》等文件编写，开展校企合作、双高建设、现代学徒制、人才培养模式改革等研究，智库作用进一步发挥。

四是设立科技成果转移转化中心，着力打造科技成果"杭职拍"品牌，积极开拓线上、线下渠道推动科技成果转化和落地，联合杭州钱塘科学城设立专利开放许可平台，成为浙江省职务科技成果转化"安心屋"应用系统首批试点单位，联合台州温岭市、金华金东区等地方政府设立区域技术转移中心。双高期间累计转化各类科技成果105项，总成交额5300余万元，其中2项成果入选杭州市科技成果转化优秀项目。"杭职拍"引发媒体的广泛关注和社会的良好反响，获省市领导肯定性批示。

2. 助力产业转型，打造专业发展支撑平台

发挥学校特色专业群资源优势，提升专业群对产业的贡献度。依托学校

的电子商务、服装设计与工艺、信息安全与管理、电梯工程技术、机器人及智造装备等专业群，打造了全国跨境电商综试区职教集团、全国女装制版技术教育创新中心、杭州数智工程师学院等一系列专业发展支撑平台。

一是电子商务专业群与全国电子商务职业教育教学指导委员会、全国跨境电商综试区、职业院校、行业企业共建全国跨境电商综试区职教集团，引入500多个来自66家企业的真实项目，创新并实践产教融合系统性解决方案，实现企业项目与专业课程、技术骨干与专业教师、绩效考核与课程评价、转型升级与技术创新的校企真正融合，打造服务国家电商综合试验区发展的社会智库和人才支撑体系。

二是服装设计与工艺专业群与全国纺织服装职业教育教学指导委员会、服装行业协会、东华大学等共建全国女装制版技术教育创新中心，重点打造女装版型数据库和3D建模数字库，着力推动女装自主原创品牌的发展，打造服务全国时尚女装版型技术的社会智库。

三是信息安全专业群与杭州安恒信息技术股份有限公司合作共建"杭州数智工程师学院"，联合成立全国数字安全行业产教融合共同体，开展工业和信息化部特色化网络安全产教融合创新中心建设试点，共同聚焦数字安全运营和网络安全测试人才培养，为区域数字经济发展、构建数字安全基石提供支撑，打造了一批"亚运卫士""护网尖兵"，提升企业网络安全水平。

四是电梯工程技术专业群，着力完善国家电梯产品质量监督检验中心功能建设，为电梯安全与节能减排提供检验检测和技术咨询，服务100余家电梯企业开展新产品开发，其中2项被认定为省级新产品，联合制定各类标准18项，其中国际标准1项、行业标准2项。与杭州西奥电梯有限公司共建西奥电梯产业技术研究院，联合开展科技研发，进行技术难题攻关。

五是机器人及智造装备专业群，依托模具产业学院，联合浙江省模具行业协会共建全省模具人才培训基地，与达利（中国）有限公司、西奥电梯、杭州市燃气集团有限公司等头部企业合作制定国家级、省级标准46项。

(二) 服务中小微企业研发和产品升级，建设"三大中心"

1. 围绕品牌和特色专业群发展，打造了10协同发展中心

瞄准中小微企业的发展需求，依托学校高水平专业群和特色专业群的资

源优势，与其他高校、企业和行业组织等开展合作，共建数字商贸协同创新中心、服装数智技术协同发展中心、纺织品设计协同发展中心、功能新材料共性关键技术攻关协同发展中心、智能家居协同发展中心、汽车零部件优化设计协同发展中心、智能网联汽车车路协同发展中心、动漫与数字技术协同创新中心、电梯评估与改造协同发展中心等10个协同发展中心，使这些中心成为服务中小微企业技术和产品创新的策源地、大企业的技术服务中心和行业技术进步的促进中心。

2. 教学、科研、技术兼容，建设30个工程教学中心

为满足理论和实践一体化教学的需求，以及师生开展项目化教学的需求，提升学生整体的项目学习能力，为学生提供一体化和全流程的实践平台，培养工程型技术人才，学校在校内整合专业群的共享资源，建成了一批工程教学中心。学校在双高建设期间构建了网络安全检测工程教学中心、数字创意设计协同创新中心、食品快检技术工程教学中心、电梯控制技术与大数据工程教学中心、机电工程创新中心、工业机器人工程教学中心、数控技术工程教学中心、汽车制造与试验技术工程教学中心、跨境电商产教融合工程教学中心、服装立体造型工程教学中心、大数据应用工程教学中心、人工智能工程教学中心、康复护理工程教学中心、数字化技术工程教学中心、生物安全检测与制药技术工程教学中心、化工安全技术工程教学中心、水监测与处理技术工程教学中心、智能装备虚拟仿真工程教学中心、电气自动化技术工程教学中心、增材制造技术工程教学中心等30个工程教学中心。这些工程教学中心依托国家重点领域产业和支柱产业，具备实验教学与理论教学融通，教学、科研、技术兼容能力，并且具备较强的技术创新和服务能力，能够面向企业开展技术服务和职工培训。

3. 围绕创新型人才培养，建设100个学生创新中心

为贯彻《国家职业教育改革实施方案》，落实《职业教育提质培优行动计划（2020—2023年）》提出的"为促进经济社会持续发展和提高国家竞争力提供多层次高质量的技术技能人才支撑"要求，激活青年学生创新动能，着力培养一批企业急需、技艺精湛、追求卓越的新时代高职大学生，不断提升学校的办学综合实力和核心竞争力。学校在"双高计划"建设期间培育了涵

盖公益服务类、科技竞赛类、文艺体育类、劳动实践类、社会调研类、创新创业类等6大类、100个学生创新中心，中心包括机器人与智能制造创新中心、"BAP"学生创新中心、工训创客中心、智能控制技术学生创新中心、互联网视觉设计中心、智慧医养产品研发与推广学生创新中心、创客型工匠创新中心等。学生创新中心建设聚焦学生综合能力发展，培育高职大学生的创新思维、过硬技术、优良素质和国际视野，为高职大学生成长成为技术能手、行业精英、领军人物、大国工匠打下坚实基础。

（三）服务重点行业和支柱产业发展，建设"两类工作站"

1. 技术引领，建设1个院士工作站

为进一步深化政府、行业和学校的合作，推动浙江省特种设备科学研究院省级院士专家工作站建设与发展，联合攻克解决特种设备行业发展和研发中遇到的难题与瓶颈，为特种设备行业快速、健康、可持续发展提供强大的智力支持和技术保障，学校依托浙江省特种设备科学研究院共建"资源共享、优势互补、务实高效、合作双赢"的院士工作站，聘请俄罗斯自然科学院外籍院士等7位著名专家担任工作站客座教授，为学校人才培养、校企合作、科技创新、成果转化等重要工作提供决策咨询，指导科研人员助力西奥电梯等行业龙头企业提升产品技术水平，围绕特种设备行业发展需求，共同搭建技术创新平台，培养科技人才，联合开展共性关键技术研发，为高效服务政府特种设备质量监督与安全运行提供技术支撑。

2. 技能专攻，建设10个技术技能大师工作站

技术技能大师工作站是传承大国工匠精神的有益载体，是技能领军人才开展技术攻关创新和高技能人才培养的活动场所。学校大师工作站旨在对接区域内信息技术、高端装备制造、现代服务业等重点行业和支柱产业的发展需求，提升学校的技能传承、技术攻关和成果推广水平，加强与行业领先企业的深度合作，提供有针对性的产品研发、工艺开发、技术推广等服务。

学校在"双高计划"建设期间，经过3年培育和建设，打造了10个能发挥带徒传技、技能攻关、技艺传承作用的大师工作站，探索实践"平台支撑、大师引领、师生共长"的创新模式和技术技能复合型人才培养机制。这些大师工作站包括潘贵平电梯安装维修技术技能大师工作站（市级共建）、金新锋

电梯安全风险评估技术技能大师工作站、郭伟刚绿色制造技术技能大师工作站、孟伟维修电工技术技能大师工作站（市级共建）、陈军统工业机器人技术技能大师工作站、冯冠军电梯维修技术技能大师工作室（市级共建）、曹桢服装制作技能大师工作室、陈楚精密加工大师工作站等。

工作站由行业大师、领军人物或资深专家学者等高端人才领衔，他们在所从事的专业领域具有卓越业绩、较高的理论研究水平和较为丰富的实践经验，具备副教授及以上职称或杭州市及以上技术能手、首席技师、工匠等称号。通过大师工作站的建立，以技能大师为核心、中青年骨干教师为主体、校企合作为平台，为师生联合解决一批企业技术难题、完成一批企业教学项目、培训鉴定一批高技能人才、培养一支结构合理的师资队伍、形成一批优秀的技术技能成果打下基础，另外也助力教师在国家级或省级技能大师工作站创建、科技计划项目申报、知识产权授权、技术成果转化、科技成果奖等方面取得突破。

## 二、促进成果落地转化，开辟科技成果落地应用的多条渠道

为切实推动科技成果转化落地，进一步服务区域经济社会发展，学校积极创新模式，拓宽科技成果转移转化渠道。

一是参与浙江省职务科技成果转化"安心屋"数字化场景应用建设，为科技成果转化提供政策保障。浙江省科技厅、省财政厅联合开发了"职务成果转化'安心屋'"场景，对科技成果转化进行流程再造和制度重塑，探索建立更加有利于职务科技成果转化的管理制度，实现职务科技成果从一般国有资产管理单列出来。"安心屋"提供了职务科技成果内控管理规范，并与中国浙江网上技术市场3.0无缝衔接，搭建全省统一、规范的"内控管理—转化审批—公开交易"成果转化全流程电子化通道，实现成果转化全链条管理，为落实成果转化尽职免责机制、推动职务科技成果后续不纳入国有资产保值增值考核等提供数据基础和制度保障，推动教师职务科技成果高效转化、安心转化。

二是在杭州市、钱塘区科技局支持下，2022年杭职院牵头组建钱塘区技术合同登记点和科技成果转移转化联盟，联盟由杭职院、杭州钱塘城发科技

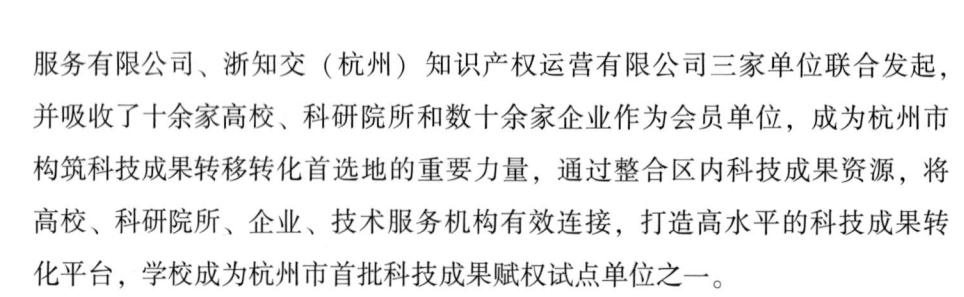

服务有限公司、浙知交（杭州）知识产权运营有限公司三家单位联合发起，并吸收了十余家高校、科研院所和数十余家企业作为会员单位，成为杭州市构筑科技成果转移转化首选地的重要力量，通过整合区内科技成果资源，将高校、科研院所、企业、技术服务机构有效连接，打造高水平的科技成果转化平台，学校成为杭州市首批科技成果赋权试点单位之一。

三是与杭州钱塘科学城一起为中小微企业开展专利开放许可及科技成果转移支付服务，积极探索科技成果转移转化的新途径和新方式。

四是学校与浙江省知识产权交易中心签署战略合作协议，与省知识产权交易中心共建高职院校科技成果转移转化服务平台。与台州温岭、金华金东等地方政府共建技术转移中心，面向金华市省级花卉苗木产业创新综合体开展技术服务。

五是科技成果"杭职拍"为企业赋能助力。联合浙江省知识产权交易中心、杭州市科技局、钱塘区政府定期举行浙江省科技成果竞拍杭职拍专场拍卖会，为企业提供成果转化和技术创新服务。双高建设以来，学校连续3年组织科技成果专场竞价（拍卖）会，累计成交科技成果76项，总成交金额4000余万元，吸引了省内外近300家企业参与竞拍。学校科技成果转化工作得到市、区政府的高度认可，与杭州钱塘科学城管理委员会签约，面向钱塘区小微企业实施专利开放许可，20余家市内企业申请许可。在"浙江拍"大背景下，学校打造了"杭职拍"品牌，引起了社会的广泛关注，《光明日报》《中国青年报》、浙江卫视等10余家媒体对学校创新科研平台、服务企业技术升级的经验作专题报道，得到浙江省委常委、杭州市委书记批示肯定。

### 三、技术技能创新服务平台建设成效凸显

在双高建设期间，学校强化技术技能创新载体建设，通过政府共建、行业引领、扎根区域、赋能企业、培育孵化等五大建设途径，不断完善技术技能创新服务平台体系，累计创建各类技术技能服务平台199个，其中国家电梯产品质量检验检测中心等国家级平台5个，浙江省技术大师工作室等省级平台9个，建成4个学校发展支撑平台、9个专业发展支撑平台，建成工程教学中心30个，学生创新中心100个等。高水平科研项目屡获突破，新增国家

自然科学基金、浙江省文化研究工程重大项目、浙江省"尖兵""领雁"重点研发计划项目等国家级和省部级科研项目81项,年均增幅超30%。高质量科技成果快速产出,获第六届全国教育科学研究优秀成果奖1项(全国高职唯一),浙江省第二十一届哲学社会科学优秀成果奖1项(浙江高职唯一)。根据2023年中国职业教育质量年度报告,杭职院在"2023年全国高职院校综合竞争力排名"中位居第17位,其中CSSCI论文全国第2、SCI论文全国第6、发明专利全国第8。在"2022年全国高校高等教育科研论文排行榜"中,杭职院位居全国高职院校第3位。服务区域经济高质量发展影响力迅速扩大,科技成果推广获省级表彰,2019—2023年累计面向1534家中小微企业开展技术服务,承担企业技改项目781项,科技成果拍卖总成交额达5500余万元,科研和技术服务收入实现量级增长,累计超1亿元,技术服务转化企业收益5.36亿元,学校对产业转型和区域发展的技术技能输出能力和贡献能力大幅度提升,引领职业教育改革发展。

(一)围绕区域发展需求,建立技术技能创新服务平台的高水平服务体系

结合区域经济社会发展和产业转型升级的技术需求,积极整合优势资源,全力打造了"金字塔式"三类技术技能服务平台体系。一是依托校企合作的优势,围绕科教融汇、引领发展,建设了国家电梯产品质量监督检验中心、浙江省电梯评估与改造应用技术协同创新中心、杭州市新型生物基材料关键技术改进与应用工程研究中心、联想工业互联网研究院、杭州数智工程师学院等一批行业引领平台。二是坚持产学研结合,围绕技术开发、新产品试制、检验检测,建设了英创新材料杭州研究院、西奥电梯产业技术研究院、惠成新材料杭州研究院等一批企业赋能平台。三是联合政府共建,聚焦中小微企业技术服务,建设了杭州市公共实训基地、温岭技术转移中心、技术技能大师工作站、协同发展中心等一批公共服务平台。

(二)聚焦服务能力提升,推动技术平台的高质量运行发展

学校依托校企合作的深厚基础,在科技赋能价值链条中锚定高职院校定位,先后成立了英创新材料杭州研究院、西奥电梯产业技术研究院、惠成新材料杭州研究院。生态健康学院派遣化工博士团队针对产品特性,优化技术路线,完善试验方案,积累大量的实验数据,为杭州英创新材料有限公司进

行规模化生产奠定了基础。通过从科研到产业化的分工协作，探索形成了"校院企"深度合作的企业研究院建设和运行新模式。2023年，杭职院联合浙江方圆检测集团股份有限公司（以下简称方圆检测集团）、杭州云上新材有限公司和杭州英创新材料有限公司，在前期企业研究院的建设基础上，牵头申报并创建了新型生物基材料关键技术改进与应用杭州市工程研究中心。此外，还与方圆检测集团、省产品质量安全科学研究院、省轻工业品质量检验研究院共建了浙江省市场监管生物安全重点实验室等3个省级重点实验室，联合开展技术研发、技能培训、人才培养等，实现了平台的高能级跃迁。

学校不断加大投入力度，坚持完善平台建设与运行的激励与考核机制，通过高层次项目平台、高水平成果孵化，引导各类平台不断提升科研和技术服务能力。双高建设以来，累计主持立项各级各类纵向项目500余项，其中国家级6项、省部级70余项；学校积极联合企业开展关键技术攻关、新产品开发、技术技能培训等，承担企业技术服务项目400余项，其中50万元以上重大横向科研项目超100项，涉及智能制造、新材料、信息技术等领域；累计服务中小微企业1203家，承担企业技改项目556项，为企业解决生产环节"卡脖子"难题15项，累计科研和技术服务到款9000余万元，技术服务转化企业收益近5亿元，科技成果转化助推区域经济发展的间接效益显著增长。

各类平台建设运行成效显著，服务区域经济发展影响力不断提升。与方圆检测集团共建的生物安全检测研究中心被省市场监管局认定为省级重点实验室；与联想集团共建的工业互联网研究院被省经济和信息化厅认定为省级产业数字化服务机构；学校公共实训基地被列入浙江省教育厅第一批、第二批示范实训基地；大学生创业园的《创业带动学业　提升就业能力　杭职院"双创经验"》被中共杭州市委杭州市人民政府网站报道；学校与教育部职业技术教育中心研究所共同筹划、合作共建了产教融合研究基地，杭职院作为全国唯一高职院校代表，在贯彻落实《国家职业教育改革实施方案》研讨会（天津）发言；"现代职业教育研究中心"在2020年被确立为第四轮杭州市哲学社会科学重点研究基地，2021年，"杭州市产教融合研究院"被确立为杭州市哲学社会科学研究培育基地。

（三）面向企业转型发展，实现科技成果的高效率转化落地

学校高度重视科技成果转化工作，建立了成果转化的多部门协同机制，

完善了成果转化的体系化制度保障，强化了知识产权运营和成果转化全流程精准服务，2020—2022年组织专场科技成果拍卖会，在"浙江拍"大背景下，打造了"杭职拍"品牌，引起社会广泛关注，吸引了省内外200余家企业参与竞拍，成为省内唯一独立举办的科技成果专场拍卖会的高职院校。三届科技成果拍卖会共成交科技成果76项，总成交价近4000万元。学校成为浙江省职务科技成果转化"安心屋"数字化场景首批应用单位、杭州市首批科技成果赋权试点单位，牵头组建钱塘区科技成果转化联盟。

学校立足区域，开放学校服务资源，建成杭州市政府出资、学校出地、联合服务的国家级高技能人才培训基地（杭州市公共实训基地）。建成结合浙江区域块状经济特色、以专业为切口的地方技术转移中心，如台州温岭市小型电机、泵阀产业群等。建成一批富有职教特色、涵盖优势专业的校级协同创新中心和技术技能大师工作站。其中，特种设备学院通过与浙江省特种设备科学研究院共建国家电梯产品质量监督检验中心，与杭州西奥电梯有限公司共建西奥电梯产业技术研究院等行业引领平台建设，服务了一批科技领军、专精特新企业，联合攻关解决超长跨度扶梯、电梯智慧监管平台构建等技术难题50余项，帮助关联产业中小微企业突破发展瓶颈。依托院士工作站建设，邀请多位院士、专家到校开展学术交流，共同探讨技术合作、开展科技成果推广与转移转化。吉利汽车学院积极参与省政府批准成立的智能网联汽车省级制造业创新中心建设，杨爱喜技能大师工作室获批省教育厅首批职业院校技能大师工作室（浙江省仅10个）。2023年6月，杭职院服务区域经济社会高质量发展的典型做法入选国家教育行政学院、中国教育干部网络学院培训课程，技术服务的社会影响力进一步扩大。2023年12月，杭职院在钱江晚报发表的《高职院校也能冲刺科技"高精尖"：杭职院打造科研平台践行产教科深度融合》的相关报道，被新华网、中新网、"学习强国""今日头条"等转载。

（四）企业的技术和生产项目促进学校教学形态变革

一是依托协同创新中心、工程教学中心、创新中心等载体，将科技成果融通到教学、应用于企业，实现产学研用一体，教师和师傅结对，共同开发课程、编写教材，共同探讨教学进程，使课程内容与岗位能力要求衔接，真

正提升人才培养与产业需求的契合度，提升专业服务产业的能力。二是将企业的技术产品标准、培训包、技师、真实项目、工作页、能力评价标准、实践平台等引入和应用于教学，使学习内容与产业技术同频共振，真正实现岗位内容和教学内容的高度契合，实战为上，突出学生综合能力培养。企业的真实项目经过教学化改造后，形成项目任务单、活页式项目指导书，将新工艺、新方法、新技术、新标准、新规范、新案例全面引入教学。三是实现了全企业化顶岗实习教学模式。企业将学生作为企业"准员工"进行管理，将企业生产管理要素融入顶岗实习内容，真正实现毕业生的技能与企业岗位需求的"无缝"对接，提升了学生专业技能和职业素养。四是建立校企合作多元模式的操作标准，规范校企合作秩序，提升了职业教育的标准化建设水平。

（五）师生科研和比赛成果增长喜人

从2021年7月1日至2022年底，学校科研经费到款4600万元，其中纵向经费927万元，横向经费3673万元。2022年，学校教师申报各级各类科技计划项目715项，其中国家级申报21项，省部级申报110项，同比增长超过18%。市厅级以上课题立项125项，同比增长22.5%。教师获省部级以上项目立项19项，发明专利申请数170项，授权76项，发明专利转化数12项。2022年，新增国家自然科学基金、教育部高等学校科学研究发展中心专项课题等省部级以上项目19项，其中，杭职院是全省唯一主持承担2项省自然科学基金项目的高职院校（全省高职院校共获9项），且总立项数和立项率均位居全省高职院校第一。省高校重大人文社科攻关计划中，学校推荐的4个项目全部获得立项支持。获首批碳达峰碳中和领域杭州市重点科技研发计划重大关键技术研发攻关项目1项（全市仅立15项）。新增横向科技合作项目71项，其中100万元以上1项，50万元以上34项。2022年科研经费到款3003万元，其中纵向439万元，横向2564万元，同比增加18%。全校教师在各类学术期刊上发表论文164篇（2021年137篇），其中高水平论文94篇（一级期刊4篇，人大转载1篇，CSSCI收录5篇，中文核心期刊40篇，SCI/SSCI/EI收录54篇），同比增长20%。

近几年，依托平台培育学生超10000名，学生毕业一年后自主创业率增加3.5%，学生在"互联网+"大学生创新创业大赛中取得突破，获得国赛银奖和铜奖各1项，省赛金奖1项，"金钥匙"1项（全省共9所高校获得），省赛银奖1项，省赛铜奖2项。学生累计获得全国大学生机械创新设计大赛、中国机器人大赛等国家级技能大赛奖励53项，省级技能大赛奖励443项，4人获杭州市D类人才，学生留杭比率连续5年稳居全省高职院校首位，为区域经济高质量发展提供人才支撑。

# 第三节

## 学校不同类型技术技能创新服务平台建设实例

### 一、服务区域发展和产业转型升级，打造学校发展和专业发展支撑平台

**案例1**

#### 科技赋能园区，创业带动就业——杭州高职科技创业园建设

杭州高职科技创业园坚持创业带动就业、服务学生体面就业的理念，以毕业生的就业创业需求为重点，通过创业校友带创业，创业项目带动青年就业，校友组队一起就业等，进一步缓解就业难问题。据统计，创业园累计入驻218余家企业，累计带动大学生就业创业人数超过3200名，逐渐形成了青年创业项目集聚、大学生集中的效应。

1. 基本情况

作为全国最早支持学生在校内注册真实公司自主创业、国家级大学生科技创业见习基地、在杭高校唯一以学校命名的市级大学生创业园，创业园的建设与发展在杭职院创新创业教育、学校改革发展、区校合作中留下了浓墨重彩的一笔，也发挥了不可替代的作用。创业园累计培育了4家国家高新技术企业，17家"杭州市高新技术企业"，7家在省股权中心挂牌；先后获得"国家级大学生科技创业见习基地""共青团中央青年就业创业见习基地""浙江省科技企业孵化器""杭州大学生就业创业服务十佳示范点""杭州创业最佳平台"等10多项殊荣。2021年，在杭州市大学生创业园（2019—2020

年）绩效评估中获得"良好"。

2. 主要做法

（1）构建协同育人机制，健全创新创业联动机制。学校将创新创业教育纳入学校发展战略和人才培养改革重点，从源头上推进应用型创新创业人才培养。明确提出以"专业创新和创业教育"为重点，将创新创业教育融入人才培养全过程。依托与开发区共同组建的学校发展委员会（开发区管委会主任担任主任），构筑了优势互补、资源共享的区校战略合作平台，有效吸引政府部门、行业企业参与校企合作和创新创业工作；将创新创业教育工作纳入学校对各部门的目标考核和教师工作业绩考核体系，很好地调动了各部门和师生参与创新创业教育的积极性，形成了政府政策指导、学校主导实施、创业学院统筹管理、二级学院主体育人、行业企业协同参与的协同育人机制。

（2）构建"1+9+200"创业孵化基地，打造全真创业实战平台。紧跟高职教育的发展趋势，不断创新高职学生创业园运行模式，优化服务机制，完善孵化功能，面向大学生开展创业教育与创业实践，为大学生自主创业提供了全真环境下的实践平台。充分整合资源，着力打造"1+9+200"创业孵化基地。"1"是学校围绕创业项目孵化建设的高职学生创业园，占地10000平方米；"9"是9个二级学院围绕产学研创合作建设的协同创新基地、创业工坊、创业苗圃等，面积超过5000平方米；"200"是专业组教师建设的200个学生创新中心，面积超过1000平方米。大学生创业园入选省级创业示范孵化基地，在浙江省科技企业孵化器绩效考核中被评为优秀，建设期间获得省市考核奖励100余万元。建设期间，累计孵化企业107家，培育6家国家高新技术企业、3家浙江省科技型中小企业，其中大创企业100家。学生毕业一年后的创业率稳定在6%，累计创业率（有过创业经历学生）达8%。累计学生创业人数2500余人、带动就业5万余人。

（3）构建创新创业教育改革模式，完善创新创业教育体系。学校与园区内企业进行战略合作，共同开发双创实战培训课程、实施创业指导、共建双创虚拟教研室；出版教材3本，发表论文50篇，在2023年全国高等职业院校创新创业教育联盟优秀论文征集活动中论文一等奖。首获浙江省高职院校教学能力大赛三等奖；与阿克苏职业技术学院、恩施职业技术学院云端交流课程共创。创业导师团队由学院骨干教师、企业经理人、社会名流、知名校友等构成，在双高建设期间打造了由近130名教师组成的双创指导教师队伍，其中10名校内创业讲师被聘为"杭州大学生创业导师"。与钱塘区联合开办4期创业菁英班，遴选有创业意愿、具备创业基础的学生进行专门化的创新创业培训。杭职学子在"互联网+"等重量级竞赛上获得突破，累获国家级奖励5项，在省级以上大赛中获奖141项。创新创业教育模式备受肯定。学校入选全国高等职业院校创新创业教育联盟副理事长单位、澜湄国家创业教育联盟理事单位、入选"献礼建党100周年——全国高校创新创业成果展"成果展、项目展。

## 案例2

### 公共实训基地"杭州模式"的创新与实践

为满足区域内院校师生技能培养和企业员工终身职业技能培训和鉴定等需求，促进更加充分更高质量的就业，推动区域内的职业教育培训资源共建共享，在杭州市政府的全力支持下，将以杭州市人社局为主投入建设的区域公共实训基地建在高职院校（杭职院）内，探索构建了公共实训基地"杭州模式"。

1. 基本情况

杭州市公共实训基地是面向各类院校、企业、培训机构和社会团体免费开放，为技能实训、技能鉴定、师资培训、技能竞赛、校企合作、就业服务等提供服务的公益性平台。基地位于杭州市钱塘区，占地约2万平方米，总建筑面积约为4万平方米，总投资3亿元，其中基本建设1.3亿元，实训设备1.7亿元。整个建筑实行总体布局，形成一个功能综合体，共有7大实训中心，81个实训室，可提供48个职业（工种）的实训。2012年7月被中华人民共和国人力资源和社会保障部、财政部确定为国家级高技能人才培训基地。2015年9月，杭州市公共实训基地立项为浙江省高技能人才公共实训基地建设（扩建）项目。基地的建设采取"一个中心、多点布局"的方式，现已认

定了15家分基地,在全市形成市级综合公共实训基地与企业、院校、县(市)区高技能人才实训基地功能互补、特色发展的建设格局。

2. 主要做法

(1) 构建"政校为主、企业参与"的共建策略,解决政校企各自为政、资源建设"重复"或"孤岛"现象严重问题。一是人社部门和教育部门跨界合作,由杭州市政府统一规划并专项投入,把公共实训基地建在杭职院校内。二是学校和行业企业通力合作,共同研究制定实训基地建设方案,按照企业需求设置实训室、确定设备。三是汇集学校自身、杭州市人社局所辖技校和企业培训中心的多主体的实训资源,多家联合共建区域公共实训大平台,以"杭职院实训中心暨杭州市公共实训基地"为中心,根据区域产业发展需要,在主城区及临安区等地建立了15个分基地;政校企的资源建设更加科学,场地的利用率更加高效,教学时空设计更加合理,有效缓解区域内的实训资源、企业培训资源不足的问题。

(2) 构建"政府购买服务、校企协同维管"的共管策略,解决基地维管成本高,资源建设重"投入"、轻"更新",以及职业教育需求脱节问题。一是杭州市人社局负责经费投入,每年投入600万元的运营管理费,由学校组织实训教师和企业技师形成实训教学、维护管理队伍。二是由杭州市人社局与学校共建基地领导小组,共同成立杭州市公共实训指导中心,负责基地日常管理运行。三是注重可持续机制的构建,基地内可进行生产性实训,可以为企业提供相关的技术技能服务,实现基地的公益化和市场化的互补,增强基地的造血能力。

(3) 构建"服务多元化、管理智能化"的共享策略,解决服务面向群体单一、设备使用效率低下问题。一是基地的建设初期就对其功能进行了全面的设计,不仅面向学校实训教学,还面向企业需求、社会群体开放,提升利用率;二是基地坚持公益性运营,区域内的企业、高校和中小学均可以通过预约使用场地;三是基地注重信息化建设,使用单位可以便利地实现预约、使用、结算等,提高设备的使用率。

**案例3**

## 打造电子商务专业发展支撑平台
## ——全国跨境电子商务综合试验区职业教育集团

1. 基本情况

2018年12月20日，首届数字经济与跨境电商综试区发展研讨会暨全国跨境电子商务综合试验区职业教育集团成立大会在杭州职业技术学院成功召开，杭职院被推选为职教集团第一届理事会理事长单位。全国跨境电子商务综合试验区职业教育集团在全国电子商务职业教育教学指导委员会的指导下，主动适应跨境电商综试区发展和跨境电商技术技能人才的新形势新要求，全面加强基础能力建设，发挥职教集团功能，促进国家跨境电商综试区、职业院校、行业企业的协同合作，以提高跨境电商技术技能人才培养质量为核心，以推进跨境电商技术技能人才系统培养为重点，优化治理体系、加强成员合作、实现资源共享，优势互补、合作共赢，提高跨境电商人才培养质量和服务社会能力。

2. 主要做法与建设成效

（1）完善集团运行机制，提升集团治理能力。一是增补集团成员单位，进一步完善集团组织体系。2019—2022年，召开了职教集团一届二次、一届三次、一届四次理事会议，新增补深圳职业技术学院、阿里巴巴等121家中职、高职、本科和行业知名企业，成员单位增至146家，覆盖全国51个综试区。二是推进集团信息化建设。2019年11月启动集团官网设计工作；根据集团工作需要，目前已经建立了工作群，根据全国职业教育集团化办学统计要求，收集并整理集团内院校成员的专业、课程、师资队伍、招生规模、实习实训基地等信息；收集并整理跨境电商综试区相关企业成员的单位信息、主营业务、项目及用人需求等信息。完成全国跨境电商综试区职业教育集团集团化办学统计工作，为后续强化集团成员资源共享共建打下重要的基础，并组织申报了职业教育集团典型案例。三是制订集团相关文件，包括《全国跨境电商综试区职教集团成员学校学生交换和学分互认管理办法》《全国跨境电

商综试区职教集团校际管理干部互派挂职锻炼管理办法》《全国跨境电商综试区职教集团成员学校教师互派交流管理办法》，深化集团内校际合作，促进优质教育资源跨地区共享。

（2）举办系列活动，提升集团运行能力。2019年4月，在北京举办"一带一路"建设与数字贸易人才培养大会，全国140多家职业院校近300名代表参加大会。2019—2021年成功举办了两届数字经济与跨境电商综试区发展研讨会和职教集团年会。成功举办4期全国跨境电商专业负责人培训班，共吸引来自职教集团80余家成员单位和全国120余所职业院校的领导和骨干教师参加培训；根据全国电商行指委的部署，由集团牵头完成教育部中职、高职、本科跨境电商领域专业目录调整论证；组织申报了目录外跨境电商专业；参与制定全国中等职业学校跨境电子商务专业教学标准；联合阿里巴巴等企业开发了首套"行业+领先企业"产教融合跨境电商系列教材并向全国发行。2023年5月，参与丽水市莲都区紫金杨梅节开幕式直播活动，成效出色，得到主办方的认可与感谢。2023年6月—10月，作为职教集团理事长单位分别完成多米尼加援外研修班和发展中国家援外研修班的教学工作，开办了三期跨境电商直播及海外TikTok推广培训。

（3）开发系列特色项目，提升集团引领能力。一是开发教育部中职跨境电子商务教学标准。2019年10月，协同全国电商行指委，组织成员单位参与了跨境电子商务专业教学标准的研制。二是在2023年下半年成功申报杭州市跨境电商综试办主办的杭州市跨境电商产学研协同创新基地，并获得基地建设资助30万元，继续推进跨境电商产教融合工作。三是启动电商谷产教融合项目。2019年11月，在全国电商行指委的指导下，联合浙江省商务厅、浙江省电子商务促进会等政行企校资源，开始启动"电商谷"重大产教融合项目。该项目获国家发改委和教育部立项，投入资金达2.7亿元。四是推进中非"一带一路"国家合作。在浙江省政府的带领下，联合浙江工商大学等共同推进中非"一带一路"合作项目。

## 二、服务中小微企业研发和产品升级,打造协同发展中心、工程教学中心等平台

### 案例1

**"军企校院"多元主体联合赋能,打造服装数智技术协同发展中心**

1. 基本情况

杭州职业技术学院作为先进军用阻燃改性尼龙66高分子材料聚合工艺及其纤维制备技术研究及产业化转化主导单位,坚持核心技术国产化、技术高端化、产研教用融汇,联合新兴际华集团有限公司、华峰集团、福建锦江科技有限公司、东华大学、浙江理工大学、中国科学院宁波材料技术与工程研究所等,以军企校院联合开展了阻燃改性尼龙66高分子材料制备聚合工艺及其高强纤维制备关键技术研究和产品产业化生产工程研究,培养能够掌握高分子材料制备和纤维制备关键技术的高端人才,以及能够解决工程转化难题的现场工程师、操作人员等高技能人才,实现向国内企业交付"工程技术、工程项目+人才",推进先进军用阻燃改性高强尼龙66材料生产及应用的全产业链国产化进程,结束该纤维材料被国外"卡脖子"的现状。

2. 主要做法

(1)汇聚产教科研优势,共建技术创新服务平台。以张守运博士为带头人,组建由企业工程师、学校教师、科研人员构成的产教研用协同发展中心,成员共计60余人,学校提供占地面积1000平方米的中试基地,校企合作投入固定资产5000余万元,共同成立功能性差别化纤维材料研发及工程化协同发展中心,从事功能性差别化及高性能纤维材料制备技术研究和试验。该协同中心在开展了"生物可降解抗菌抗病毒纤维材料""功能性服装面料""长碳链尼龙高分子材料及纤维制备"等研究项目的基础上,联合开展了"先进军用阻燃改性尼龙66高分子材料及其纤维制备技术"项目研究。通过对阻燃改性尼龙66高分子材料及其纤维制备技术的研究,在保证

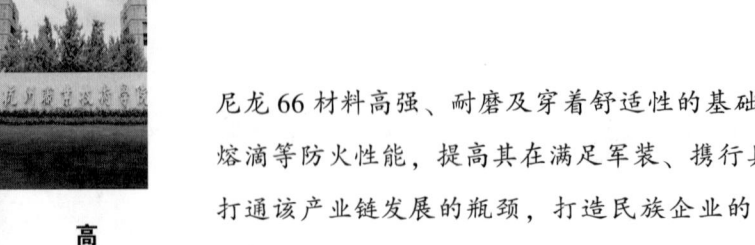

尼龙66材料高强、耐磨及穿着舒适性的基础上，赋予织物良好的阻燃、抗熔滴等防火性能，提高其在满足军装、携行具及其他军需品的需求的同时，打通该产业链发展的瓶颈，打造民族企业的核心竞争力及其在国际上的话语权。

（2）建设国产示范生产线，推进现场工程师培养，支撑研究成果产业化转化推广。以科技研发为引领和保障，国资委和中央军委出资3.5亿元在际华三五四二纺织有限公司建设国产化示范线，一方面，在满足军工需求的同时，兼顾国家应急救援和民用需求。另一方面，学生和老师可以在国家规定和要求下，在国产示范生产线进行工程和生产技术的研究、验证，对设备的设计研究和验证，熟悉设备的操作、熟悉工艺、参与管理，学习专业课程。

（3）联合建设先进军用阻燃改性尼龙66高分子材料及其纤维产业化生产装置，融合"工程实践+人才培养"。项目研究在完成示范线建设的中试放量试产的基础上，联合合作企业优先建设产业化生产装置，将达到交付标准的"工程+人才"一同交付至生产企业，后期将陆续向行业其他企业推广应用，实现先进军用阻燃改性尼龙66高分子材料及其纤维生产的国产化，以教促产。同时通过项目研究及产业化发展，促进杭州职业技术学院、东华大学、浙江理工大学的研究和教学能力，打造行业产教联合体，发挥各方优势和资源条件，资源共享，并向产业交付高标准高性能产品标准、技术及工程人才。

3. 建设成效

（1）产教研用一体化，完成"卡脖子"项目技术攻关，破解行业技术及产业化难题。学校以高端技术和技能研发为引领，融合博士团队、科研团队、教学团队、企业团队，以国家需求和军工需求为出发点，以实现先进军用阻燃改性尼龙66高分子材料及其纤维制备生产国产化为目标，联合开展了"卡脖子"项目攻关，顺利完成了先进军用阻燃改性尼龙66高分子材料及其纤维制备国产化任务，提高了军用阻燃改性尼龙66纤维的力学性能和阻燃防火性能，搭建了40旦（4.44tex）细旦高强、650旦（72.22tex）携行具用粗旦高强尼龙66纤维高结晶高取向的大分子聚集态的均稳定态的构建技术，以及尼龙 66 高强性能与阻燃防火性能的协同技术，技术水平已达到国际领先水平。预计 2025 年，国内年产量将达到 500 万吨。破解了生产技术和产业化生产的工程工艺难题，完成了先进军用阻燃改性尼龙 66 高分子材料及其纤维制备国产化的任务，破解了先进军用阻燃改性尼龙 66 高分子材料及其纤维生产"卡脖子"问题，实现了该材料生产的国产化，打破了美国、英国对该材料的技术、市场和价格垄断。

（2）产业引领，参与全产业链技术研发，构建现场工程师人才培养模式。以国家需求和行业发展为出发点，以攻克产业化技术国产化发展存在的"卡脖子"问题为主导，围绕"科技研发—中试—产业转化—生产推广"的技术创新和产业化转化的全过程，产教研用团队联合开发课程，改变传统教学和人才培养思维和模式。同时学生跟随企业家、研发团队、工程师及工作人员等，在生产一线的真实项目中练习和熟悉设备操作、熟悉工艺、参与管理实践、学习课程等，支持完成项目研究，并支撑成果产业化转化和推广，全过程现场培养适应产业升级转型及支撑先进军用阻燃改性尼龙 66 高分子材料及其纤维生产的现场工程师、生产管理、质量监管等管理人员。"卡脖子"项目技术攻关过程，既是产业链关键技术国产化过程和推进行业发展的重要环节，也是产学沿用一体化的建设过程，同时还是行业产业化人才培养的重要过程。项目研究过程有利于实现教育产业化、产业教育化，有效地解决产业人才培养滞后于行业发展的问题，保障行业关键技术国产化的顺利推进。通过该协同发展中心，研究开发的并在生产企业应用的功能性纤维及面料已经形成吸湿速干、防护、抗菌抗病毒、阻燃防火、生物可降解、抗紫外等系列化。

（3）多元协同攻关，产教研用一体化科创模式取得了丰硕的研究成果。杭州职业技术学院张守运博士产业创新团队及新兴际华葛邓滕博士科研团队，作为项目科研的主体，带领企业工程师、高校教师和学生在先进军用阻燃改性高强尼龙 66 材料生产及应用等方面积累了大量原创性技术研发和产业化经验和数据，并联合中国科学院宁波材料技术与工程研究所、浙江理工大学桐乡研究院，为项目研究的顺利推进和各测试分析提供了重要保障和研究基础。协同中心先后申报"一种具有蓄热调温生物基锦纶纤维面料的制备方法""一

种生物可降解抗菌抗病毒锦纶纤维及其制备方法""一种原位石墨烯改性 PET 纤维的制备方法""一种超柔增强扁平型海岛纤维及其制备方法""一种高起绒高弹多组分异收缩复合纤维及高起绒高弹织物的制备方法"等发明专利 10 余项;发表 SCI 论文 6 余篇,发表《阻燃防紫外皮芯结构 TPEE 单丝制备及应用》等中文核心论文 5 篇,参与《纺织品手术防护用非织造布》(GB/T 38014—2019)等多项标准的制定,获得"智能化化纤生产设备控制系统""工业智能自动化生产控制程序软件""设备自动化运行控制软件"等软件著作权 5 项。

### 案例2

## 纺织品设计协同发展中心

### 1. 基本情况

浙江省嘉兴市海宁市许村镇的家纺产业是国内规模领先的家纺面料生产基地与产销中心,享有"世界布艺看中国,中国布艺看许村"的知名度。作为传统纺织行业,许村镇的家纺产业正面临着产业亟待转型升级、企业产品同质化严重、创新能力较低、核心技术缺乏、研发驱动力不足等问题,在此背景下,政行企校联动搭平台,共建杭海龙渡湖国际时尚产业学院,依据产业发展需求构建了纺织品设计协同发展中心。依托协会商会明确企业需求,组建培训团队专班,开发"海宁许村布艺工匠花型暨软装设计班"等企业项目培训课程。通过产教融合平台打造一流师资培训团队,理论培训互动。通过系列培训课程,设计师学员的设计能力得到提升,市场意识得到增强,设计团队的综合实力得到提高,学校与协同发展中心的美誉度进一步提升。

### 2. 主要做法

(1)联合许村镇政府搭平台建立产业学院,依托协会商会共建纺织品设计协同发展中心。随着纺织服装产业升级和数字化、信息化的快速发展,海宁许村镇纺织服装企业设计师的设计观念、潮流意识、技术技能提升已成当务之急。杭州职业技术学院联合浙江省嘉兴市海宁市许村镇人民政府、海宁市家用纺织品行业协会、海宁市职业高级中学四方搭建培训平台，共建杭海龙渡湖国际时尚产业学院。产业学院立足海宁市许村镇，依托海宁家纺协会、许村商会共建纺织品设计协同发展中心，以盐官镇、长安镇、马桥镇等地企业为主对设计师的技术提升需求进行调研，明确企业在人才培养方面的需求，同时根据需求开设针对性更强的培训课程和专业，提高设计师的设计观念、潮流意识和技术技能水平，帮助企业提升产品竞争力和市场占有率。聘请行业内资深人士和优秀教师授课，同时通过与企业的合作实践，积极推进产、学、研一体化发展，使人才培养与产业发展相互促进。

（2）依据产业发展需求设置教学科研团队，组建培训团队专班。为了更好地满足企业的人才培养需求，根据海宁市许村镇纺织服装产业发展的特点，纺织品设计协同发展中心组建流行趋势、面料花型设计、软装设计、设计技术表现四个教学科研团队，开设相关的专业研究。团队成员包括资深行业专家、高级职称的教师、行业研究人员等，通过团队合作，开展先期的理论研究的同时加强与实践的融合，提高团队的专业水平、保证培训的效果。同时，将企业需求归类，设置专门的培训课程，并根据企业课程需求组建培训专班，努力做到培训专班的课程内容根据海宁许村纺织服装产业的需求进行设计，能够更有针对性地、准确地满足学员的学习需求。力争通过有针对性的全面、系统的培训，提升企业设计师的工作能力，提高企业整体竞争力，实现以人为本、服务产业、促进企业发展的目标，推动产业的发展。

（3）通过产教融合平台打造一流师资培训团队，提高教学专业水平。在学院建立10个企业工作室，形成产教融合平台，设置与当地产业链深度对接的纺织品花型设计方向、家纺软装方向、纺织文创产品方向产品研发室，与海宁市伦迪纺织有限公司、杭州森染文化创意有限公司等20余家纺织服装企业深度合作，引入企业产品研发项目，通过研发产品市场推广检验和提高团队成员的市场敏锐度和市场意识，进一步提高团队成员的专业水平和教学培训水平。

### 案例3

### 承载师生创意孵化和转化应用，打造学生创新中心

1. 基本情况

为了贯彻《国家职业教育改革实施方案》，落实《职业教育提质培优行动计划（2020—2023年）》提出的"为促进经济社会持续发展和提高国家竞争力提供多层次高质量的技术技能人才支撑"要求，激活青年学生创新动能，为学校打造技术技能人才培养高地助力，杭州职业技术学院在第一轮双高建设期内启动学校学生创新中心建设工作，选拔和培育了100余个学生创新中心，中心聚焦学生综合能力发展，包括公益服务类、科技竞赛类、文艺体育类、劳动实践类、社会调研类、创新创业类等六种类型，以培育高职大学生的创新思维、过硬技术、优良素质和国际视野，为高职大学生成长为技术能手、行业精英、领军人物、大国工匠打下坚实基础。

2. 主要做法

（1）出台管理办法和提供资金支撑。在项目启动前期，学校制订《杭州职业技术学院学生创新中心建设与管理办法》，对申报条件和遴选流程都做了严格详细的规定。一是创新中心应坚持深化"三全育人"综合改革，坚持"四个相统一"。二是创新中心教师团队一般由学校专职、兼职教师和来自行业企业的人员组成，师德师风良好，坚守专业精神、职业精神和工匠精神，践行社会主义核心价值观，以德立身、以德立学、以德立教，广受师生好评；人数在3人左右，相对稳定，其中有校外相关工作经验的兼职教师数量最多1人，团队中具有指导各类学生竞赛获省赛二等奖以上的指导教师不少于1名。三是创新中心负责人须为本校教师，须有与建设类型对应的相关专业背景，拥有丰富的实践育人经验，具有较强的改革进取意识、较高的学术研究成就、较好的组织协调能力和学生创新赛事指导能力，年龄原则上不超过55周岁。四是创新中心学生负责人原则上为二年级学生（申报时），综合测评在班级排名前50%，有一定的协作合作能力和创新创业意识；团队构成人员要覆盖3~4个年级的在籍学生，鼓励跨专业跨学院组队，团队人数保持在10人左右。五是创新中心学生选拔采取自主申报和专业推荐相结合的方

式进行,按照"自愿报名、不唯分数、素质优先"的基本原则制定选拔规则,基于学业基础、个人兴趣、专业潜能、人文素养等几个方面进行综合考量。六是对学生创新中心建设以立项方式给予专项支持,立项项目包括一般项目、重点项目和重中之重项目。立项时,学校对一般项目、重点项目和重中之重项目分别给予0.1万元、1.5万元和5万元的启动资金;验收时,学校对完成合格、良好和优秀指标的项目分别给予0.1万元、1.5万元和5万元的发展资金。

(2) 审核准入关,多部门协同开展遴选。符合条件的学生创新中心负责人填写《杭州职业技术学院学生创新中心建设申报任务书》,经中心全体成员签字确认并提交申报书和附件材料,以各二级学院、马克思主义学院、公共基础部、创业学院为单位推荐申报。二级学院、马克思主义学院、公共基础部、创业学院本着公开、公平、公正的原则审核,择优进行推荐,推荐过程实行限项申报(一般每个二级单位限报15个),在具体申报类型上,则兼顾不同类型,实现不同类型全覆盖。与此同时,学校成立由科研处、人事处、教务处、学生处、创业学院,以及马克思主义学院、公共基础部、各二级学院负责人组成的学生创新中心工作认定小组,对申报项目进行评选认定工作。工作认定小组进行资格初评,对符合申报基本条件的,邀请校内外专家联合评审,并经校长办公会、党委会审议通过后进行公示;公示如无异议,公布获批建设中心名单,并签订学生创新中心建设任务书。

3. 建设成效

(1) 学生创新中心加速了师生作品、创意的孵化和转化,中心为区域内企业输送了多元化的创新作品和创意设计。在创新中心建设过程中,教师积极进行技术革新,累计获得发明专利、实用新型专利、外观专利等数百项,发表论文百余篇,为区域中心微企业技术革新提供助力。例如,友嘉智能制造专业陈楚老师的"匠心制造创新创业中心",在项目推进过程中,陈楚老师除了指导学生外,还积极进行技术革新,其发明专利"一种便于装配操作的机械自动化教学装置",开发了基于高职院校实训教学的机械自动化综合教学平台技术,系统主要由实训工作台、电控箱、轴及联轴器组件、轴承座、机械传动组件、实物模型套件及工量具等组成,降低了机械技术人才培养成本,

为探索规模化、系统化培养人才提供了路径，根据工艺技术测算，平台综合价格实惠，按照年产量100台计算，企业产值在1200万元左右，能够为企业降低成本50%~70%，经济效益显著，该成果入选了浙江省市场监督管理局发布的浙江省专利开放许可十大优秀案例。支明玉老师的"'众食安'学生创新中心"以食品安全检测为主要工作内容，将专业学习与志愿服务结合起来，打造独特的专业志愿服务团队，为杭州亚运会、浙江省两会、世界互联网大会等提供专业的食品安全检测服务，赢得了良好的社会声誉，其指导的"保护舌尖安全，服务复工复产"在浙江省高校暑期社会实践风采大赛中荣获"百强团队"。

（2）学生创新中心为学生参与大赛、技术发明、实践作业等提供了土壤。在学生创新中心建设期内，102个项目累计辐射学生超2000人，累计带动学生参与竞赛获得市级以上奖项200余项，例如，潘承恩老师的"研赛创"学生创新中心在第一轮建设周期内成效显著，累计授权发明专利9项、实用新型专利12项，为后期指导学生比赛获得优异成绩奠定了基础，累计指导学生参加浙江省电子商务大赛4项，在"互联网+"大学生创新创业大赛中获得省赛三等奖1项、全国银奖1项（学校历史性突破）、"挑战杯"省赛三等奖3项。为此，在第二轮建设期内，又将该项目进行升级立项，由一般项目升级为重点项目。孙菲老师的"创客型工匠创新中心"累计授权实用新型专利4项，指导学生参赛获得第十四届浙江省大学生工业设计竞赛三等奖、浙江省第十七届大学生电子商务竞赛（云科居）专科组二等奖、浙江省第十七届大学生电子商务竞赛（汤恒科技助力亚运）专科组三等奖、浙江省第十三届"挑战杯"大学生创业计划竞赛银奖、第十三届浙江省大学生职业生涯规划大赛三等奖、浙江省职业院校技能大赛"导游服务"赛项二等奖、浙江省第十七届"挑战杯"大学生课外学术科技作品竞赛三等奖、第七届杭州市大学生科技创新大赛优秀创新奖等一系列优异成绩。王慧老师的"时装匠艺工坊"带领学生以"做匠人，修匠心"的中心文化为引领，培养服装设计与工艺学科竞赛方向"懂设计、精制版、精技能"的服装人才，累计获得包括2022年全国职业院校技能大赛（高职组）"服装设计与工艺"赛项一等奖在内的国家级大赛一等奖1项、省级金奖1项、行业大赛一等奖2项、二等奖2项、三等奖1项。

（3）学生创新中心为师生作品向产品的转化提供了载体。例如，楼韵佳老师的"爱达未来"学生创新中心的学生参加"互联网+"大学生创新创业大赛，其作品《奶牛的造梦师——全国牛床垫料智能化再生技术领跑者》获得第八届中国国际"互联网+"大学生创新创业大赛银奖，项目负责人叶入榕和技术负责人胡忠强在校内的创业园共同成立的榕善（杭州）环境科技有限公司是国内首家采用人工智能、物联网技术将牛粪处理为牛床垫料的企业，目前团队已申请多项发明专利，公司年产值超过300万元。第二批建设项目中邵长生老师的"杜鹃育种新品选育实践创新团队"指导学生参加"互联网+"大学生创新创业大赛，其作品《娟恋中国——多季开花杜鹃育种的开创者》获得第八届浙江省国际"互联网+"大学生创新创业大赛金奖并获得金钥匙奖，其学生团队负责人运用该项目成立公司并已经投入运营。

## 三、服务重点行业和支柱产业发展，打造技级技能大师工作室

### 案例1

### 工坊变课堂，个性化育人打亮学子出彩底色

1. 基本情况

服装产业个性化、生态化、智能化、品牌化发展对服装设计人才提出更高、更复合的能力要求。然而，传统的统一化人才培养模式存在一些突出问题，例如培养的学生文化底蕴不足、技能专长较弱、研发创新较难。为了实现"人人皆可成才、人人尽展其才"育人目标，杭州职业技术学院服装设计与工艺专业群以个性化培养为逻辑起点，打造了一系列的工作坊和技术创新服务平台，从培养目标、课程体系、教学模式、教学情境等方面构建了具有鲜明"小工坊 大秀场"的个性人才培养模式，培养"懂设计、精制版、能制作"的服装设计类人才。

2. 主要做法

(1) 建设"资源共享、项目互融,研发创新"的产学研赛创一体化"工作坊"育人平台(图5-1)。以国家级女装工业工程实训基地为基础,在服装工程创新中心下设置3个大师工作室16个特色工作坊,每个工作坊入驻企业项目组和学生创业项目,师生跨专业组队进入工作坊开展"产学研赛创"活动。校企合作为学生搭建展示个性的时装发布、陈列展示、直播营销的"小秀场",最终目的是带领学生走向国内外的时尚"大秀场"。

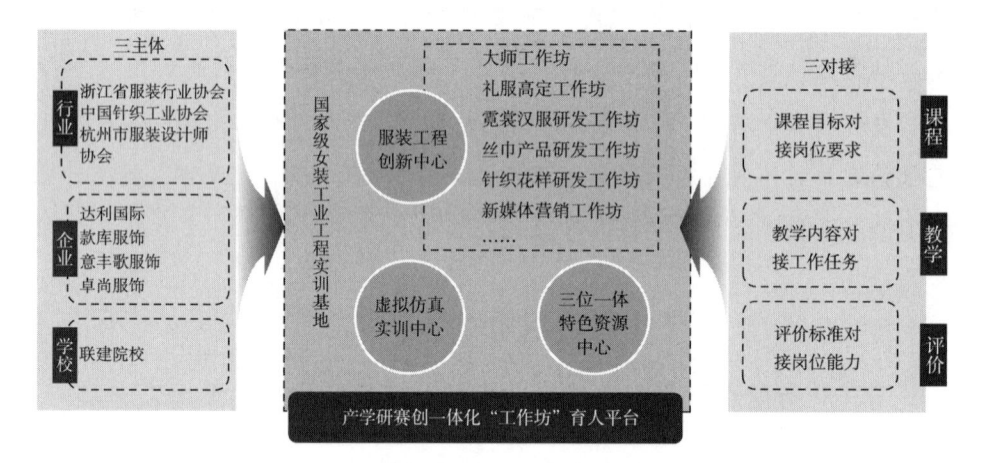

图 5-1 产学研赛创一体化"工作坊"育人平台示意图

(2) 制定"文化爱好、技术专长、专创特长"的组合式个性化培养目标。服装设计与工艺专业群围绕设计、制版、制作三个专业的核心能力深度挖掘个性目标,构建"一文一技一创"可选择、组合式的个性目标体系,通过个性目标牵引学生的个性发展,学生可在中国丝绸、中式旗袍、杭州刺绣等方面选择一非遗文化爱好;在国风设计、数智制版、柔性定制等方面选择一技术特长;在设计创新、板型创新、工艺创新等方面选择一专创特长,培育设计呈文化底蕴,制版敢突破创新,制作显技艺精湛的专业个性特质。

(3) 重构"基础共享、专技阶进、研学交融"的专业群课程体系(图5-2)。按照"宽基础、精技能、重复合"原则,搭建专业群共享课程;在面料设计、梭织女装研发、针织女装研发、时装营销四个方向开发了模块化课程,培养学生特定专业方向的岗位技能；打造专业互融模块课程，通过难度进阶的项目化教学，在工作坊内开展初级产品研发项目、创意产品研发和中小微企业的产品研发项目，提升学生的个性化"立地式"研发能力，培养"懂设计、精制版、能制作、会营销"的个性化高技能人才。

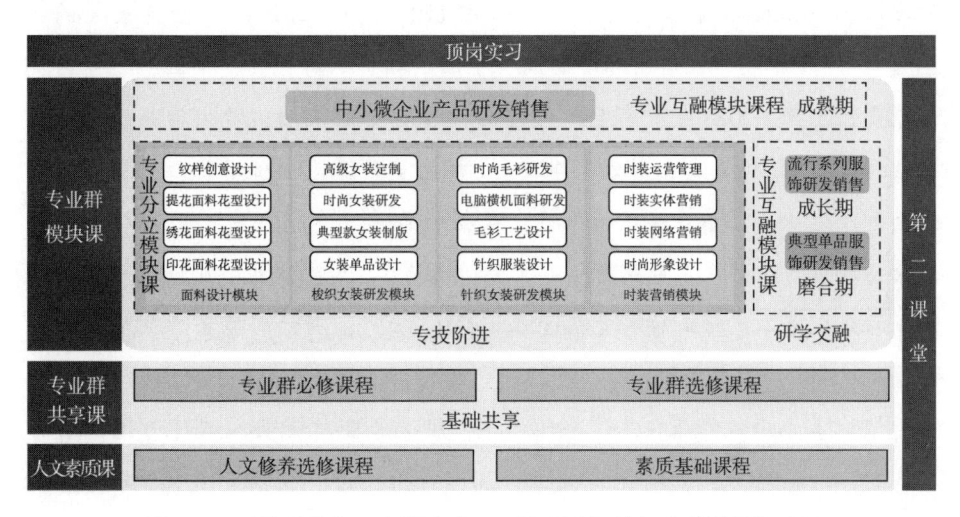

| 专业群模块课 | 专业分立模块课 | 纹样创意设计 | 高级女装定制 | 时尚毛衫研发 | 时装运营管理 | 专业互融模块课 | 流行系列服饰研发销售 成长期 |
|---|---|---|---|---|---|---|---|
| | | 提花面料花型设计 | 时尚女装研发 | 电脑横机面料研发 | 时装实体营销 | | |
| | | 绣花面料花型设计 | 典型款女装制版 | 毛衫工艺设计 | 时装网络营销 | | 典型单品服饰研发销售 磨合期 |
| | | 印花面料花型设计 | 女装单品设计 | 针织服装设计 | 时装形象设计 | | |
| | | 面料设计模块 | 梭织女装研发模块 | 针织女装研发模块 | 时装营销模块 | | |

顶岗实习 / 中小微企业产品研发销售 / 专业互融模块课程 成熟期 / 专技阶进 / 研学交融 / 第二课堂

| 专业群共享课 | 专业群必修课程 | 专业群选修课程 |
|---|---|---|
| | 基础共享 | |
| 人文素质课 | 人文修养选修课程 | 素质基础课程 |

图 5-2 "基础共享、专技阶进、研学交融"的专业群课程体系图

（4）创新"双线双融、个性选择，多元评价"教学改革。第一个"一线"是基于"岗位基本能力"设置职业知识、技能、素养等能力递进的"专业分立模块课程"，实施课证融通；第二个"一线"是基于"岗位拓展能力"设置"专业互融模块课程"，融入创客理念的教学模式，学生根据自己的专业特长和兴趣进入工作坊，按照企业项目开发流程、开展项目实施。开发基于增值理念的项目化课程的多元评价系统，生成每位学生的个性成长画像。

（5）搭建"技术攻关、成果转化、创新创业"的"秀场式"创新服务平台。联合达利集团等共建浙江省高品质丝绸研究院、女装制版技术创新中心、时尚女装产业大数据研究中心、学生创新中心等"一院六中心"技术创新服务平台，为师生团队提供技术攻关、成果转化、创新创业等各类展示机会，通过建立学分兑换、成果奖励、创业扶植等激励机制，激发学生"作品—产品—商品"的靶向转化。

3. 建设成效

（1）学生就业创业竞争力全面彰显。学生获国家级全国职业院校技能大赛金奖12项，全国纺织服装专业学生职业技能标兵5项，学生与艺术大师陈家泠合作的系列作品被国家博物馆永久收藏，学生承担G20峰会志愿者服装的设计、中国西部国际博览会服装制作120余套，制作了"世界最大的旗袍"。学生每年参加杭州国际时尚周、中国国际针织博览会、中国布艺等时尚博览会，2019—2023年，有587件作品被合作企业采纳。学生毕业三年后自主创业率为20.48%（全省为7.44%），就业率始终为98%以上，企业对毕业生满意度达98%，毕业生成为服装企业招聘首选，达利（中国）有限公司等企业招聘负责人对服装专业群毕业生做出承诺，"只要拿到毕业证就可直接转正成为正式员工，转正后薪资在8000~15000元"，全面彰显了毕业生的就业竞争力。

（2）高水平双师队伍建设全国领先。服装专业群带头人被评为国家"万人计划"教学名师、全国优秀教师。2019—2021年，团队完成横向课题180余项，技术服务到款额2000余万元，开展技术培训与技能鉴定85307人次，"服装立体裁剪"课程入选国家级课程思政示范课，3本教材入选国家"十二五""十三五"规划教材；培育了全国课程思政教学团队和名师5名、全国技术能手1名、全国优秀制版师1名，省高校优秀教师2名。

（3）"小工坊大秀场"工匠型人才培养模式改革示范全国。服装专业群入选"双高计划"高水平建设专业群，获"全国党建工作样板支部""全国纺织行业技能人才培育突出贡献奖""黄炎培职业教育杰出贡献奖"等荣誉。"小工坊大秀场"工匠型人才培养模式改革荣获2021年浙江省教学成果特等奖，获中国纺织工业联合会纺织职业教育教学成果一等奖2项，已在全国同类院校广泛应用，全国有800余所高职院校7000余人来校交流学习，被《中国教育报》《光明日报》等30余家媒体报道。

> 案例2

## 杨爱喜技能大师工作室：打造新时代"汽车工匠"大师工作室的金名片

1. 基本情况

杭州职业技术学院杨爱喜技能大师工作室是浙江省首批职业院校技能大师工作室，整合了西湖鲁班技能大师工作室（杨立峰）、王赟技能大师工作室（王赟）、杭州工匠陈楚工作室（陈楚）等三个校内技能大师工作室，联合了企业潘忠涂装技能大师工作室（吉利汽车研究院）、贾君芳创新大师工作室（杭州世宝汽车方向机有限公司）、浙江工匠吴兴尧工作室（杭州亚太智能装备有限公司）等三个企业技能大师工作室，构建了汽车电控组（孟伟负责）、汽车装配组（陈楚负责）、汽车试制组（林辉负责）及智能网联组（李兰友负责）的工作室组织架构。团队中有全国技术能手2人、全国五一劳动奖章获得者1人、浙江省五一劳动奖章获得者2人、浙江工匠3人、浙江省首席技师2人、浙江省技术能手1人、博士2人、高级技师9人。

工作室紧盯浙江省高端装备制造业发展目标，围绕浙江省智能网联汽车产业，率先建成"大师育匠、双师培养、技术攻关、技能传承"四位一体的特色鲜明的技能大师工作室，成为浙江高端装备制造领域的技能大师工作室"样板"，打造新时代"汽车工匠"大师工作室的金名片。

2. 主要做法

以杨爱喜大师为带头人，组建有全国技术能手、全国五一劳动奖章获得者、浙江工匠及青年博士在内的能工巧匠团队20余人，学校提供占地面积900平方米的智能新能源汽车协同发展中心实训基地，校企合作投入500万元专项资金，共同支持杨爱喜技能大师工作室开展智能网联汽车线控底盘开发，构建"1234"大师工作室发展思路，即突出"1个聚焦"（聚焦智能网联汽车线控底盘开发），围绕"2个平台"（构建浙江省智能网联汽车产教融合联盟和山区26县服务地方经济科技特派团两个平台），力求"3个突破"（力求技术技能融合、政企行校融合、"一带一路"融合三个突破），推进"4个提升"（着重提升教学教研、双师培养、技术攻关、技能传承四项能力）。

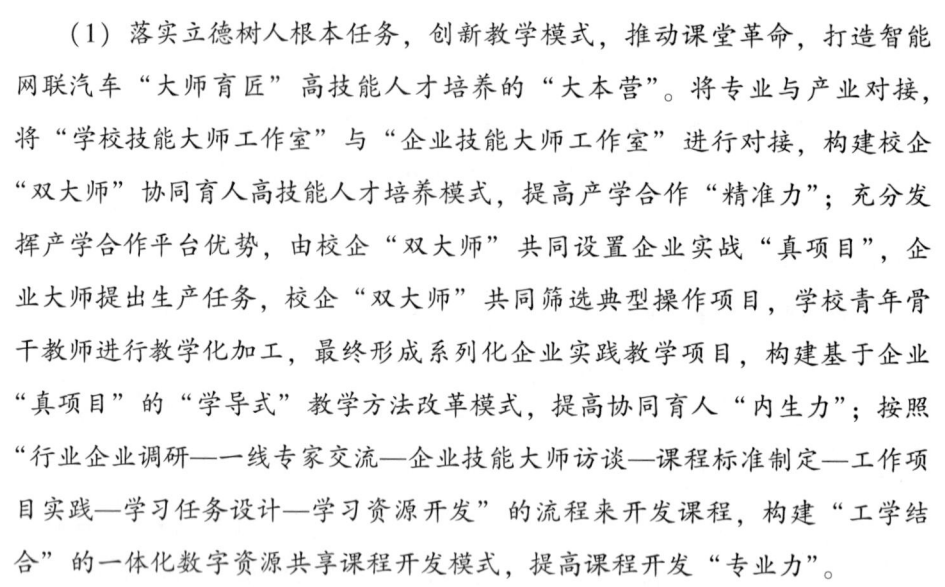

（1）落实立德树人根本任务，创新教学模式，推动课堂革命，打造智能网联汽车"大师育匠"高技能人才培养的"大本营"。将专业与产业对接，将"学校技能大师工作室"与"企业技能大师工作室"进行对接，构建校企"双大师"协同育人高技能人才培养模式，提高产学合作"精准力"；充分发挥产学合作平台优势，由校企"双大师"共同设置企业实战"真项目"，企业大师提出生产任务，校企"双大师"共同筛选典型操作项目，学校青年骨干教师进行教学化加工，最终形成系列化企业实践教学项目，构建基于企业"真项目"的"学导式"教学方法改革模式，提高协同育人"内生力"；按照"行业企业调研——一线专家交流——企业技能大师访谈——课程标准制定——工作项目实践——学习任务设计——学习资源开发"的流程来开发课程，构建"工学结合"的一体化数字资源共享课程开发模式，提高课程开发"专业力"。

（2）强化师德师风要求，落实头雁领航，实施"四大工程"，锻造全国一流的智能网联汽车技术专业群"双师"队伍。首先，实施领军人物"登峰工程"，提升"头雁"领航能力。加大政策和资金上的支持力度，争取领衔人在全国"万人计划"教学名师、国家"万人计划"科技创新领军人才、全国优秀教师、国家级技能大师工作室等方面取得突破。其次，实施骨干教师"名师工程"，提升"骨干"发展潜力。充分发挥工作室的"传、帮、带"优势，传绝技、带高徒、出精品，制定目标明确、路径清晰、举措有力的骨干教师职业生涯规划，建立教师个人职业发展档案，力争培养杭州职业技术学院"能教课、有技能、能带徒、有成果"的新一代技能大师。再次，实施青年教师"青蓝工程"，提升"青年"综合能力。鼓励青年教师积极参加国家、省级职业技能大赛，提升青年教师带赛能力和自身水平。最后，实施兼职教师"名匠工程"，提升"名匠"教学能力。发挥兼职教师常驻学校优势，实施兼职教师能力提升工程，打造一支既能运营项目又能教学指导的企业兼职教师队伍。

（3）秉承科技强省战略，解决智能网联汽车线控底盘"卡脖子"技术难题，助推智能网联汽车产业发展，打造智能网联汽车科技创新的"新高地"。发挥领衔人作为工信部、省发展和改革委等多部门专家的优势，积极参与智能网联汽车产业规划编制，建诤言、献良策。发挥领衔人省科技厅平阳县科技特派团专家团长、省人才办"希望之光"人才帮扶团松阳县团长的优势，实现对地方"把产业方向+引创新资源+解技术难题+促成果转化+助人才培养"的全链条支持。发挥领衔人作为国家标准评估专家的优势，与浙江省智能网联汽车创新中心、浙江吉利控股集团有限公司、浙江世宝股份有限公司等企业紧密合作，锚定企业技术创新及改造难题，下苦功、敢创新、求实效，做服务企业技术攻关的"先锋官"。

3. 建设成效

（1）产学研用一体，科教融汇创新，构建了"双大师"协同育人的高技能人才培养新模式。一是重构"项目驱动，能力递进"的课程体系。以专业建设为抓手，采用导师制、项目化教学等方式，培养既能在大赛中取得好成绩，又能解决实际生产问题的高技能人才；将汽车相关企业岗位标准和生产流程引入日常教学，重构课程体系，把专业打造成特色鲜明的新型专业。二是建成"信息移植、数据拓展"的教学资源库。建立大师在智能网联汽车的绝技绝活知识重构制度，建成了大师绝技绝活数字化教学资源库，按素材、积件、模块、课程分层定制颗粒化学习内容供学生个性选择，提升了"大师育匠"水平。三是做好"任务引领，情景驱动"的技能竞赛培养体系。搭建了校园智能网联车路协同应用示范场景，邀请行业专家学者交流指导，积极培养青年教师和学生参加各级技能大赛。以大师工作室为载体，深化与杭州世宝汽车方向机有限公司的产学合作协同育人机制，开展"双大师协同育人""真项目学导式教学""工学结合课程开发"等个性化、定制化教学改革，提升了技能人才培养质量。

（2）名师能手带高徒，发挥传帮带作用，师生能力和素养提升明显。充分发挥大师工作室领衔人、浙江省汽车工程学会常务副秘书长的领军带动作用，实践"一帮一""一帮多"结对"传、帮、带"活动，制定目标明确、路径清晰、举措有力的骨干教师职业生涯规划，着力提升培养水平。在工作室建成的一年期间，团队成员智能网联组组长李兰友博士已成为浙江省汽车工程学会专家库专家、中国汽车工程学会汽车应用与服务分会第八届委员会委员；沈国清老师获得第六届"杭州教育工匠"；2名老师取得汽车维修工高级技师资格；指导学生参加浙江省职业院校技能大赛获得一等奖4项、二等

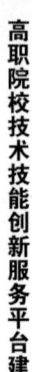

奖4项。

(3)锚定发展攻难关,服务经济放异彩,解决智能网联汽车线控底盘"卡脖子"技术难题,助推智能网联汽车产业发展。工作室领衔人杨爱喜带领团队成员及企业工程师和学生,深入研究智能网联汽车线控底盘开发技术难题,顺利完成了智能移动自卸充电车开发项目,该项目针对充电桩建设速度跟不上电动汽车规模发展、充电桩总量不足、车主充电难、电车充完电占位不走、充电桩建设成本高、建成以后不可迁移等问题,通过设计智能移动自卸充电车,实现车主无须专门寻找充电桩,只需在手机上预约或下单,移动充电设备会自动前往车辆所在处提供充电服务的智能化、电动化、网联化的充电新模式。工作室成员立项省级项目4项、市厅级项目5项,申请发明专利4项,编写专著2本、教材1本,参与制定标准7项,发表论文7篇(SCI论文4篇)。

# 第六章

## 杭州职业技术学院技术技能创新服务平台支持系统构建

在管理学视域下，技术技能创新服务平台的建设是一项系统性工程，因为技术技能创新服务平台的构建不纯粹是实体的构建，还涉及需求对接、资源整合、各主体协同配合、组织与机制构建、运行管理、人员配备、资金投入及各个平台之间的关联等，这些要素存在着协同、依赖、制约、管理、监督等多种关系，各个要素联系的通畅性也决定了系统内耗和运行效率的高低，同时平台的要素需要随着外部的政策环境、经济环境和产业布局进行反馈、适应和调整。❶

因此，构建技术技能创新服务平台的时候要注意明确影响平台运行所需要的各类支持要素及各个要素之间的关系，这些要素共同构成了技术技能创新服务平台的支持系统。笔者认为，在影响技术技能创新服务平台的诸多支持要素中，校企合作支持、经费投入、组织管理、师资队伍、教研互动等是最直接和最重要的因素，本章从这些关键要素和环节的建设出发，提出技术技能创新服务平台支持系统的构建思路。

# 第一节

## 校企共同体为技术技能创新服务平台构建创造新生态

人才培养、科学研究、服务社会、文化传承是现代大学的重要职能，也是职业院校的责任与使命。职业院校办学的高质量发展离不开政府、行业、企业等多元主体的参与，离不开深度的产教融合。产教融合、校企合作是职业教育的灵魂，也是我国职业教育办学和人才培养的基本模式。深化产教融合、校企合作，增强职业教育适应性，更好地服务经济社会发展，是职业教育提升内涵、加快高质量发展的本真体现，是新时代赋予职业教育的历史使命。

杭职院坚持走职业教育的类型道路，一直围绕地方产业转型升级和经济社会发展，在增强职业教育的适应性上下功夫，在推进产教融合、校企合作

---

❶ 陈会玲，杨云箐，杨建民."双高"院校打造技术技能创新服务平台的理论基础和推进策略［J］.教育与职业，2021（1）：67-70.

方面探索尝试、守正创新，与主导产业的主流企业共建一系列的校企共同体。共同体是以合作方的共同利益缔结合作协议，构建校企之间资源共享、文化共融、师资共育、课程共建、教学共管和基地共建的合作体制和机制，这些体制机制的优势也应用于技术技能创新服务，为学校的技术技能创新提供了发展的土壤。

## 一、校企共同体为技术技能创新服务平台的构建提供土壤

（一）校企共同谋划和建设平台

（1）在校企共同体的体制下，校企双方共同制订技术技能创新服务平台的建设方案，共同确定技术创新内容，注重凸显平台的科研功能、育人功能，规避技术技能创新服务平台功能狭隘、与企业生产实际脱节、无法服务企业创新等问题。例如，达利（中国）有限公司在技术创新方面，提出需要学校积极参与项目合作，认为技术服务要关注从以真丝产品为主向全方位的产品研发转型，从为国际高端品牌加工为主向为合作品牌提供整套设计方案转型，同时提出了项目合作的方向：运动时尚类品牌的款式和花型设计、服装面料的新产品研发、家居服和传统文化的创新设计、针织服装产品的花型和款式设计、面料花稿设计、产品在线销售的整体方案及企业文化建设等。

（2）企业直接捐赠最新设备，参与技术技能创新服务平台建设。例如，杭职院特种设备学院的电梯专业和浙江省特科院联手，与奥的斯、容安、西奥等电梯企业合作，行业企业注入大量设备和人力，打造了全国最大的校内电梯实训基地和浙江省唯一、国内领先的电梯协同创新中心，基地面积达到了4500$m^2$，拥有34个直梯井道和6个扶梯井道，40%的专业课程也是由企业的技术能手承担，专业先后整合行企业资源2000余万元，大量的资源和人力的注入，助力电梯工程技术专业5年内迅速成长，成为高水平专业群。

## 案例

### 搭建"新平台",培养"新版师",助力"新发展"

一、构建背景

新发展格局背景下,达利集团制定了两大发展战略,一是品牌化战略,从为国际品牌加工走向自主研发,从单一的丝绸产品生产向全品类服装生产发展;二是可持续发展战略,从传统生产模式向数字化智能化转型,向低碳环保、绿色生产方向发展。

中高端人才紧缺是企业转型升级之殇,企业的现状是人员不稳定、结构失衡,难以支撑企业发展战略。据调查统计,达利集团产品研发部的现有制版师大部分是传统版师,"90后""95后""00后"的新生代版师断层,随着服装产业向"时尚+科技"转型升级,企业急需"懂服装设计、会数字制版"的"新版师"。

二、建设举措

1. 共建校企研究院,搭建"新平台"

2021年,达利女装学院召开三届四次理事会,与达利集团合作成立"浙江省高品质丝绸研究院",推进产学研深度融合,开展协同攻关,提升师生科技成果转移转化能力。达利集团总经理、达利女装学院院长林典誉对成立研究院给予高度评价,希望学院借鉴国外高水平大学研究院建设经验,深化校企合作,立足新面料、新产品、新技术研发,助力达利集团发展战略,实现双赢目标。

研究院以达利集团为主体,根据达利集团未来发展规划设立三个中心:创意产品设计中心、创新面料开发中心、新媒体营销中心,根据企业的发展需求开展项目对接,企业安排项目负责人及时跟进和指导,学院根据项目情况组建跨专业师生产品研发团队(图6-1)。加强研究院运行过程管理,定期汇报交流研究进程,完善以成果转化效果为导向的评价激励机制。

2. 攻坚数字制版关键技术,锻造"新版师"

顺应服装产业数字化、智能化的发展趋势,动态调整专业人才培养定位,实现人才培养和岗位要求精准对接。聘请行业、企业管理层和技术专家召开

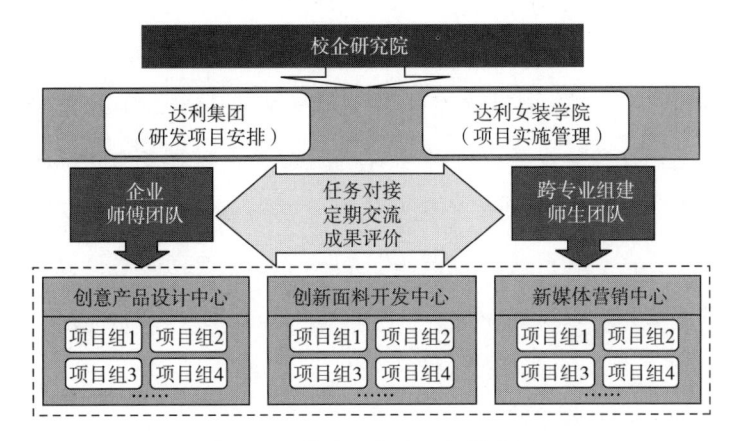

图 6-1　校企研究院运行模式图

人才培养论证会，梳理产业链岗位群的工作任务和职业能力，根据职业能力提升规律，系统构建"基础共享、专技进阶、研学交融"的专业群课程体系。第一阶段重基础，扎实掌握服装制版技术的原理和方法；第二阶段精技能，分品类开发标准纸样，建立标准样板数据库；第三阶段强应用，通过企业真实产品研发项目，利用标准样板数据库开发新产品，动态更新时尚款式样板数据库，通过团队合作完成整体研发项目，打造"设计、制版、工艺"三能一体的"新版师"。

3. 破解企业"卡脖子"技术难题，助力"新发展"

依托校企研究院，聚焦产业高端发展的"卡脖子"技术难题，校企协同开展技术攻关。成立6个技术技能大师工作室，组建双导师团队，指导学生研究版型数据库的开发标准，建立充分的版型数据和工艺数据，使产品研发从"多版修改"转向"一版成型"，效率提升300%以上，极大提升了版型开发的质量和效能。协同高新技术企业研发3D建模技术制作数字样衣，通过调整人体、面料参数，快速展现样衣的效果和存在的问题，还原度达85%，实现了设计效果和版型的联动修改，有效替代了劳动密集型的样衣制作环节，使产品研发过程由原来的十几个小时缩短到几十分钟，大大节省了材料和人工成本，促进传统产业转型升级。

三、成果成效

1. 积累创新成果，促进科研成果转化

联合达利集团等共建"浙江省高品质丝绸研究院"，协同开展技术攻关，

完成技术研发任务2275项，师生科技成果转化452万元。建设女装创意设计协同发展中心，服务中小微企业150家，完成技改项目53项。

2021年11月，浙江科技成果竞价（拍卖）会杭州职业技术学院专场在学校举办，达利女装学院的党员师生科研成果"系列服装新产品研发和新材料制备技术""纺织品为载体的杭州文化礼品及周边产品设计样稿及实样""2022年秋冬波段羊绒系列毛衫产品"拍出了217万元的总价，其中"系列服装新产品研发和新材料制备技术"成果以120万元由达利公司中拍。

2. 学生创新创业能力不断增强

学生创新中心"师导生创、师生共创"推进创新创业项目孵化。申报立项了针织"学竞研"创新中心、"雏雁"公益服务中心、"创意学院"学生创新中心、时装匠艺工坊、丝绸非遗传承等学生创新中心，申报创业项目5个。

通过真实项目的实战锻炼，学生的专业技能和创新能力得到不断提升。2021年，在宁波大学举办的浙江省服装服饰创意设计大赛中，学生和来自中国美术学院、浙江理工大学的本科、硕士研究生同台竞技，获得3金6银的历史最好成绩，在全省高校排名前列，评委对学生的作品赞不绝口，给予高度评价。

（二）校企共同构建技术技能创新队伍

校企共同体内形成了学校和园区、企业人才的"互兼互聘、双向流动"的管理机制，企业技术人员可以参与学校教学和技术技能创新服务平台工作，教师可以通过企业顶岗挂职和教师企业经历工程，在企业中挂职锻炼，校企双方人员合作研发、技术创新。通过校企共同体建设，双方以协议的形式规约校企双方的职责，包括协同创新方面的职责，明确了企业方投入的人、财、物直接用于技术创新，学校师生的技术方案和技术成果不断向企业转移转化，成为增强企业技术研发和产品竞争力的重要依托。例如，在2019—2021年，达利女装学院的师生团队为企业开发产品2600余款，其中680款被企业采用，带来直接经济收益2000余万元。

（三）校企共同实施产学合作项目

在产学对接上，创新管理共同体领导机制、产学研共同体融合机制和专业共同体建设机制；在工学结合上，创新资源共同体互助机制。一是在校企共同体的组织架构下，校企双方共同开展产学合作项目，例如2021—2022年，学校的"面向智能制造的高技能人才校企一体化培养基地建设""一线成衣智能织造人才培养改革及实践""基于产教融合体的跨境电子商务实岗协同育人模式创新与实践""宝马汽车维修工匠订单式培养教学改革与实践""基于互联网产品视觉设计岗位群的产教融合课程建设""新工科背景下机电类高技能人才培养模式研究与实践"6个项目被确立为省级产学合作协同育人项目。二是校企共同推动企业申报省级产教融合型试点企业，例如学校的校企合作企业有多家已经申报成功，包括浙江吉利控股集团有限公司、达利（中国）有限公司、杭州安恒信息技术股份有限公司、杭州彩虹鱼康复护理有限公司等。通过校企合作工作机制，提高产学合作项目质量，推动校企合作、产教融合深化发展。

## 二、校企共同体的升级为技术技能创新平台的升级提供了机遇

### （一）技术服务企业升级转型纳入校企合作重点

学校与行业主流企业共建9个校企共同体，这些校企共同体的建设目的是提升学校的产教融合办学深度，提升与行业企业合作的紧密度，通过行业企业对学校育人、教学和课程改革等多层面的深度参与，让学校的教学在企业生产实际的引领下，形成更好的育人成效。通过校企共同体创新专业建设机制，调整专业设置和专业定位，推进基于岗位实际需要的课程体系改革、师资队伍共建、教学内容重构、优化实践教学条件、创新人才培养模式，使学校的人才培养更符合企业人才需求，提升人才培养的质量。

随着校企共同体建设的推进，为有效纾解中小企业创新能力不足、资金设备短缺的困境，助力企业自主创新、不断提高核心竞争力，助力企业的发展，同时提升学校科技成果转化效率和服务社会能力，推动学校的一流专业建设，学校以科技服务作为校企合作新内容，以科教融汇为新方向，打造工业研究院、协同发展中心、技能大师工作室，开展科技成果拍卖等。在此背景下，学校升级校企合作，将技术服务企业升级转型纳入合作重点，学校与华为、联想、西奥电梯、友嘉实业集团、濮阳惠成等企业联合开展科技研发、

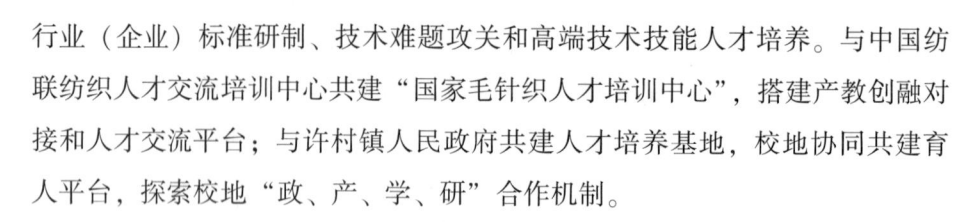

行业（企业）标准研制、技术难题攻关和高端技术技能人才培养。与中国纺联纺织人才交流培训中心共建"国家毛针织人才培训中心"，搭建产教创融对接和人才交流平台；与许村镇人民政府共建人才培养基地，校地协同共建育人平台，探索校地"政、产、学、研"合作机制。

（二）基于数字化的"校企共同体"迭代升级对技术技能创新服务提出新要求

"十四五"期间，杭州提出了"数智杭州·宜居天堂"发展目标。作为市属高职院校，学校主动对标杭州市数字化改革目标，提出打造"数智杭职·工匠摇篮"，开启了校企合作、产教融合的数字化蝶变。

学校积极推动产教融合校企合作迭代升级，围绕杭州"5+3"产业集群规划布局，通过与一流企业开展校企合作，加快了数字专业化与专业数字化变革的步伐。学校与华为签署合作协议，共建华为云计算学院，新建物联网专业、移动通信（5G）专业、鲲鹏云计算专业、软件开发专业、大数据专业和人工智能专业，共建鲲鹏适配中心、成果转化中心，开展科研与技术服务项目，搭建产教融合协同创新与育人平台，培养鲲鹏生态及产业人才。与联想集团、钱塘区签署协议共建"联想工业互联网研究院"，瞄准区域企业数字化改造，共同打造国内工业互联网人才培养高地。与杭州安恒信息技术股份有限公司合作共建杭州数智工程师学院，创新探索混合所有制办学模式，培养数字空间建设、运营和治理专业人才，校企联合培养"亚运卫士""护网尖兵"，打造"立足杭州、服务浙江、影响全国"的数字安全人才培养高地。

（三）推进优质教育资源下沉为技术技能创新拓展了新空间

作为国家双高院校第一梯队，杭职院积极推进优质职业教育资源下沉，创新推动基于"科技创新""科教融汇"的产教融合校企合作数字化蝶变，聚合政府、行业、企业、职业院校、科技园区多方优势资源，"政行企校"多元主体战略合作、协同共建产业学院，搭建了跨界融合育人新载体，探索产教融合育人新模式。

杭职院依托学校品牌、专业优势、教育教学资源、师资队伍等优质资源与地方政府、中职学校、产业园区等开展合作，实施长学制人才培养新模式，与浙江省嘉兴市平湖市教育局、独山港经济开发区、平湖市职业中等学校四方合作，共建"独山港新材料产业学院"；与嘉兴海宁许村镇、海宁市职业高级中学、海宁市家用纺织品行业协会四方合作，共建"杭海龙渡湖时尚产业学院"。地方产业园提供当地企业资源、地方政府出台系列政策支持"产业学院"建设发展；同时，针对地方产业升级发展需求，打造高水平技术技能人才培训基地，面向地方开展技术技能培训、技能鉴定等；联合园区企业成立产业联盟，共建企业研究院，推动人才交流、技术交流、智库支持、党建共建等多维合作、协同发展。

# 第二节

## 经费和管理为技术技能创新服务平台运行提供保障

技术技能创新服务平台的建设、完善和优化，以及使其具备稳定、良好的运行能力，必须有充足的资金作为支持。同时，平台的良好运行还需要完善的制度保障。杭职院在"双高计划"建设期间，对技术技能创新服务平台建设给予必要的经费投入，同时健全和创新相关平台管理制度，保障平台的运行。

### 一、加大投入，加强平台建设和科学论证

（一）平台建设和运行经费投入充足

在学校开展首轮"双高计划"期间，技术技能创新服务平台作为学校的重点项目之一，学校在经费上给予了充分的保障。首轮"双高计划"在经费投入上，学校总预算为5.28亿元，在技术技能创新服务平台建设方面的投入达到6100万元，用于产教融合平台、技能大师工作站、协同发展中心和平台的建设和运行。电梯专业群建设总预算是1.06亿元，用于其专业群的技术技能创新服务平台建设费用达到2675万元。这些经费主要用来支持不同类型的技术技能创新服务平台的场所改造、设施优化、设备采购、团队建设、日常运行等。

（二）加强项目的科学规划和论证

为保障技术技能创新服务平台的经费投入科学有效，学校对相关项目进

行了严格的前期规划和论证。一是优先建设专业发展急需、条件亟待改进的"强基础"类平台，重点建设与区域重点产业紧密对接、校企合作基础深厚、团队水平过硬的"促提升"类平台，同时谋划一批服务专业未来发展、对接前沿技术的"谋发展"类平台。二是对计划建设的技术技能创新服务平台实行"两级论证"，一级为专业性论证，由项目负责人牵头实施，邀请行业专家、专业教师等专家，对拟申请建设平台进行专业性论证，论证主要侧重于平台的科学性和先进性两个方面；二级论证为审核性论证，由项目负责人提出并报项目办，组建由后勤、教务处、财务处、采购中心等相关职能部门及关联二级学院负责人参加，论证主要侧重必要性、可行性、合理性等方面。通过两级论证，有效提升技术技能创新服务平台投入的合理性、必要性、可行性。

（三）加强产出绩效考核

一是负责人需要明确技术技能创新服务平台建设的年度目标、具体绩效指标，包括数量指标、质量指标、时效指标、成本指标、经济效益指标、社会效益指标、服务对象满意度指标，保障投入和产出匹配。二是搭建"业—财—效—控"一体化管理平台，把预算管理向业务前端延伸。业务部门与财务部门分工把口，形成合力，实现业务管理、项目管理和预算管理有效衔接，绩效预算申报审批、调整拨款、执行绩效评价等业务环节的闭环管理。通过"事前定目标、事中控目标、事后评目标、结果有应用"的绩效管理，发挥财务治理在技术技能创新服务平台建设中的基础作用，通过把控和监管平台的建设和考核，提升技术技能创新服务平台的产出。

## 二、创新机制，全面激发技术技能平台的内生动力

以科技创新服务类的技术技能创新服务平台的建设为例，学校积极深化"放管服"改革，落实科研管理自主权，深化推进科研体系建设，优化科研过程管理，加大科研项目绩效激励，为科研与技术服务释放全新活力。

（一）强化顶层设计引领

学校坚持把科研与技术服务作为助力区域企业升级和经济高质量发展的

重要抓手，强化顶层设计引领，构建政策制度激励、科研项目支撑、专项经费等制度体系，整体提升科研与技术服务的重要地位，朝"研究型高职"迈进。

（1）制订以研究为中心的中长期规划。学校充分结合"双高"建设与"十四五"事业发展规划，制定以研究为中心的中长期发展目标，坚持长期攻关，以在关键性成果的形成上取得重要突破。

（2）搭建研究所需要的技术技能平台。学校积极与行业企业共建技术工艺和产品研发中心、校中厂、技能大师工作室等研发平台，努力推进与企业在技术创新、产品开发、科研攻关、课题研究、项目推进等方面的合作，鼓励教师进企业研发中心、下企业找课题，建立"厂中校"或研发工作室，为企业解决技术难题，为学生和企业员工提供培训。

（3）系统规划重要研究领域。通过科研创新团队建设，鼓励教师以研究团队为整体，系统规划研究课题，形成研究合力，以取得重大突破。

（4）形成促进研究的文化与制度。学校相继出台多项研究成果激励制度，鼓励教师创新，努力为教师科研创造宽松自由的环境。

（二）明确科研与技术服务的责权利

自2007年以来，学校科研工作进入快速发展期。为稳步推进科研管理体制机制改革，着力破除制约创新能力提升的各类障碍，不断完善适应学校发展新阶段的科研管理体系，学校制订、修订了一系列科研管理制度，形成了较为完善的科研管理政策体系。学校科研部门系统研究各级科研主管部门科研政策制度，深入学习兄弟院校优秀管理的经验和办法，围绕科研业绩计算、科技成果转化、科研经费使用等科研人员关注的核心问题，深入调研分析，积极协同学校相关部门完成《杭州职业技术学院教科研高水平成果建设管理实施办法（试行）》《杭州职业技术学院科技成果转化管理办法》等文件的修订，出台《杭州职业技术学院科技成果转化管理办法》《杭州职业技术学院教科研配套及奖励实施办法》等系列重要文件，明晰学校、二级学院及职能部门在科研与技术服务工作中的责权利关系，进一步激发了教职工的积极性、创造性。

2007年3月，为理顺研究所（中心）管理体制，促进研究所（中心）规

范有序地开展科学研究和学术交流活动，学校制订了《杭州职业技术学院研究所（中心）管理办法（试行）》（杭职院〔2007〕44号）。

2009年4月，学校制订了《杭州职业技术学院科研工作管理条例（试行）》（杭职院〔2009〕38号）、《杭州职业技术学院科研工作量计算及奖励实施办法（试行）》（杭职院〔2009〕39号）。

2009年6月，学校制订了《杭州职业技术学院科研项目经费管理实施细则（试行）》（杭职院〔2009〕52号）。

2010年4月，为进一步调动教研与科研工作的积极性，推动专业建设、教学改革和科学研究，促进学院教研和科研工作科学发展，学校对科研工作奖励办法进行修订，出台《杭州职业技术学院教科研项目配套和奖励办法（试行）》（杭职院〔2010〕25号）。

2012年12月，学校制订了《杭州职业技术学院科研经费使用信息公开办法》（杭职院〔2012〕87号）。

2013年4月，为适应学校二级管理体制改革的要求，进一步激发教职工的科研积极性，学校制订了《杭州职业技术学院科研项目管理办法（试行）》（杭职院〔2013〕26号）。

2013年12月，为规范校级科研课题的评审，学校出台了《杭州职业技术学院校级科研课题立项评审要求、评分标准、评审程序》和《杭州职业技术学院校级科研课题成果鉴定评奖标准》（杭职院〔2013〕96号）。为进一步发挥名师（名专家）示范引领作用，制订了《杭州职业技术学院名师（名专家）工作室管理暂行办法（试行）》（杭职院〔2013〕108号）。

2014年9月，为推动专业建设、教学改革和科学研究，学校对教科研经费配套和奖励办法进行了修订，出台《杭州职业技术学院教科研工作量（项目、成果）计算及奖励实施办法（试行）》（杭职院〔2014〕88号）。

2014年11月，为进一步推动学校杭州市哲学社会科学重点研究基地（现代职业教育研究中心）建设，保证基地建设达到预期目标，学校制订了《杭州职业技术学院杭州市哲学社会科学重点研究基地（现代职业教育研究中心）管理与实施细则（试行）》（杭职院〔2014〕126号）。为切实加强和改进学风建设，促进学术活动健康发展，学校制订了《杭州职业技术学院学术规范及违规处理暂行办法》（杭职院〔2014〕133号）。

2016年9月，按照有关文件要求，学校修订了《杭州职业技术学院科研项目管理办法》（杭职院〔2016〕66号）。

2017年3月，为确保校级科研项目的有效性、实用性和服务学校发展，进一步明确校级科研项目立项及结题要求，学校制订了《杭州职业技术学院校级科研项目管理细则》（杭职院〔2017〕16号）。

2017年10月，为规范和加强学校科研项目评审、成果评奖的校内管理，确保评审结果的公平和公正，学校制订了《杭州职业技术学院科研项目与科研成果评审校内专家管理办法》（杭职院〔2017〕73号）。

2018年5月，为进一步规范和加强科研经费管理，学校制订了《杭州职业技术学院科研项目经费管理实施办法（试行）》（杭职院〔2018〕21号）。为保证科研项目管理合理、规范，促进学校专业建设、教学改革和科学研究，学校修订了《杭州职业技术学院科研项目管理办法（2018年修订）》（杭职院〔2018〕20号）。

2020年3月，为促进学校教科研工作科学发展，根据省市文件精神，学校修订了《杭州职业技术学院教科研配套及奖励实施办法（2020年修订）》（杭职院〔2020〕24号）。

2020年12月，为保证科技计划项目的顺利申报、按期实施与优质完成，实施科学化、规范化、制度化管理，学校制订了《杭州职业技术学院科技计划项目管理办法》（杭职院〔2020〕103号）。为鼓励和支持教职员工从事科研与社会服务，促进科研竞争力和社会服务能力的提升，学校制订了《杭州职业技术学院科技合作项目管理办法》（杭职院〔2020〕104号）。为进一步促进学校科技成果转移转化，加快科技成果转化为现实生产力的速度，学校制订了《杭州职业技术学院科技成果转化管理办法》（杭职院〔2020〕105号）。为贯彻落实国家和省市对科技工作"放管服"改革精神，学校出台了《杭州职业技术学院科研经费使用补充规定》（杭职院〔2020〕102号）。

通过管理制度的优化和改革，促使科研管理流程的改革和完善，更大程度上提升了科研管理的工作质量，加强了对教师的激励，推动项目管理向重实效、重结果转变，为教师开展教科研工作松绑和减负，提升了教师参与平

台和项目建设的积极性和主动性。

（三）畅通科研工作运行机制

（1）加强学术委员会和教学、专业技术职务评聘等专门委员会建设。形成分工负责、协同共治、运行高效的科研工作新格局。

（2）改革协调工作机制，完善成果转化组织保障。由主管校领导牵头，相关部门各司其职、密切配合。促进涉及科技成果产生、转移转化的资产部门、人才部门、财务部门和科研部门等分工协作、边界清晰，形成协同度高、功能完整的职能体系；以科研资金为中心，科研处、人事处、图书馆、财务处、二级学院等共同为科研项目资金的合理合法使用、资金的投入论证及研究过程中的风险防范提供护航服务。

（四）健全成果转化机制，鼓励教师加强科研创新

（1）加强科技成果转化。学校出台《杭州职业技术学院科技成果转化管理办法》等相关制度文件，基本涵盖了科技成果转移转化的各个方面，包括制定了比较完整的转化管理流程、明确了成果转化的收益分配与奖励等，为学校教师进行科技成果转化落实了制度保障。

（2）加强教师科研激励和考核。学校出台《杭州职业技术学院科研经费使用补充规定》《杭州职业技术学院教师工作业绩考核管理办法》《杭州职业技术学院教师职称评聘实施办法》等制度文件，将技术技能创新和服务作为教师工作考核的重要指标，激励教师参与研发创新工作，并就出台的政策专门进行宣讲，进一步改进和完善了学校科研创新激励机制。

（五）紧密对接教师需求，优化科研资源服务

（1）专人专门服务。杭职院科研处在科研项目申请、经费配套、成果认定、产权保护、成果转化等方面提供专业化的团队管理与服务。

（2）制订一系列规范有效的科研管理规章制度，如《杭州职业技术学院教科研高水平成果建设管理实施办法》《杭州职业技术学院科研标志性成果清单》《杭州职业技术学院科研创新团队管理办法》《杭州职业技术学院科技成果转化管理办法》，根据新形势新要求，真正把科研管理落到实处，为教师提供明确指引。

（3）依托一站式网上办事大厅，拓展与"知网""万方"等学术文献资源平台合作，为师生提供资料数据查询参考等支持，健全学术道德防范和管理平台。

（4）制订"教师科研能力提升培训计划"，从学校和二级学院两个层面，有针对、有重点、分学科，围绕国家自然科学基金、省哲社科等省部级以上项目培育，以科研课题和项目建设为基础，加强培育孵化工作，每年组织课题申报和项目建设能力培训，为广大科研教师提供学习和交流机会，共同提高科研能力和水平。

（5）实施高层次科研项目培育工程。通过精心组织、主动设计，加强校院联动、强化二级管理，集聚优势资源，力争在国家级项目上实现重点突破。以国家自然科学基金、国家社科基金申报工作为抓手，做好高层次项目申报和培育工作。

## 第三节

## 教学研融合改革为技术技能创新提供新载体

为深入推进专业人才培养模式改革与创新，搭建与专业建设对接的形式多样的科研平台，深化教学和科研融合改革，构建专业立地式研究体系，完成专业建设的结构性改革。创新"研究型"技术技能人才培养模式，构建了10个"教学研"融合改革试点专业。开展"教学研"融合改革试点工作，旨在通过开展立足于区域性、地方性特定的实际目标与应用目标的研究和技术服务，推进教学和科研深度融合，着力培养学生综合运用知识解决实际问题的能力、动手能力、研发能力，锻炼学生的创新思维，培养一批研究型的卓越人才，提高专业对社会的服务能力。通过试点，建立研究项目教学库，形成相应课程体系并进行教学改革试点；建立一批以工程创新中心等为代表的研发载体，拆除教学与科研之间的高墙，逐步搭建与专业建设对接的形式多样的科研服务平台，逐步构建具有杭职特色的教学科研融合机制，推进职业教育类型化结构性的专业改革。这项改革主要从四个方面推进。

## 一、构建"教学研"融合机制

试点专业联合企业、科研院所共同建设教师工作室、大师工作室、联合工作室（研究所）、工程创新中心等对接专业建设的多形式研发平台，形成共建共享机制；聘请企业技术专业人才进校试点专业，联合开展应用型技术研究和项目研究指导，形成"教学研"融合教师团队；形成"教学研"融合推进工作的系列制度文件等。

## 二、建立研究项目获得的途径、方法与教学转化机制

研究项目可以是模拟产品，更可以是真实产品。项目课程不同于课程综合练习，项目的设计要有典型性，要考虑黏合所在时段的课程内容、学生的学习基础及与后续学习的关联。研究项目的来源可以是企业的真实项目，教师将这些真实项目根据现实的教学需求进行一定程度的教学化改造，形成适宜的教学项目；也可以通过教师的科研项目设计转化成教学项目，从而建立项目获得、产生的途径、方法和转化机制，建设一批教学项目，形成项目库。

## 三、探索研究项目课程的设置、运行与考核评价机制

项目课程必须设置在人才培养方案中，与学期其他课程同步进行、分步实施，起初可以引导学生学习相关的科技知识，以强化学生的应用技能，然后与平行课程配合，在项目中应用相关知识与技能。研究型教学项目设置的内容必须由浅入深、逐步深入，应有其侧重点，有系统地培养学生独立开展项目的能力。改革传统意义上的课堂时间与空间，根据项目的情况，可以在不同的地点进行教学，建立相应的设置规律与运行制度。项目课程须建立相应的课程标准、课时要求、授课进程，以及明确的考核评价制度与方法，根据不同的项目类型，进行项目答辩、成果展示、应用成效、产业化等多形式多元化的考核与评价。

## 四、探索"研究生"型技术技能精英教育模式

通过研究型项目与课程建设融合的实施，项目与课程相结合，研发与教

学相结合，从专业中精选一批适合做研究的学生，开展技术技能精英人才或卓越人才培养，探索形成新的"研究生"型技术技能精英培养教学模式。

> **案例**

### 电气自动化技术"教学研"融合改革试点专业的建设举措与成效

一、建设举措

1. 校企共建研发平台，打造自动化技术"教学研"创新研究团队

以黄永忠工控自动化技术工作室、机器人工程创新中心、数控机床维修与装备智能化改造技术协同创新中心为基础平台，联合正泰集团、友嘉实业集团、新松机器人等行业龙头企业，吸纳具有资深研发背景的企业技术专家4人、专业组骨干教师8人，组成12人的指导教师团队。其中，"双师型"教师占比100%，具有高级职称的教师占比为66.7%。以研究项目的实施为纽带，校企共建共享创新研发平台，共同指导创新项目的研发活动。

2. 探索建立卓越人才培养班，实施小班化分层教学形态

从大二、大三学生中遴选一批有志于提高研发技术、学有余力的优秀学生，组建15名左右学生的卓越人才培养班。校企联合组成指导教师团队，以提高学生的创新研发能力为目标，将企业课题改造成项目课程教学库，校企协同深入开展课堂教学改革。学生可以根据自己的兴趣与特长，指导教师进行遴选和双向选择，实施小班分层分类教学。同时，安排学生参与实际研发项目，在创新研发实施过程中提高技术能力。

3. 团队教师分工合作，校企协同拓展来源，提高研究项目经费收入

以智能制造领域的创新产品研发、自动系统集成研发为主要目标，充分利用好团队教师的科研资源，以及合作企业技术专家的技术市场资源，共同申报纵向课题、挖掘企业研发项目。在专业组范围内，合理适当调整教师的教学工作量，创造有利条件，鼓励教师投入更多的精力拓展企业横向项目来源。

4. 建设研究项目教学库，探索建立研究项目教学转化成果奖励制度

首先，建立研究项目立项的预先评估制度。指导教师团队对企业创新

研发项目、已有的科研项目、横向项目及合作其他专家提供的客户定制项目等，综合人才培养需要、教学需求和技术先进性等因素进行评估，确定是否有价值对项目进行提炼。其次，对开发完成、可转化为教学项目的成果进行验收评审，评审内容包括研究性教学项目的教学设计、设计指导、教学PPT、设计说明书、参考书等资料。最后，建立研究项目的教学转化的成果奖励制度。初步计划，在"教学研"融合试点专业的立项经费支持范围内，对转化成果进行奖励。

5. 逐步设置研究型项目课程，探索建立研究项目课程的考核评价制度

在逐步建立并完善项目库等教学资源的基础上，开设研究项目课程。从教学实施的角度考虑，计划先从第五学期开设研究项目课程"控制系统产品设计与制作"。对学生进行分层分类教学，遴选进入卓越人才培养班的学生承担创新技术含量高、要求创新能力强的教学研究项目；其他学生按照岗位技术技能要求，承担难度适中的教学项目。构建研究项目课程的考核评价制度，在成绩评定中，大幅强化创新能力、创意设计的考核得分，相应的成绩比例不低于30%，引导学生努力提高创新研发能力。考核教师指导学生创新的成果，要求指导教师必须带领学生参加各类创新项目、创新大赛，如"挑战杯""新苗人才计划"项目等。

二、成果成效

1. 受益学生情况

2021—2023年，有不少于163名学生受益，包括电气2017级两个班85人、电气2018级两个班88人，卓越人才培养班15人+15人。

2. 成果形式

（1）科研项目立项：纵向项目、横向课题合同；到账经费；验收合同等。

（2）研究项目的教学项目库资源：教学项目的教学设计、教学PPT、设计说明、项目参考资料等纸质版、电子版资源。

（3）学生创新设计的优秀作品：不少于5项。

（4）创新设计的制度文件，包括但不限于：研究项目课程考核评价制度、研究项目课程开发评审制度、研究项目的教学成果转化奖励制度等。

3. 预期推广与经验

预期可推广研究项目课程，在进一步总结经验、条件成熟的基础上，计

划于专业人才培养的第三、第四、第五学期开设学期项目课程，进一步拓展受益学生的覆盖面、研究型教学项目的实施广度。

在技术技能创新服务平台的打造过程中，杭职院通过深度的校企合作，培植技术技能创新服务平台的土壤，以加大经费投入和管理创新，保障平台的平稳运行，以"教学研"融合改革为平台发展新载体，全方位、多要素协同为技术技能创新服务平台的建设创造了良好的发展生态，这些要素的不断升级和完善会有效地滋养技术技能创新服务平台的可持续发展。

# 第七章

## 高职院校技术技能创新服务平台团队建设

打造技术技能服务平台是"双高计划"的重点任务，也是一项复杂的系统工程。打造技术技能服务平台需要整合和汇集政府、行业、企业、学校等多方资源，并且涉及多方参与主体。因此，如何建设高职院校技术技能创新服务平台团队，建设兼具人才培养、科技攻关、智库咨询和创新创业功能的产教融合平台，服务社会和经济发展及行业产业转型升级，是当前需要关注的重点问题。

第六章以杭职院为例，主要探讨了影响技术技能创新服务平台的校企合作支持、经费投入、组织管理、教研互动等因素。笔者认为，在影响技术技能创新服务平台的诸多支持要素中，人是最关键的要素，构建高水平师资队伍是高职院校打造技术技能创新服务平台的核心内容。因此，本章主要探究技术技能创新服务平台的师资团队建设，内容包括平台师资团队构建的动因与问题，以及杭职院平台师资团队建设的实践和成果成效。

## 第一节

## 高职院校技术技能创新服务平台团队建设的意义

2004年，教育部发布《创新团队支持办法》（教人〔2004〕4号）文件，文中提出了以培养高校创新团队的方式，加强高校在人才培养、技术服务、科研攻关等方面的能力。教学创新团队正式出现在《教育部 财政部关于实施"高等学校本科教学质量与教学改革工程"的意见》（教高〔2007〕1号）文件中，根据教育部这两个文件，国家累计资助了483个高校创新团队，同时立项了1013个国家级教学团队，这对提高教师队伍的整体素质和培养高技术技能人才都起到了非常重要的作用。2019年，国务院印发《国家职业教育改革实施方案》（国发〔2019〕4号）文件提出，要探索组建高水平、结构化教师教学创新团队，这为新时期高职院校建设教师教学创新团队的具体要求和目标指明了方向。2019年，教育部、财政部发布《关于实施中国特色高水平高职学校和专业建设计划的意见》（教职成〔2019〕5号）对高职教师教学团队建设提出了建设目标和改革方向，并提出要"组建高水平、结构化教师教学创新团队，打造高水平双师队伍"，同时要求建设高水平双师队伍，并针对专业群建设带头人、骨干教师、技术技能大师、领军人才和大师名匠等不同类别的教师，指明了具体的建设方向。之后，教育部印发了《全国职业院校教师教学创新团队建设方案》文件，并在2019年8月立项了首批国家级教师教学创新团队建设项目，2023年，教育部验收并公布了首批111个国家级职业教育教师教学创新团队的名单。这些高水平结构化的教师团队不仅在教学中发挥关键作用，而且在技术创新、科研攻关、社会服务等方面具有重要价值。

## 一、高水平团队是打造高职技术技能创新服务平台的"第一资源"

在高职院校技术技能创新服务平台的建设中，高水平师资团队无疑被视为最关键的"第一资源"。因为优秀的师资团队不仅能够推动技术技能创新平台的高效运转，还能确保平台功能的最大化发挥，从而回应多方的需求。一是高水平团队能够紧密对接国家战略和区域发展需求。通过深入了解国家政策、区域经济的实际情况，技术技能创新服务平台团队能够较为精准地确定研究方向和服务重点，确保平台的工作与国家战略和区域发展目标保持一致。二是高水平团队能够及时发现产业发展与转型升级中存在的难题。团队在与行业产业的紧密合作中，通过"产学研用创"的深度融合，团队能够为企业行业提供切实可行的解决方案，推动行业产业的创新和发展。三是高水平团队能够实现教研联动、科教融汇。团队通过内部合作、外部整合多方资源，不仅能够将最新的科研成果转化为教学内容，还能将实践经验转化为育人资源。同时，通过汇聚行业企业专家、技术技能大师、教学名师、青年骨干教师等优质资源，以团队为建设单位，通过产教融合形式与企业开展技术服务，以科技特派员身份在产品技术创新、质量提升、工艺改进、前沿技术等方面开展相关研究，加速科技成果转化，在实际项目的推进中，师生形成团队，提升学生的技术创新、科研攻关创新创业等能力。四是高水平团队助力年轻教师快速高质量成长。通过与资深教师、行业专家、企业技师等合作与交流，年轻教师能够快速地适应高职院校的教研工作，通过不断地实践，进一步提升自身的教学、科

研、技术服务等方面的能力和水平。这种团队内部的传帮带机制有助于持续保持团队的活力和竞争力。

## 二、"有组织"团队建设是高职院校教师组织建设的内在诉求

2022年8月,教育部印发了《关于加强高校有组织科研推动高水平自立自强的若干意见》文件,该文件明确指出:有组织科研是高校进行科技创新,实现建制化、成体系服务国家战略和产业布局等需求的重要形式。有组织科研是高校突破传统的以自由探索为基础的科研模式,通过把组织手段作为发力点,整合校内外各种要素和力量,有组织地实施重要项目,开展联合攻关,提升高职院校服务国家战略、行业企业和社会需求的能力。有组织科研是高校变革科研范式和组织模式的有益尝试,因为传统的研究形式往往是单兵作战、个体式的研究,教师之间缺乏必要的合作,院系之间存在组织壁垒,而由于现代社会服务的发展要求、现代社会问题的综合性与复杂性,单兵作战的服务方式和研究模式不再行之有效,必须建立一种能跨越学科组织界限、高效整合优势多学科资源、协同开展任务的组织范式。通过有组织科研,高职院校可以围绕任务或者科研目标组建跨学科的研究团队,不再受传统院系组织结构的限制,吸纳优质教师加入组织,教师具有原属院系教工和有组织团队成员的双重身份,成果可以通用和互认。同时,通过有组织科研,可以加强高职院校和外界的知识、技术等交流,可以提升高职院校的技术创新和成果输出能力,实现科技和校企合作反哺教学,吸引企业以项目任务的形式为学校开展有组织科研提供经费,以新知识、新技术服务行业企业升级改造,促进产教科的融合。"有组织"团队建设的这些优势,正是高职院校教学和科研组织的内在诉求和发展方向。

## 三、师资团队建设是科研效益提升和科技转化的关键路径

随着高等职业教育的不断深化和创新发展,高职院校在技术服务、科研攻关、技术转化等方面的作用日益凸显。在此过程中,技术技能创新服务团队建设被证明是提升科研效益、促进科技转化的关键路径。教育部于2015年发布了《高等职业教育创新发展行动计划(2015—2018年)》文件,根据文

件可知,全国共认定了480个协同创新中心,这一行动大力推动了高职院校的技术服务和科研创新工作的开展。协同创新中心的成功运行,很大程度上依赖于技术技能创新服务平台的建设和升级。通过整合校内外多方资源,建立协同攻关团队,高职院校能够充分发挥多方主体的特长和优势,避免单打独斗,从而提升技术服务和科研成果的转化效率。技术技能创新服务平台团队的建设不仅限于学校内部,而且可以延伸到企业、行业等。通过引入行业、企业资源,团队可以将人力资源、专业优势、行业特色与企业现实问题和关键领域结合起来。该种模式可以确保师资团队在工作中可以紧密对接行业新动态、新标准、新工艺和新技术,从而将学校的创新思想、科技成果有效孵化为企业、行业的应用技术。不仅推动了企业、行业的技术创新和产业转型升级,而且促进了学校科研成果的转化和应用,实现了产学研的深度融合。与传统发展模式相比,技术技能创新服务平台团队更加注重与行业发展方向和企业实际需求的紧密结合。团队通过参与行业标准制定、提供专利服务、产品开发、技术攻关等方式,将科研成果转化为具有市场竞争力的产品和服务。该种创新协同模式不仅提升了学校的科研影响力和社会服务能力,也促进了区域经济和产业的可持续发展。

## 第二节

## 高职技术技能创新服务平台师资团队建设存在的问题

师资团队建设对打造高水平的高职院校技术技能创新服务平台具有非常重要的现实意义,然而,在实际建设过程中,存在师资团队的师资力量、队伍结构、培养机制、管理水平和评价机制等方面的不足。

### 一、技术技能创新服务平台的师资力量不足

(一)教师数量不足

目前,技术技能创新服务平台的师资队伍数量远远不能满足平台的实际

需求。教师数量的缺乏，技术创新团队的规模相对较小，这直接限制了平台在技术创新和科研攻关等项目上的承接能力。许多有潜力的项目因为缺乏足够的教师参与而无法得到充分的研究和开发，这无疑是对技术创新能力的极大制约。

（二）教师素质不匹配

在现有师资团队中，部分教师的专业背景、技术专长和创新能力与技术创新服务平台的要求存在一定的不匹配。一些教师缺乏对前沿技术的了解和掌握，这使教师在面对技术创新和科研攻关等任务时感到力不从心。这种素质上的不匹配不仅影响了项目的进展，也制约了教师个人的职业发展。

（三）教师研发能力较弱

从高职院校的教师组成结构可以发现，大部分教师刚从高校毕业，就直接进入了高职院校。这类教师虽然拥有扎实的专业理论知识，但是面向行业企业的实际工作和实践经验相对不足，导致在追踪产业发展、掌握专业前沿方面存在一定的欠缺。同时，这类教师的研究方向和工作重心往往与社会经济发展需求脱节，教师的知识和技能水平也未能与企业的技术发展保持同步。这种情况不仅影响了教师个人的职业发展，同时也制约了技术技能创新服务平台的整体效能。

（四）教师实践经验不足

团队成员在实际生产、技术应用和科研攻关等方面的经验普遍不足，从而对技术转化过程中的难点和挑战认识不足、应对不力。技术难以有效地转化为实际产品或解决方案，这不仅影响了项目的成果产出，也制约了技术创新服务平台的可持续发展。

（五）师资团队合作能力不强

在社会服务、技术技能创新、专业发展研究等方面，师资团队多以独立完成教科研工作为主，而技术技能创新服务平台面对的任务往往需要复合型素质或者能力多元的结构化团队，因此，"单打独斗"的教师个人专业发展须向专业群协同发展的"团队作战"转变。在技术技能创新服务平台建设中，有时教师之间缺乏有效的沟通和协作机制，难以形成合力，最终无法进行技术创新攻关。

(六) 师资团队凝聚力不强

技术技能创新服务平台的师资团队往往是因为专业建设的需要而聚集在一起的，在这种情况下，教师的专业能力、技术水平和科研能力等未能有效融合，导致师资团队缺乏有效的凝聚力。团队成员之间缺乏共同的目标和价值观，难以形成协同作战的良好氛围。这种状况不仅影响了团队的整体效能，也制约了技术创新服务平台的长远发展。

## 二、平台的师资结构不合理

师资结构的不合理是高职院校技术技能创新平台团队建设的一个重要问题，具体表现在年龄结构、学历层次、职称分布和"双师"配置等四个方面：

(一) 年龄结构失衡

目前，在平台师资队伍中，年轻教师的比例偏低，中老年教师的比例相对较高。这种年龄结构不仅导致技术技能创新服务平台的师资队伍缺乏必要的活力和创新性，还严重制约了师资团队的长期、可持续发展。年轻教师通常更具备新颖的思维、更强的学习能力和更高的工作热情，他们的缺乏意味着团队在面对快速变化的技术环境时可能缺乏足够的适应能力和创新动力。

(二) 学历层次偏低

在平台师资团队的学历构成中，硕士及本科学历的教师占比较高，博士学历占比偏少。一般来讲，高学历的教师具备更深厚的理论基础、更广阔的学术视野和更强的科研能力，高学历教师的缺乏直接影响了师资团队在技术攻关、科技服务等方面能力的发挥，进而不利于平台的接续建设和可持续发展。

(三) 职称分布不均

在平台师资团队中，高级职称教师的比例偏低。高级职称往往代表着教师在学术水平、教学经验和实践能力等方面的较高成就，高级职称教师的缺乏意味着团队在整体技术服务和科研能力上可能存在短板，这无疑会限制技术技能创新服务平台在提升技术服务和科技创新水平方面的潜力。

（四）"双师"配置不足

在平台师资团队中，成员一般以高职校内教师为主，而来自行业、企业等一线的技术人员则相对缺乏。这种成员结构导致了师资团队在技术创新能力上的短板，具体表现为"重理论轻应用"的现象。企业一线的技术人员通常更了解市场需求、技术趋势和实际应用中的挑战，双师结构不良的技术技能创新服务团队意味着团队在技术创新和科研攻关方面可能缺乏足够的针对性和实用性。这不仅会限制技术技能创新服务平台在解决实际问题方面的能力，还可能影响其整体的技术创新水平和市场竞争力。

## 三、技术技能创新服务平台的师资培养机制不完善

师资培养机制不完善会直接影响技术技能创新平台服务团队建设的可持续发展，主要表现在培养计划、培养内容、培养方式、培养要求等方面。

（一）缺乏系统性的培养计划

高水平的技术技能创新服务平台师资队伍并非一蹴而就，需要一个科学、系统且长期的培养计划作为支撑。然而，现阶段的师资培养往往缺乏明确的针对性和连贯性，没有形成一套完善的、符合技术技能创新服务平台特点的培养体系。这导致师资队伍的培养过程零散而无序，难以有效提升教师的整体素质和团队能力。

（二）培训内容与实际需求脱节

目前，高职院校教师培训内容往往过于偏重于理论知识的传授，而忽视了与实际技术服务和科研攻关需求的紧密结合。这种培训内容与实际需求存在一定的脱节，导致教师在接受培训后难以将所学的知识和技能有效地应用到实际工作中，最终降低了培训的实用性和效果。

（三）培训方式缺乏多元化和灵活性

当前的培训方式以传统的授课、讲座等形式为主，缺乏多元化和灵活性。这种单一的培训方式不仅难以满足各层次教师的个性化需求，还可能降低教

师的参与积极性和学习效果。因此，需要探索更加多样化、灵活性的培训方式和方法，以适应不同教师的个性化需求和特点。

（四）缺乏有效的考核和反馈机制

在师资培养的考核环节，往往存在偏重于培训知识掌握程度的考核，而忽视对教师实践能力提升的评估。这种考核方式可能导致教师的实践能力得不到有效提升，同时也无法真实反映教师的综合素质和能力水平。此外，考核结果缺乏及时有效的反馈和改进机制，无法为教师提供针对性的意见和建议，从而制约了教师的进一步发展。

（五）缺乏合理的激励政策

在技术技能创新平台团队中，往往鲜有针对教师在工资收入、职称评定等方面的激励政策。这导致教师向上发展的动力不足，进而影响了他们在技术创新和科研攻关方面的积极性和投入度。为了激发教师的内在动力和提升其工作效率，需要建立一套合理的激励政策，包括提供具有竞争力的薪酬待遇、设立专项科研成果奖励、完善职称评定体系等。

## 四、技术技能创新服务平台的师资管理水平不高

技术技能创新服务平台的师资管理水平对提高师资队伍素质、提升技术创新和科研攻关水平、促进教师个人成长和发展、提高平台的综合竞争力和推动平台可持续发展都具有非常重要的意义。现阶段，师资管理水平不高的问题主要体现在以下三个方面。

（一）缺乏明确的团队目标

团队在构建和发展过程中，并未形成明确、具体的共同目标，这导致团队成员在日常工作中缺乏明确的奋斗方向。没有清晰的目标定位，团队的发展容易迷失方向，各个成员也可能因为缺乏统一的愿景而产生分歧，进而影响团队的整体凝聚力和战斗力。

（二）缺乏科学的管理制度

目前，高职院校技术技能创新服务团队的管理制度尚不完善，缺乏科学性和规范性。在考核、激励和约束等方面，没有建立起一套公平、合理的机

制,导致团队成员的工作积极性和主动性受到抑制。长期下去,这种情况可能会引发团队教师的不满和消极情绪等,进而影响整个团队的稳定和发展。在资源分配方面,团队尚未做到公平、合理。一些重要的资源并未按照团队成员的实际需求和贡献进行分配,这不仅影响了部分成员的工作效率和积极性,还可能因为资源的浪费而削弱团队的整体技术创新能力。

(三)缺乏有效的项目管理和协作能力

在面对复杂的技术技能创新和科技攻关项目时,团队在项目管理和团队协作方面暴露出明显的不足。缺乏高效的项目管理流程和协作机制,导致项目进展缓慢,甚至出现失控的情况。这不仅影响了项目的最终成果,还可能损害团队的声誉和未来的合作机会。

## 五、技术技能创新服务平台的师资评价机制不健全

建立健全技术技能创新服务平台的师资评价机制,可以提高师资管理的科学性和有效性,促进团队教师的个人成长和发展,推动技术创新平台的发展。现阶段,师资评价机制不健全主要体现在以下四个方面。

(一)评价目标偏离

当前的评价体系过于聚焦短期、易量化的成果,如论文发表数量、专利申请量等,却忽视了技术创新团队的整体发展和教师的长期职业生涯成长。这种评价目标的偏离不仅无法全面反映教师的真实贡献和能力,还可能导致教师为了追求短期成果而忽视团队合作和长期发展。此外,评价目标与技术创新团队的战略规划不一致,使评价活动缺乏明确的导向性,无法有效促进团队的战略实施。

(二)评价指标片面

现有的评价指标主要集中在学术或技术研究领域,如论文质量、引用次数等,而教师在技术创新实践中的经验积累、团队协作能力、项目管理能力等关键要素却被忽视。这种片面的评价指标设置无法全面、准确地反映教师的综合能力,从而导致评价结果失真,无法为教师的进一步发展提供有效指导。

### (三) 评价过程不透明

师资评价的过程往往缺乏透明度，教师和相关利益方难以了解评价的具体标准、流程和最终结果。这种不透明的评价方式容易引发不公平感和质疑，降低教师对评价体系的信任度。同时，由于缺乏有效的监督机制，评价过程中的主观性和随意性也可能导致评价结果的偏差。

### (四) 动态调整滞后

随着技术创新团队的不断发展和教师个人成长需求的变化，评价机制应相应地进行动态调整和优化。然而，现实情况往往是评价机制僵化、更新滞后，无法及时适应新的发展需求。这种滞后的调整机制导致评价活动与团队发展实际脱节，无法有效发挥评价体系的激励和引导作用。

## 第三节
## 技术技能创新服务平台师资团队建设的目标、任务和挑战

### 一、技术技能创新服务平台师资团队建设的目标与任务

#### (一) 人才培养方面的目标与任务

近年来的国家政策多次提到推进校企合作、行校企合作、政行企校合作和混合所有制办学等多元化办学格局，不断深化产教融合，推动"政、行、企、校"等多方之间的协同育人。政策文件明确要求校企合作、产教融合等，不断推进和丰富多元办学格局，人才培养模式也从单一的学校培养目标和任务向政行企校多元育人目标和任务的转变。

针对高职院校人才培养目标和任务，学校、师资团队等需要进行如下的转变。一是学校层面须快速转变认知、加强校企合作，将企业优质资源引入校园，充分发挥企业的主体地位作用，为培养技术技能人才出工出力。对于校企合作，高职院校要考虑实际情况，适当放宽硬性限制要求，激发企业参与人才培养的积极性；对于企业兼职教师，学校要建立相应的教学管理系统，切实维护学校自身教师和企业兼职教师的各方利益。二是技术服务创新平台

师资团队要根据高职院校的实际发展需求，转变作为育人主体的团队教师的培养目标。教师可持续发展的重要动力是终身学习、个性化学习，要不断学习先进育人模式、教学方法等，适应社会的发展。平台师资团队是高职院校育人的重要力量，要按照新时代的要求不断优化人才培养目标和任务，在课程教学方面，要结合5G、增强现实技术、虚拟现实技术等信息技术辅助教学，让教学更有吸引力，让学生更直观地、沉浸式参与课程。师资团队在传授理论和实践知识的同时，不仅要改变自身的育人模式和观念，而且要向学生传授新的学习方式和方法，让学生深刻理解高职院校"为什么要加强校企合作，为什么要这么上课，为什么要去企业实习，为什么与以前的学习方式有很大差异"等问题，积极做好学生的引导工作，让学生更了解自身，更了解高职院校的培养，更了解未来发展趋势。

（二）科技创新方面的目标与任务

高职院校没有足够重视科技创新，只看到人才培养是高职院校的本职工作，忽视了科技创新是高职院校与行业、企业有效衔接的重要方面。现阶段，科技创新越来越受到重视，这对高职院校的科技创新目标和任务也有了进一步的要求。高职院校科技创新的目标和任务从重视理论研究逐渐转变为重视应用研究，这与本科有很大的区别，凸显了高职院校的办学特色，即为行业、企业发展服务，解决行业、企业的实际问题。

一是高职院校越来越重视技术创新和科技攻关，也进一步明确了高职院校科技创新的重点是以解决企业实际问题为主。二是需要建设科技创新服务团队，提升高职院校的科技创新水平。团队更加重视教师的科技创新能力提升，以激发教师更愿意参与科技创新工作。三是对现有的科技创新的评价与考核制度进行优化。联合行业、企业参与科技创新，让行业、企业充分发挥其主体作用，对现有的制度进行优化和更新，同时获取更为优质的科技创新资源。四是着力解决企业遇到的各类生产性实际问题。在产品设计、制造、改进等全生命周期中，让高职院校的科技创新和企业的科技创新强强联合，相互促进彼此的发展。

（三）社会服务方面的目标与任务

高职院校对社会的主要贡献是为行业、企业等培养了大批量技术技能人才，从而促进社会和经济的高质量发展。社会服务是高职院校对社会的另外一个重要贡献，产教融合丰富了高职院校的价值属性，为高职院校和企业搭建了一个有效的沟通桥梁，加强了学校与企业之间的联系。随着社会和经济的不断发展，高职院校的社会服务目标和任务也在发生日新月异的变化，主要体现在以下三个方面。

一是人才培养。人才培养是高职院校社会服务的最直接体现，随着人才培养方式的不断变化，人才培养质量也得到了不断提升，人才的作用得以充分发挥。比如，通过不断改变教学环境、教学模式、教学资源，培养信息化、智能化发展需要的高端人才；面向家政服务、康复养老等领域，培养社会民生急需人才。二是社会培训。为促进社会和区域经济发展，要大力增强教师的培训服务意识，为社会提供更多优质的培训活动，不断增强服务社会的力量。这样不仅可以发挥高职院校的培训功能和育人能力，而且可以塑造高职院校良好的社会形象，不断扩大高职院校的知名度。三是服务社会经济发展需求。高职院校的一项重要功能是服务社会和区域经济发展，通过高职院校与区域企业之间加强联系，解决了区域企业最直接的服务需求，形成了高职院校的独特优势和特色。

## 二、技术技能创新服务平台师资团队建设的挑战

在"科教兴国""双高计划"等国家重要决策的大背景下，高职院校技术技能创新平台的发展受到了前所未有的关注，这也对平台师资团队的建设提出了新的、更高的要求。师资团队建设面临着多方面的挑战，这些挑战既来自内部环境，也与外部环境密切相关。

（一）跨学科融合的挑战

在推动技术创新和进行科研攻关的过程中，所涉及的知识和技能范围广泛而深入，往往涵盖了多个专业和学科领域。这就要求参与其中的教师不仅要在自身的专业领域内有深厚的造诣，更要具备跨专业、跨学科融合的综合能力。教师需要能够跨越不同的知识边界，将各种看似不相关的元素巧妙地组合在一起，从而催生出新的创新点和解决方案。然而，长期以来，传统的师资培养和教育体系一直以单一学科为单位划分和组织。在这种模式下，教

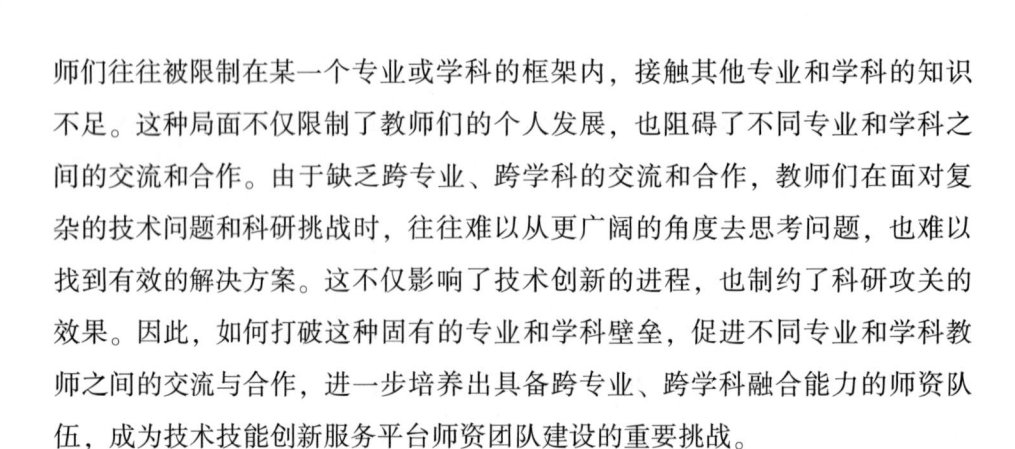

师们往往被限制在某一个专业或学科的框架内，接触其他专业和学科的知识不足。这种局面不仅限制了教师们的个人发展，也阻碍了不同专业和学科之间的交流和合作。由于缺乏跨专业、跨学科的交流和合作，教师们在面对复杂的技术问题和科研挑战时，往往难以从更广阔的角度去思考问题，也难以找到有效的解决方案。这不仅影响了技术创新的进程，也制约了科研攻关的效果。因此，如何打破这种固有的专业和学科壁垒，促进不同专业和学科教师之间的交流与合作，进一步培养出具备跨专业、跨学科融合能力的师资队伍，成为技术技能创新服务平台师资团队建设的重要挑战。

（二）实践教学资源的挑战

开展实践教学工作是技术技能创新平台的重要功能，平台对培养学生的实际操作能力和问题解决能力具有重要的作用。通过实践教学，学生可以将理论知识与实际操作相结合，从而更加深入地理解和掌握某些技能。这种教学方式不仅能够提高学生的学习兴趣，还能够为学生未来的职业发展打下坚实的基础。要保证实践教学的质量，就必须有丰富的教学资源和设备等作为支撑。这些实践教学资源包括宽敞明亮的实训室环境、与时俱进的教材、贴近实际需求的课程及先进的模拟训练设施等。实训室是学生进行实践操作的场所，其环境的舒适度、安全性和设备配置直接影响实践教学的效果；教材是学生学习的重要参考，其内容的新颖性、实用性和系统性于学生的学习质量至关重要；课程则是实践教学的灵魂，其设置是否合理、内容是否丰富、是否与实际需求紧密相连，都直接影响学生的学习成果；而模拟训练设施可以为学生提供更加真实的实践体验，帮助学生在模拟的环境中掌握实际操作的要领。然而，在现实情况中，部分高职院校可能由于各种原因面临着教学资源不足或设备陈旧等困境。这些问题不仅限制了实践教学的开展，也影响了学生的学习效果。例如，一些学校的实训室空间狭小、设备老旧，无法满足新技术、新工艺的实践需求；教材更新不及时，内容与实际脱节；课程设置过于传统，缺乏创新性和实用性；模拟训练设施缺乏或功能不全，无法提供真实的实践环境。因此，如何获取和更新实践教学资源，提高实践教学的质量和效果，成为技术技能创新平台师资团队建设的第二个重要挑战。

(三) 教师发展与培训的挑战

技术技能创新平台作为高职院校的重要服务平台，旨在培养学生的技术技能，开展技术创新、科研攻关和推动科技成果转化和应用等活动。在这一过程中，教师作为关键的实施者，其科研能力和创新思维直接影响着平台的教学效果和创新能力。然而，提升教师的这些能力并非一蹴而就，而是一个长期且持续的过程，需要系统、完善的教师发展计划和培训体系作为支撑。但在现实情况下，部分高职院校可能因各种原因未能建立起完善的教师发展计划和培训体系。这可能导致教师们在专业成长上缺乏明确的方向和足够的资源支持，无法及时获取最新的教育理念、教学方法和科研动态。同时，随着科技的迅猛发展和行业的快速变革，新的技术、新的工艺、新的管理模式不断涌现，对教师的知识和技能提出了更高的要求。教师们需要不断更新自身的知识体系，掌握新的教学技能和创新方法，以适应这种快速变化的环境，但这一目标的实现面临着多重挑战。首先，如何制定符合教师个人发展需求和学校战略目标的教师发展计划是一个复杂的问题。这需要深入了解教师的专业背景、兴趣爱好、发展需求等多方面信息，并综合考虑学校的实际情况。其次，如何为教师提供多样化的培训资源和学习机会也是一个亟待解决的问题。传统的培训方式可能已无法满足教师的需求，需要探索新的培训模式和方法，如在线学习、工作坊、研讨会等。

(四) 团队协作与沟通的挑战

技术技能创新平台作为一个集合了多学科、多专业教师的团队，其成功运作和成果产出在很大程度上依赖于教师之间的紧密团队协作和有效沟通。这种协作和沟通不仅涉及教学内容的整合、科研项目的合作，还包括学生培养、科技攻关、社会服务等多方面的协同工作。因此，教师之间的团队协作和沟通成为影响平台整体效能的重要因素。然而，在实际工作中，团队协作和沟通往往受到多种复杂因素的影响。首先，个人背景的差异，包括教育经历、职业路径、价值观等，可能导致教师在协作过程中产生不同的理解和期望。其次，学科差异也是一个重要因素，不同学科的教师往往有着不同的研究范式、话语体系和解决问题的方法，这需要在团队协作中进行有效的跨学科沟通。此外，工作风格的差异也会影响团队协作的效果，一些教师可能更

倾向于独立工作，而不太适应团队合作的环境。这些差异和挑战在一些教师身上可能表现为缺乏团队协作的经验和有效的沟通技巧，这可能导致在团队合作中出现信息误解、决策延迟、资源分配不均等问题，进而影响整个团队的工作效率和氛围。因此，如何加强教师之间的团队协作和沟通能力培养，建立良好的团队合作机制和氛围，是技术技能创新平台师资团队建设面临的挑战之一。

## 第四节

## 杭职院技术技能创新服务平台的师资团队构建实践

杭职院在"双高计划"建设期间，持续深化"人才强校战略"，按照"弘扬师德、分类施策、专兼职教师两手抓"的建设思路，实施五大师资团队培育工程，推进"5315"人才高地计划，创新教师评价与激励机制，激发教师活力，全面推进技术技能创新服务平台高水平师资团队的建设。

### 一、坚持三项基本原则，制定总体发展目标

（一）三项基本原则

1. 坚持党管人才的原则

始终坚持"党管人才"的原则，强化学校党委对人才工作的领导，明确各部门人才工作的职责，形成各部门各团队各司其职、密切配合、全面参与的人才工作格局。学校党委在人才工作中坚持管宏观、管方向、管协调、管服务，重大问题由学校党委会研究决定，保证人才工作各项方案的顺利实施。

2. 坚持以人为本的原则

牢固树立人才资源是第一资源的发展理念，坚持以教师为本，把人才作为学校发展的第一核心推动力。在人才评价中，把"德"放在首位，对违法违纪、学术造假等实行"一票否决"。建立校院两级领导班子服务高层次人才联系制度，从组织领导、政治引领、沟通联系等全方位做好对人才的关心关爱，充分调动各类人才的积极性和创造性，努力形成尊重劳动、知识、人才

和创造的良好氛围。

3. 坚持引育结合的原则

实施"固本"和"借智"双轮驱动，内培为主、外引并重，着力打造数量充足、结构合理的人才梯队。在内培方面，以教学科研能力为重点进行提质培优和拔尖培养，通过职业生涯规划、校本培训工程、企业经历工程、海外研修工程，着力培养教育教学能力突出、课程开发能力过硬、专业建设能力较强、科研能力出色的专业带头人和骨干教师；在外引方面，根据以群建院规划和专业布局，针对数字经济、智能制造等产业，加大高层次人才引进力度，优化团队结构，提升团队水平。

（二）总体发展目标

通过五年建设，建成一支数量充足、专兼结合、结构合理的高水平技术技能创新服务平台师资团队。引培10名行业内有重要影响的专业群领军人才引领学校专业（群）发展，30名能够活跃在专业（群）领域内德才兼备的专业带头人，培养100名综合素质高、业务能力强、各具特长的杭职名师名匠。建成50个优秀教学、科研创新团队，使之成为实施高水平教学、科研和技术服务的中坚力量。经过五年发展，团队能够实现以下目标：一是根据专业（群）的特点，对接区域行业、企业的岗位标准，创新技术技能人才培养方案和教学模式、教学路径，适应产业转型升级与产业集群式发展趋势，培养高水平技术技能人才；二是团队形成教育教学改革的合力，推动学校与行业企业的深度产教融合，共同开发新形态教材、数字化课程，构建教学环节和流程，实行项目化教学、情景式教学等，打破学科教学的传统教学模式，不断推进"三教"改革；三是通过教师融入创新师资团队，促进教师自身专业发展，做团队的建设者和推动者，成员间相互促进自身专业发展，不断提升教师的教科研等综合能力。

## 二、聚焦"四个核心"，组建四类团队

为全面落实《国家职业教育改革实施方案》《深化新时代教育评价改革总体方案》等文件精神，提升技术技能创新服务平台师资团队协作攻关能力，打造高水平结构化的师资团队，学校以"教学名师""学术带头人""技能大

师""专家型辅导员"四方面为核心，组建了四类高水平师资团队（图7-1），围绕"三教"改革、解决实际科研（技术）难题、学生思想引领等方面开展了攻关研究。

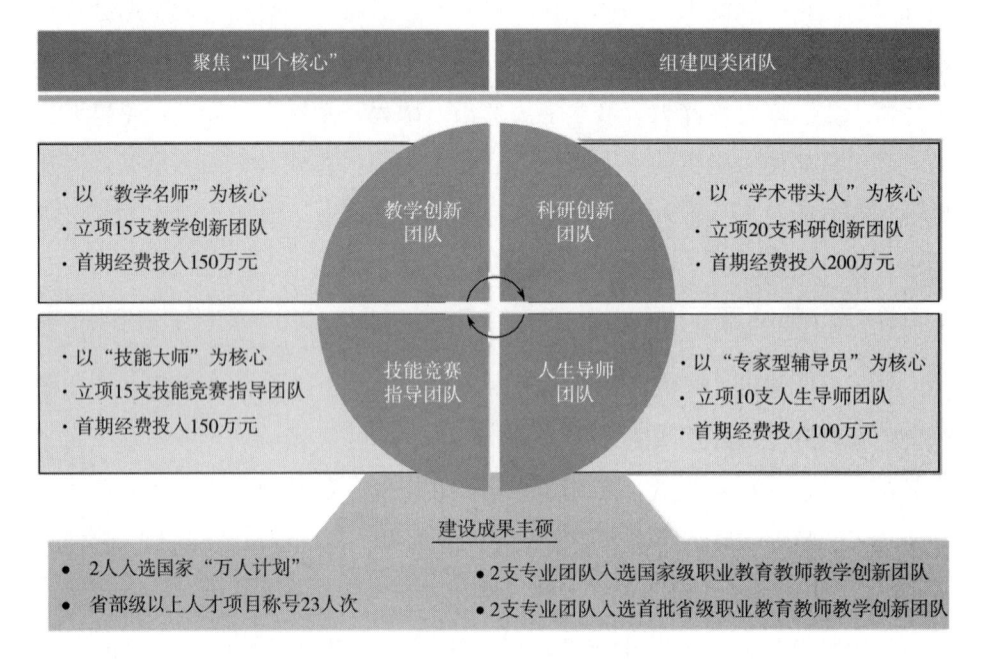

```
聚焦"四个核心"                              组建四类团队

· 以"教学名师"为核心      教学创新    科研创新    · 以"学术带头人"为核心
· 立项15支教学创新团队      团队        团队      · 立项20支科研创新团队
· 首期经费投入150万元                             · 首期经费投入200万元

· 以"技能大师"为核心      技能竞赛    人生导师    · 以"专家型辅导员"为核心
· 立项15支技能竞赛指导团队  指导团队    团队      · 立项10支人生导师团队
· 首期经费投入150万元                             · 首期经费投入100万元

                          建设成果丰硕
· 2人入选国家"万人计划"           · 2支专业团队入选国家级职业教育教师教学创新团队
· 省部级以上人才项目称号23人次   · 2支专业团队入选首批省级职业教育教师教学创新团队
```

图7-1 四类师资团队示意图

（一）以"教学名师"为核心，打造教学创新团队

出台《教学创新团队建设与管理办法》，聚焦专业建设、课堂创新、专业交叉融合等教改热点，立项了15支能够满足职业教育教学和培训实际需要的高水平、结构化、跨专业（群）的校级教学创新团队，首期投入经费150万元支持团队开展"三教"改革。

（二）以"学术带头人"为核心，打造科研创新团队

出台《科研创新团队建设与管理办法》，聚焦技术服务转化、科技创新、前沿领域探索等职教科研方向，立项了20支科研能力突出、能解决实际科研和技术难题的科研创新团队，按学科分为理工和人文社科两类。首期投入经费200万元支持团队开展科研工作，提升学校自主创新能力和服务社会能力。

(三)以"技能大师"为核心,打造技能竞赛指导团队

出台《技能竞赛指导团队建设与管理办法》,围绕学生技能竞赛、科技竞赛、创新创业竞赛等领域,立项了15支技能竞赛指导团队,团队中具有指导学生获得省赛一等奖以上奖项的指导教师不少于1名,团队主要由学校专、兼职教师和来自行业企业的人员组成,重点围绕技能竞赛、学科竞赛、创新创业竞赛等领域的高级别学生竞赛,在其中取得突破。

(四)以"专家型辅导员"为核心,打造人生导师团队

出台《学生人生导师团队建设与管理办法》等文件,聚焦立德树人根本任务和学生成长成才根本目标,立项了10支人生导师团队(包括若干个辅导员名师工作室、班主任名师工作室),从思想引领、职业规划、就业指导、心理咨询、学习指导、生活辅导、班级管理等方面对学生进行全面教育引导,深化"三全育人"综合改革,为培养有理想信念、有奋斗精神、有奉献意识的高素质技术技能人才提供师资支撑。首期投入经费100万元支持团队建设。

### 三、实施教师分类分层培养,促进教师职业多元化发展

充分利用现有教育资源,制订教师培养计划,搭建教师发展平台,有针对性地开展形式多样的教育培训,通过团队建设、公派研修、校本培训、新教师培训、岗前培训等多种方式,有计划地选派各类优秀人才就专业知识、业务能力等进修深造,实施"五大"培育工程,构建了全员参与、点面结合、分类培训的双师型队伍校本培训体系。

(一)依托优势资源,实施高规格培养计划

聚焦教师的教科研能力,以专业发展趋势、技术技能升级等为引领,重点选拔支持一批水平较高、具有领军才能和团队组织能力的高层次人才,构建定位明确、梯队清晰、相互衔接的立体式人才培养体系。一是以培育突破国家级、省部级重点人才项目、教科研业绩为目标,凝聚并稳定支持一批领军人才。二是重点支持和培养一批教学名师,突出教育教学研究和实践成果、学生的产出成果。三是重点支持和培养一批技能大师,突出在领衔的专业领域取得高技能人才培养、科研、技术技能攻关创新成果,领衔建立技能大师

工作室。四是重点支持和培养一批青年拔尖人才，突出教学、科研和创新等潜能，研究方向和技术路线有创新前景，具有成长为领军人才的潜力。同时，根据培养对象的类别、发展目标、培养任务和要求，制订个性化的培养计划，在各类人才选拔、专业技术职务评聘、项目成果申报、荣誉授予、访工访学、海外研修等方面进行倾斜和重点支持。根据需要聘请相应领域的专家作为学术导师，鼓励培养对象承担重大科研项目、成果转化项目，促进人才快速成长，培养一批在国内、省内具有较大影响的领军人物、教学名师、技能工匠等，提升学校的教科研水平。

（二）聚焦教改和研发能力，打造两类教师发展平台

加强"双师培育基地""教师发展中心"两类教师内部培养载体建设。一是遴选建设服装设计与工艺、电梯工程技术等6大双师培育基地，其中服装设计与工艺基地被教育部认定为国家级"双师型"教师培养培训基地。电梯工程技术、绿色制药技术与健康安全、智能制造等三个基地被授予首批杭州市职业技能等级认定试点社会培训评价组织。二是以省级示范教师教学发展中心建设为标杆和目标，打造"互联网+"培训平台，制订教师教学发展中心建设规划，开展博士论坛、名师沙龙、名师工作室、教学工作坊、"金课"建设培训等活动，推进教师教学能力提升的培训工作实现常态化。打造了集教学培训、交流咨询、教改研究等功能于一体的教师发展中心，被认定为"浙江省高校教师教学发展示范中心"（图7-2）。

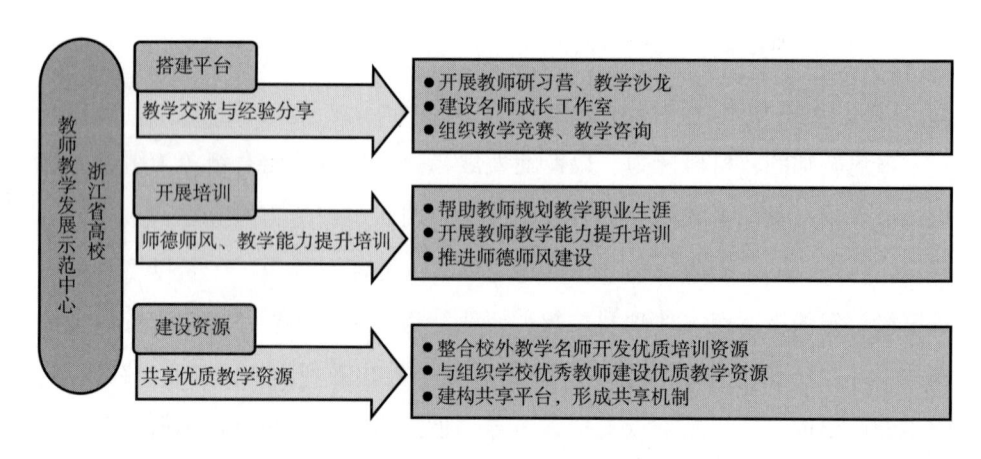

图7-2 教师教学发展中心功能体系图

（三）实施"五大"培育工程，构建全员参与、点面结合、分类培训的双师型队伍校本培训体系

以教师的教学科研能力为重点进行提质培优和拔尖培养，通过实施专业（群）领军人才培育工程、创新团队培育工程、学历职称提升工程和教师能力跃升工程教师海外研修工程等，着力培养教育教学能力突出、课程开发能力过硬、专业建设能力较强、科研能力出色的专业带头人和骨干教师（图7-3）。

图 7-3 师资队伍建设"五大"培育工程示意图

### 1. 瞄准一流，实施领军人才攀登工程

为推动技术技能创新服务平台的整体水平，坚持"瞄准一流、强化培养、提高层次、占领高地"的建设思路，致力于培育出教学科研成果突出、学术造诣深厚、德才兼备的领军人才。在培育过程中，注重选拔已在学术领域取得显著成就，且具备较强领导力和影响力的优秀人才。通过提供丰富的学术资源、搭建广阔的交流平台、创造优越的科研条件，激发优秀人才的创新潜能，助力其在技术技能创新服务平台的引领作用，推动学科交叉融合和团队建设，引领技术技能创新服务平台向更高层次发展。同时，重视培育理论基础扎实、创新意识强烈、有发展潜力和培养前途的专业带头人或后备领军人才。

## 2. 整合资源，实施创新团队培育工程

为全面提升平台教学、科研、培训等质量，构建多个高水平、结构化、跨专业的团队，以满足不同领域各层次的需求。一是重视教学创新团队建设。聚焦平台课程教学和试点教材教法研究，探索更加高效、先进的教学模式和方法。促使创新团队不仅具备深厚的学科知识和教学经验，还能够跨学科合作，共同开发符合职业教育特点的创新课程和教学资源。二是注重学生竞赛金牌指导团队建设。团队专注于各级技能竞赛、学科竞赛、创新创业竞赛等领域，为学生提供全方位的指导和支持。三是重视科研创新团队建设。团队聚焦解决实际科研和技术难题，致力于推动科技创新和成果转化，取得一批高水平技术创新、科研攻关成果，提升学校的学术声誉和社会影响力。四是注重人生导师团队建设。团队专注于学生的思想引领、职业规划和就业指导等领域，为学生提供全面的教育引导和支持。通过人生导师的引导，帮助学生树立正确的世界观、人生观和价值观，规划和设计好自身的职业生涯，实现自身的人生目标和价值。

## 3. 分层分类，实施学历职称提升工程

为进一步提升团队的学术水平和专业能力，实施博士学位提升计划。鼓励团队教师在职攻读博士学位，为教师提供必要的学习资源和时间支持。为激发团队教师的学习动力，建立相应的奖励机制。对于按期取得博士学位的教师，给予最高20万元的奖励，以表彰其学术成就和努力。同时重视教师职称的提升，通过增加职称评审名额和完善职称评聘方案，为更多教师提供晋升机会。坚持以促进人才开发使用为目的、以职业分类为基础、以科学评价为核心的职称制度，确保职称评审的公正性、公开性和准确性。

## 4. 结合专业，实施教师能力跃升工程

为全面提升团队教师整体素质，实施能力跃升工程。一是建立教师个人发展档案。通过记录每位教师的教育背景、工作经历、教学业绩、科研成果及个人发展规划等信息，为教师提供全面、个性化的职业发展支持。二是实施教师职业生涯规划。根据教师的专业特点、兴趣爱好和职业发展目标，为教师量身定制个性化的职业发展路径。通过明确职业发展目标、

制订实施计划、提供培训和支持等措施，帮助教师实现自我提升和职业成长。三是分类实施校本培训。针对不同学科、不同层次的教师需求，设计具有针对性的培训课程，包括教学理念更新、教学方法创新、教育技术应用、科技创新方法等内容。通过培训，使教师掌握最新的教育教学理念和方法及科研思维和方式，提高教科研水平和质量。四是推进教师企业经历和学生工作经历工程。鼓励教师到企业实践锻炼，了解行业最新发展趋势和企业实际需求，增强实践教学能力和解决实际问题的综合能力。同时，引导学生参与企业实际工作项目，培养学生的职业素养和实践能力，为学生未来的职业发展打下坚实基础。

5. 创新形式，实施教师海外研修工程

为进一步提升团队教师队伍的国际化水平，多途径推行"海外访问工程师"计划、专业访学等项目。此类项目旨在以创新的形式，为教师提供拓宽国际化视野的机会，促进教师在全球范围内进行学术交流与合作。"海外访问工程师"计划将鼓励教师前往海外知名企业或研究机构进行短期访问和交流。通过与国外同行进行深入的学术探讨和技术交流，教师们可以了解国际前沿的工程技术动态，掌握最新的研发趋势，从而提升自身的专业素养和创新能力。同时，大力推行专业访学项目，支持教师前往海外一流大学或研究机构进行长期访学。在访学期间，教师们将有机会深入参与国际前沿的科研项目，与国际知名学者面对面地交流与合作，从而拓宽自身的学术视野，提升科研能力和水平。项目的实施，不仅有助于提升教师队伍的国际化水平，还将为学校的教学和科研工作注入新的活力和动力。

## 四、坚持"引育留用"并举，激活"人才引擎"新动能

通过引育并举，强化教师队伍建设，人才数量质量不断突破，教师队伍整体实力显著提升；通过管培结合，健全人才培养机制体制，构建全生命周期培养体系，分层次分类别系统开展人才培育工程；通过人尽其才，集聚人才智慧与力量，充分发挥人才标杆引领作用，强化典型人物的辐射带动作用；通过筑巢引凤，健全引留长效机制，营造良好人才生态，推动人才工作健康长效发展。

（一）智慧引才，把好第一关口，开辟精准科学引才新通路

1. 科学谋划，统筹推进，系统思维引进人才

以"人才强校"工程为统揽，围绕高质量发展进行引才。针对技术创新服务平台的任务、目标及实际存在的问题，深入调研行业、企业、教师需求，系统谋划引才计划。围绕行业发展、专业建设、社会服务等，统筹推进高学历人才、高技能人才、行业领军人才、复合型人才等高层次人才引进工作。采取"人才+专业""人才+大师工作室"等模式，聚焦学科专业的人才需求并引进人才，实现人才与专业建设、团队发展的同频共振。

2. 广泛宣传，精准出去，多措并举提高成效

不断加大高层次人才招聘宣传力度，充分调研高层次人才求职关注点及各宣传渠道实际效果，合理制订宣传计划。"广撒网"与"精捕捞"相结合，一方面，通过青塔网、高校人才网等媒体在公众号、微博、抖音等平台大范围开展招聘宣传，增加岗位曝光度；另一方面，通过猎头、人才引荐等方式更有针对性地开展紧缺人才和国家级、省级人才引进工作。除了推广宣传，主动"走出去"，参加线上、线下招聘会十余场，涵盖华东、华南、华中、东北等地区，与高校就业办积极联络，获取应届毕业生的一手信息。

3. 搭建平台，制定标准，打造人才蓄水池

制订并实施教师入职准则，明确将教师的道德品质和教育风范作为重要考量，严格把好"入门关"。将即将毕业的博士、具有行业影响力的领军人才、具有过硬技术的技能人才等纳入人才库，为人才引进、柔性用工等做好人才储备。依托博士论坛、行业会议等，分层次、分梯队构建后备人才库，不断完善人才信息库，实现动态管理。

（二）悉心育才，突出第一资源，铺就成长成才快速路

1. 坚守人才培育方向，构建全生命周期培养体系

持续加强教师团队的建设工作，提出建立"教师职业生涯全生命周期培养体系"，将教师的成长路径细分为新进教师、青年教师、骨干教师、卓越教师等多个层次，为教师规划职业成长路径，针对性提高各阶段、各层级教师培养质效，推动师资队伍建设工作取得新突破。逐步完善教师培训体系、教学科研体系和创新管理体系，着眼于教师专业成长的关键因素，聚焦教育教

学实际问题，蹚出一条人才培育新路子。

2. 创新人才培育模式，以信息化推动人才培养体系改革

不断探索推进人才管理数字化改革，形成全程化、全员化、立体化的教师评价体系，通过人才画像，力求将人才评价与管理贯穿于教书育人全过程。同时，让每位教职工成为教育数字化转型的参与者，具备数字思维，大幅提升教师数字素养，把新时代的数字化转型工作纳入人才培养全过程，建立大数据行为驾驶舱，并且在教师业绩评价中，将信息化、数字化、智能化的价值素养融入评价体系。

3. 优化人才培育生态，管培结合聚焦教师发展

完善教师培养培育制度，修订《技术技能创新服务平台教师进修培训管理办法》《教师企业经历工程项目制管理实施办法》等办法，落实培养培训工作。组织开展教师成长训练营（融创班）、博士论坛、学术圆桌交流活动、教师信息化能力提升系列培训、教师科研能力提升培训等培训活动，共计二十余期，参与教师超千人次，有效帮助新入职教师快速完成职业角色转变，尽快了解高职教育特点并熟悉岗位，提升教育教学质量，增强教师的专业素养。

(三) 高效用才，树立第一标杆，修出引领示范黄金路

1. 注重团队建设，释放用才效应

学校首期立项了30支教学创新团队、20支科研创新团队、10支人生导师团队，其中有2支团队成功入选国家级职业教育教师教学创新团队、2支团队成功入选国家级课程思政教学团队、1支团队成功入选浙江省高校黄大年式教学团队、2支团队成功入选浙江省职业教育教师教学创新团队，以团队建设助力人才个人发展，引领专业建设。

2. 博采众长用才，深化分类管理

进一步深化人事管理制度改革，针对各类教师的岗位特性和工作重点，设计差异化的考核评估准则，构建与学校教师岗位布局相匹配的分类管理、分类操作及分类评估机制，鼓励教师结合工作岗位，发挥教师的特长，从根本上杜绝用一把尺子评价所有的教师。探索优秀人才岗位特聘机制，设置一定比例的特聘岗位，探索建立"预聘+长聘"机制。

3. 打造名师团队，树立人才标杆

经过多年的不懈努力，学校构建了一支规模庞大、专业与兼职相融合、

构成比例合理的高水平技术技能创新服务平台的教师团队。引培10名行业内有重要影响的专业群领军人才，引领学校专业（群）发展，30名能够活跃在专业（群）领域内德才兼备的专业带头人，培养100名综合素质高、业务能力强、各具特长的杭职名师名匠。目前，拥有高级职称人员241人，正高级职称占比超10%，副高职称占比超25%。

（四）用心留才，注入第一动力，畅通教师高质量发展路

1. 尊重人才，激发人才活力，提升人才归属感

只要坚持营造尊重人才、礼敬人才的优良作风，就一定能不断开创各路高贤争相汇聚、各类才智竞相涌流的新局面。定期举办高层次人才金秋茶话会等活动，拓宽人才建言献策、各抒己见的通道，充分体现了技术技能创新服务平台需要人才、尊重人才、珍惜人才的良好氛围。

2. 关爱人才，强化服务保障，增强人才幸福感

始终把人才服务工作放在重要位置，当好人才的"后勤部长"，建立团队管理层对接联系高层次人才制度，为高层次人才打造全方位、一体化的服务保障体系，确保各项人才政策待遇的切实落地，使各类人才能够真正享受政策带来的实惠和便利。倾听人才的诉求，努力解决人才的实际困难，在安家、子女入学、配偶工作、科研配套等方面为人才提供力所能及的帮助，为各类人才创造一个宽松舒适、无后顾之忧的优质环境，使其能够专心致志地投身于事业和创业。

3. 成就人才，长效健康发展，提高人才获得感

始终致力于推动人才工作的持续健康发展，不断促进新时代人才工作向更高质量迈进。通过完善人才培养、引进和使用的相关机制，积极打造一种"鼓励教师干事业、支持教师干成事业、帮助教师干好事业"的优良工作和创新环境。完善《高层次人才引进管理办法》《专业技术职务评聘申报条件》《绩效工资分配实施方案》，修订《兼职教师队伍管理办法》《青年教师助讲培养办法》等文件。鼓励人才静下心、沉住气，深耕专业领域，团结协作、突破瓶颈、创新创效，为学校高质量发展添砖加瓦。

**五、创新分配、评价和服务机制，激发教师创新活力**

为有效激发技术技能创新服务平台师资团队教师的创新活力，完善了教

师激励、考核评价和人才服务三大机制，立体化构建了师资团队建设体系，其运行机制如图7-4所示。

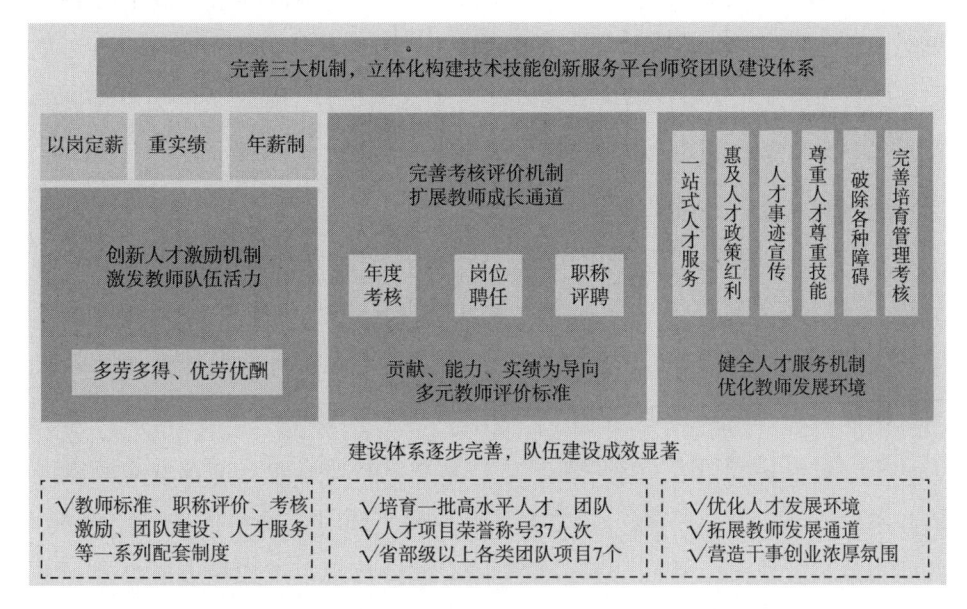

图7-4 创新教师激励、考核评价和人才服务三大机制示意图

（一）创新人才激励机制，激发教师队伍活力

制订并实施《绩效工资分配实施方案》《教职工业绩成果奖励实施办法》，完善绩效工资分配制度，以教师分类管理为前提，以业绩贡献和能力水平为导向，优化重实绩、重贡献的薪酬体系，建立健全以岗位管理为基础、业绩考核为手段的激励机制，更多体现以岗定薪，充分体现多劳多得和优劳优酬，充分发挥制度的激励导向作用，激发各部门的主体意识和办学活力。

1. 专项激励，激发热情

在奖励性绩效里专门设立业绩津贴和专项津贴，不断激励教师工作热情。一是业绩津贴。业绩津贴指为技术技能创新服务平台建设发展提质增效做出贡献而获得的津贴，是主要体现工作成效和贡献的奖励性绩效工资。打破职称身份限制，岗位津贴中50%按业绩分配。专任教师业绩一般由四部分组成：教学超工作量业绩、教科研业绩、技术与社会服务业绩和部门发展业绩等。二是专项津贴。专项津贴指为体现当前建设发展需要、提升人才队伍质量和

水平、实现阶段性目标而设置的专门津贴。例如，面向稀缺的高层次人才发放"高层次人才津贴"，对杭州市A、B、C和博士人才分别给予每年15万、5万、2万和1万元的专项补贴。三是重大项目激励。对取得国家级标志性成果的项目团队成员给予重大项目激励，资金从奖励性绩效工资剩余额度中支出。四是为激励和吸引优秀人才为平台发展多做贡献，根据实际设立特聘岗位，实行特聘津贴或团队薪酬或年薪制。

2. 突出高端，共创共享

为进一步激发教职工的积极性、创造性，产出高水平、有影响力的教科研业绩成果，推进学校高质量发展，出台了《教科研高水平成果建设管理实施办法（试行）》，探索制订标志性业绩成果清单。激励教师紧紧围绕国家双高校建设目标，着眼引领改革和支撑发展，产出高层次、高水平成果，促进学校核心竞争力提升。注重教学科研系统之间及各系统内部的协调，既注重整体平衡、又突出重点导向，同时鼓励协同合作与创新，共同获取重大成果，共同分享成果奖励。这些高水平成果涵盖成果奖、平台、团队和项目、技能比赛、论文、发明专利等，在具备特定业绩的情况下，教师可不受论文、项目、业绩成果等条件限制而直聘高一级职称，直至正高职称，这对调动教师参与技术技能创新服务具有重要的激励作用。

（二）完善考核评价机制，扩展教师成长通道

为全面落实《国家职业教育改革实施方案》《深化新时代教育评价改革总体方案》等文件精神，深化人才强校战略，推动"师德为先，质量导向"的教师评价机制改革，力求破除"五唯"弊病，建立以技术服务、科研攻关能力和实绩为导向的多元立体式教师评价标准。完善教师考核评价，探索教师分类管理改革。完善由年度考核、岗位聘任、职称评聘三种综合评价及单项能力不定期考核构成的教师考核评价体系。完善教师职称评聘改革，不断深化教师评价改革，撬动学校体制机制改革创新，探索以"代表性成果"和实际贡献等为主要内容的评价方式，将具有创新性和显示度的成果作为评价教师教科研业绩的重要依据，建立分层分类的岗位业绩评价标准，实行专业技术岗位动态聘任，形成"岗位能上能下、人员能进能出和待遇能高能低"的灵活用人机制。根据不同类型教师的岗位特点和工作导向建立适应学校教师

岗位设置的分类等级，分类实施和分类评价管理办法。

从目标、制度、标准、流程上不断优化教师评价工作，构建了一套涵盖教师任职标准、教师考核、岗位聘任、职称评审、绩效分配的评价改革制度。通过"成果导向、注重实绩、分类评价"打造了一支高素质、专业化、创新型教师队伍，激发广大教师教书育人、干事创业的积极性和主动性（图7-5）。

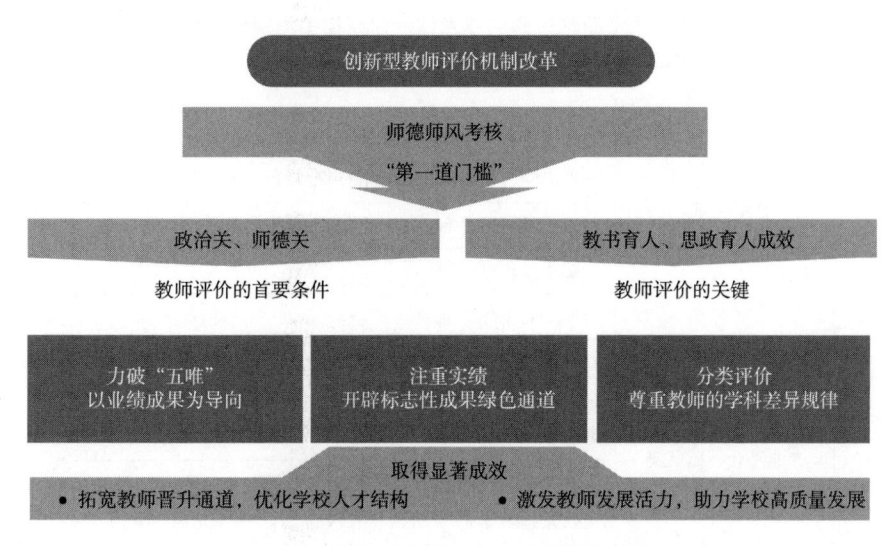

图 7-5 创新型教师评价机制改革示意图

1. 坚持严把师德师风考核，落实立德树人根本任务

始终将思想政治与师德师风考核作为教师评价的"第一道门槛"。一是确保教师的政治立场和师德品质作为评价的首要标准。通过建立思想政治与师德师风的综合考核体系，对任何违法违纪、学术不端等行为采取"零容忍"态度。二是强调教师的教书育人和思政育人成果在评价中的核心地位，通过优化评价指标，进一步凸显对教师思政教育工作的重视和引导。

2. 坚持正确的用人导向，推进人才分类评价机制改革

力破"五唯"，以业绩成果为导向。坚决破除"五唯"顽疾，教师评价以基于岗位的业绩成果为重点。在职称评审中，一是扩大代表作的范围。代表作不限于论文，发明专利、成果鉴定、艺术作品、专著、教材等均可作为代表作送审。二是实施成果当量替代政策。发明专利、国家（行业）标准、专业教材、专著、横向到款、教学能力竞赛等业绩成果均可替代。三是注重其他业绩

要求。增加教师在专业建设、指导学生、服务企业等方面的业绩要求，推行代表性成果评价，突出质量、贡献和绩效，充分体现职业教育特色。以科研和社会服务类教师的评价为例，将标准制订、提供政策建议和咨询报告、参与不同级别科研平台基地和团队、科技成果转化、知识产权授权或者转让、科技合作项目到款、校地共建研究院、孵化器等纳入成果认定（表7-1）。

表7-1  纳入教师职称评聘的技术技能创新相关类别和指标一览表

| 序号 | 成果类别 | 指标名称 |
|---|---|---|
| 1 | 科研平台、基地和团队类 | 国家级科研平台、基地和团队立项 |
| | | 省部级科研平台、基地和团队立项 |
| | | 市厅级科研平台、基地和团队立项 |
| | | 院士工作站立项 |
| | | 博士后工作站立项 |
| 2 | 专业平台、团队类 | 国家级团队、人才平台立项：全国职业院校教师教学创新团队、全国"黄大年式"教师团队、全国高校思想政治理论课名师工作室、全国技能大师工作室 |
| | | 省级团队、人才平台：省级高校黄大年式教师团队、省级职业院校教师教学创新团队、省级中高职一体化教师教学创新团队、省级技能大师工作室 |
| 3 | 科技合作项目、科技成果转化、服务地方类 | 科技合作项目 |
| | | 科技成果转化、知识产权授权或转让 |
| | | 校地共建研究院、孵化器、科技园、技术转移中心等平台 |
| | | 校企共建工程中心、联合实验室等科研合作平台 |
| | | 以技术改造助推工业转型升级，获得省级技术改造项目 |
| | | 科技服务地方有重大影响力，获得国家级或者省部级表彰，或得到现职国家领导人肯定性批示 |
| | | 引入社会培训（服务）项目（当年累计到账金额数达到要求，且牵头完成项目并通过继教院验收和认定） |
| 4 | 专利标准类 | 中国授权发明专利、国外发表专利 |
| | | 国际标准 |
| | | 国家标准、国家职业技能标准 |
| | | 行业标准 |
| | | 地方标准省级/市级 |
| | | 团体标准 |

分类评价，尊重教师的学科差异规律。科学设置岗位和评价标准，健全分类、分层的评价体系，充分考虑教师在专业、学科领域的差异，促进技术服务、科研攻关和教学育人之间的协调发展。根据专业、学科差异，制定不同类型的教师评价标准，以教师的工作能力和业绩为基本点，淡化数量的硬性要求。针对不同岗位、专业（群）、学科的教师，分别实施不同的考核评价方式，实现教师个性化全方位评价。在教师专业技术职务评聘中，根据不同类型、不同层次教师特点，实行分类评聘，做到人岗相适，在申报专业技术职务时，将教师分为教学为主、教学科研并重、科研为主和社会服务为主等多种类型。以科研为主型、社会服务为主型教师为例，这两类教师除了在完成基本的教学任务外，需要有较为稳定的研究方向和领域、科研业绩突出，或者承担技术咨询、推广、公共政策支持、社会服务等工作，取得突出的社会效益和经济效益。

（三）健全人才服务机制，优化教师发展环境

优化人才服务环境，落实高层次人才相关待遇和保障，让政策红利惠及各类人才，并加大宣传力度，营造良好氛围。完善人才服务政策机制，探索构建了集安家补贴、科研启动、子女就学于一体的高层次人才支持政策，构建了基于"业绩、能力、贡献和潜能"四位一体的高水平师资队伍评价指标体系。

1. 强化重才意识，将人才工作摆在突出位置

坚决贯彻党管人才的原则，组建专门的人才工作领导小组，精心制订人才发展的规划与实施方案，从而构建起一套相对成熟的领导架构和工作机制。同时，实行人才工作目标责任制，将人才工作作为年度目标考核的重要内容，确保各方在人才工作上形成协同共振的强大合力。

2. 加大引才力度，提高引才实效

一是配套政策，科学规划"兴"才。出台人才战略三年行动计划等制度，为引才育才"保驾护航"。二是全面出击，主动求贤"揽"才。以2023年为例，依托学校官方微信、青塔网、杭州引才网等平台多方发布招聘信息，派出若干招聘小组近40人次，奔赴西北、华中、长三角等地区参加实地招聘，丰富宣传载体和手段，打造立体化宣传格局。三是加大投入，优厚待遇"留"

才。加大引才投入，2023年累计投入200万元人才专项资金，主要用于安家费和科研启动经费；探索构建集安家补贴、科研启动、子女就学于一体的高层次人才支持政策，落实杭州市人才支持政策，如对A类人才购房补贴最高800万元，B、C、D类人才购房补贴分别为200万元、150万元和100万元；对优秀人才给予最高680万元经费支持。四是实施正式引进与柔性引进相结合，设置"固定+流动"教师岗位，创新高层次人才引进方式（图7-6）。

| | | 除享受按规定工资、保险、福利等 |
|---|---|---|
| ① | 提高引进待遇标准<br>签订《高层次人才引进协议书》予以落实 | ▶ 顶尖人才（杭州市A类人才）<br>一人一议<br>▶ 第一层次人才（杭州市B类人才）<br>待遇最高可达680万元（含科研启动费80万~150万元）|
| ② | 加强考核<br>将人才引进情况作为各二级学院目标责任制考核的重要指标 | ▶ 第二层次人才（杭州市C类人才）<br>待遇最高可达410万元（含科研启动费30万~80万元）<br>▶ 第三层次人才（杭州市D类人才或学校特需博士）<br>待遇最高可达260万元（含科研启动费10万~30万元）|
| ③ | 适时探索设立"伯乐奖"<br>奖励向学校推荐优秀人才的教职工 | ▶ 第四层次人才（博士）<br>待遇最高可达100万元（含科研启动费3万~10万元）|

图7-6 制定相关配套政策示意图

3. 优化"一站式"人才服务举措，营造爱才惜才氛围

只有解除人才的后顾之忧，才能充分激发人才活力。进一步加大服务力度、进一步拓展服务深度、进一步升华服务温度，全面打造全方位、立体化师资队伍服务保障体系。一是密切常态化联系，通过建立高层管理人员联系高层次人才制度，加强与人才的沟通与联系，拓宽人才建言献策渠道，增强学校对人才的吸引力、凝聚力和感召力。二是注重人本关怀，开展高层次人才金秋茶话会、教师节慰问，人才引进和培育工作推进会、中央人才工作精神学习会等各类活动，与各类人才共话学校发展。三是周到服务，增加高层次人才周转房套数并改善其居住条件，通过人事干事进行"点对点"联系人才，与各类人才建立联系、沟通交流，为他们提供服务、解决困难，真正做到把人才团结和汇聚到事业发展中。四是加大高层次人才先进事迹的宣传，

充分发挥其标杆、引领和示范作用，营造尊重人才、尊重技能的良好氛围，吸引更多高层次人才来学校工作。五是完善高层次人才引进后的培养、管理、考核的相关政策和机制，破除限制高层次人才发挥作用的各种障碍，激发人才干事创业的积极性和主动性，让各类人才舒心生活、安心工作、专心发展。

### 六、杭职院技术技能创新服务平台师资团队建设的成效

（一）建设体系逐步完善，队伍建设成效显著

完善了制度标准，在教师标准、职称评价、考核激励、团队建设、人才服务等方面形成了一系列配套制度，有效支撑了学校双师队伍建设。培育了一批高水平人才、团队，优化了人才发展环境，拓展了教师发展通道，让教师有更多获得感、幸福感，营造了广大教师干事创业、竞相发展的浓厚氛围。

1. 完善教师成长机制，引领教师专业发展

出台《绩效工资分配实施方案》，突出价值导向、业绩导向，建立以业绩考核为核心的分配激励机制。修订《专业技术职务评聘方案》，制订业绩成果清单，扩大业绩成果范围，细化分类评价，落实教学中心理念，强化教学质量评价，完善职称"直通车"机制。出台《人才项目管理办法》《人才引进工作实施办法》《外聘专家管理办法》《博士学历学位提升工程管理办法》《教师出国（境）进修培训管理办法》等相关制度文件，制定专兼职教师任职和素养标准、双师发展标准等教师发展标准，构建了一整套教师成长机制，充分调动教师及团队积极性，激发教师活力，支持与保障教师发展。

2. 教师队伍快速成长，名师梯队逐渐显现

凝心聚力分类打造"双师型"教师团队，"双高计划"建设期间，培育了国家级职业教育教师教学创新团队2支、国家级课程思政教学团队2支、浙江省高黄大年式教学团队1支、省级职业教育教师教学创新团队3支、省级技能大师工作室1个。培育国家"万人计划"教学名师2名、国家"万人计划"科技创新领军人才1名，获得全国技术能手、国务院政府特殊津贴等国字号人才25人次，省"万人计划"教学名师、省有突出贡献中青年专家等省部级人才36人次。新增正高职称教师48人、副高99人、博士教师31人，专任教师、"双师型"教师比例达90.62%，教师队伍实力得到极大提升。

### 3. 打造教师能力提升模式，教师培育得到高度认可

形成了以"领军人才引领、存量师资激活、新生力量增效、兼职教师添色"的师资队伍建设新格局。教师评价改革案例入选浙江省教育评价改革典型案例，打造了双师培训和校长培训两大国字号师资培育平台，教师发展中心建设成为省示范性教师发展中心，连续两年入选高职院校教师发展指数100所优秀院校。

### (二) 团队合力显现，建设成果丰硕

#### 1. 成功构建技术技能人才培养新生态，形成人才培养模式群的"杭职范式"

一是坚持立德树人，强化类型教育思维，构建"四融"校园生态、"三化"培养体系的技术技能人才培养新生态，基于校企共同体的专业人才培养模式群形成"杭职范式"，改革成效领跑全国，获国家级教学成果奖4项（一等奖2项、二等奖2项），获省部级（行业）以上教学成果奖30项，《面向智能制造的高技能人才校企一体化培养基地建设》等20个项目入选浙江省协同育人项目。二是实施专业数字化资源建设"3135"工程，打造高职一流"金课"，初步形成杭职特色"金课"建设体系，1000多门课程上线"学在杭职"；深化岗课赛证通，构建学分银行，推进1+X证书学生考证3300人次，累计培养高水平技术技能人才超1万名，每百名学生获省级以上技能竞赛奖项达5.12%；毕业生去向落实率达98%，留杭率达62%，连续5年居在杭高校首位，毕业生用人单位满意度超95%。

#### 2. 技术技能创新服务平台体系完善，服务区域和中小微企业能力跃升

突出"载体建设"，坚持服务区域高质量发展和产业转型升级，建成各级各类产教科融合平台100余个。国家电梯产品质量检验检测中心等平台成为引领行业发展、赋能企业创新的典范，服务中小微企业的影响力迅速跃升，平台建设案例入选国家教育行政学院、中国教育干部网络学院课程资源库，杭职模式示范全国。高质量科技成果快速增长，新增国家自然科学基金等国家级科研项目12项、省部级科研项目87项，年均增幅超30%，立项浙江文化研究工程重大项目（省内高职唯一），获教育部全国教育科学研究优秀成果奖1项（全国高职唯一）。位居"2022年全国高校高等教育科研论文排行榜"全国高职院校第3位，"2022年全国高职院校发明专利授权数量排行榜"全

国第 8 位。累计面向 1534 家中小微企业开展技术服务，承担企业技改项目 781 项，科研和技术服务收入超 1.1 亿元，技术服务转化企业收益 10 亿元以上，科技成果推广获浙江省政府表彰。

3. 增添服务发展新动能，服务发展水平显著攀升

建成市民大学、乡村振兴学院、产学研服务中心，培育了一批精准扶贫、军民融合等国家战略品牌项目，政府关注度高、行业企业投入大，合作利益共同体多，建成国家级职业学校校长培训基地，入选全国首批急救教育试点学校。建设全国电梯培训联盟、杭州产教融合研究院等市级以上研究、培训基地 12 个，共建共享职业启蒙课程 527 门，开展职业启蒙研究，出版职业生涯研究专著 4 本。开展职业咨询与指导 3.6 万人次，职业启蒙教育、职业体验培训 12.1 万人次；培训市民 7.45 万人次，技术技能培训、鉴定超 32 万人次；打造社会服务品牌 6 个，专业型志愿服务 1.81 万人次；行业企业新增投入（含准捐赠）4000 余万元，社会服务到款额超 1.46 亿元。

# 第八章

# 高职院校打造技术技能创新服务平台的趋势和建议

## 第一节

## 高职院校打造技术技能创新服务平台的趋势分析

### 一、技术技能创新服务平台在高职院校的重要性进一步凸显

在职业教育高质量发展的要求下,技术技能创新服务平台的重要性会进一步受到高职院校的重视。这是基于三个方面的判断:一是技术技能创新服务平台是高职院校产学研用协同创新的新载体,是突破职业院校服务深度不够和层次低、服务能力弱等瓶颈的关键,同时也是培养高素质技术技能人才、大国工匠、能工巧匠的重要平台和承担服务产业、服务行业企业、服务社会功能的有效载体。二是职教本科作为高职发展的重要走向,在本科层次职业院校设置标准中明确了高水平科研立项和横向经费到账的数量要求,一批办学基础好的高职院校在推进本科层次职业院校筹建时,必然会更加重视科研和社会服务。三是高水平的专业建设需要注重教学和科研相结合,积极引进国内外优秀的师资和教学资源,加强科研创新和成果转化,提高专业的国际竞争力和社会认可度,这些目标的达成需要以高水平的技术技能创新服务平台为载体。四是近些年高职院校对博士等高层次人才的引进力度持续增强,这些人才的发展必然需要一批高水平的技术技能创新服务平台作为教研和社会服务的支撑。因此,无论是从学校办学质量提升,高水平专业的建设还是教师自身能力发展等角度考量,高职院校会在技术技能创新服务平台方面继续加大支持和建设力度。

### 二、不同院校间高职院校技术技能创新服务平台的投入和产出差距进一步拉大

高职院校技术技能创新服务平台的建设水平和产出能力在不同的院校之间是有较大差异的,尤其是双高校和非双高校之间。据"双高计划"建设单位填报数据显示,截至2021年,197所"双高计划"建设单位共设置绩效指标108347个,2019—2021年总投入超过439亿元,其中中央财政资金投入

62.58亿元，带动地方财政投入144.65亿元、举办方投入6.74亿元、行业企业投入54.55亿元、学校自筹170.57亿元，拉动的其他预算资金投入相当于中央财政专项的6倍。2020年，中央财政安排21.57亿元支持"双高计划"建设，在此带动下，2020年河北、河南、浙江等12个省份启动实施省域"双高计划"建设，给予双高校大量的建设资金支持。在这种投入下，双高校的资源水平、平台和产出都有了明显的提升。

在资源建设方面，《2021中国职业教育质量年度报告》评出了60所资源投入和建设优势学校，在这60所双高校中，年生均财政拨款超过15000元的有33所，生均教学科研仪器设备值超过10000元的有53所，其中职业本科院校4所，高水平高职学校建设院校24所，高水平专业群建设院校21所。这表明，"双高计划"中央财政的投入，带动了地方与院校的投入，院校各类教学资源增长明显。

在平台建设方面，《2022中国职业教育质量年度报告》显示，双高校坚持聚焦行业、服务产业，通过打造高水平技术技能创新服务平台，开展技术创新、产品研发、决策咨询、技术服务，支撑国家重点产业和区域支柱产业发展。以双高校深圳职业技术学院为例，该校建设省市级技术技能创新服务平台60个，年均投入科技研发经费达1.58亿元。

在产出水平方面，《2021中国高等职业教育质量年度报告》数据显示，在2020年高职院校服务贡献典型校中，高水平高职学校建设单位占35%、高水平专业群建设单位占43%，合计占78%，而占全国高职院校总量90%的地方高职院校，服务贡献仅占总量的22%。"双高计划"院校在2021年的横向技术服务到款额的中位数达739万元，技术交易到款额的中位数达161万元，非学历培训到账经费的中位数达636万元，分别比上年增长了26.3%、43.3%、5.5%。在技术研发和成果转化方面，双高校发挥了引领示范作用。比如，深圳职业技术学院年度横向技术服务项目总数为460项，横向技术服务到款额达4524.87万元，技术交易到款额达1667.03万元。❶ 以专利为例，2021年全国职业院校共计获得发明专利授权5828件，双高校获得发明专利

---

❶ 中国教育科学研究院，全国职业高等院校校长联席会议.2021中国职业教育质量年度报告[M].北京：高等教育出版社，2022：7.

1012件，专利成果转化数量超过50项的院校有6所，专利成果转化到款额超过100万元的双高校有16所，这种技术成果转化能力明显带动了全国高职院校技术服务能力。❶

在后续的"双高计划"推进中，双高校会因为财政资金有充分保障，在技术技能创新服务平台方面给予更多的投入和更高水准的建设，而非双高校会因为资金的相对不充分而在平台建设方面投入有限，这种投入的差别会直接影响技术技能创新服务平台的基础建设、设备设施水平、团队引进、运行支持及服务能力等，会进一步拉大院校之间的技术技能创新服务差距。

### 三、增值赋能水平是衡量技术技能创新服务平台价值的关键指标

党的二十大对职业教育提出了更高要求，并且围绕深化现代职业教育体系的建设与改革，国家出台了一系列的政策，明确提出职业教育改革的重心由"教育"转向"产教"，技术技能创新服务平台作为深化职业教育产教融合水平的抓手，也必然会更加突出对职业教育内外的增值赋能的功能，包括服务国家战略、服务人才培养和师资能力发展、提升专业群供给能力、科技攻关、企业技术改造和产品升级、科技成果转化与应用、社会人员培训、智库咨询等。不同功能定位的技术技能创新服务平台成为创新源头，依托高校、科研院所和行企专家等资源优势，成为科技成果辐射的源头，同时贴近市场需求，紧密对接企业和产业，为其提供全方位和多元化的技术创新服务和系统化解决方案，解决企业和产业的实际难题，为中小企业群体提供技术支撑和科技服务，同时引领带动重点产业和区域实现创新发展。因此，在后续的技术技能创新服务平台评价中，职业院校不同利益相关者的增值赋能水平是关键的评价指标。

### 四、多元主体治理是技术技能创新服务平台的活力所在

技术技能创新服务平台是集成概念，涵盖人才培养和技术创新平台、

---

❶ 中国教育科学研究院，全国职业高等院校校长联席会议. 2021中国职业教育质量年度报告［M］. 北京：高等教育出版社，2022：9.

技术技能平台、产教融合平台，同时这些平台也是以技术技能的传承、积累、转化和输出为纽带，将政府、行企、机构、学校等多元主体的政策、人才、技术、资金、场地、文化等资源汇聚其中，使其高效配置、深度融合和互惠共赢。只有多元主体共同参与，技术技能创新服务平台才会将产业与教育形成合力、科研技术和教学形成合力，实现产教融合体制机制的创新、产教融合模式的创新、产教融合评价体系的创新。通过"政府部门主导、学校主体、行企参与、共同治理"的平台建设路径，地方颁政策、学校出载体、行企投资源，以平台为纽带引导资源向平台聚集，通过深化产教融合、校地融合、科教融汇，政校行企研等多元主体共同谋划、共同建设、共同管理、共享成果和共担风险，是打造高水平技术技能创新服务平台的必然趋势。

**五、高水平跨学科和跨专业团队是技术技能创新服务平台的核心竞争力**

以科技服务为例，传统的高职院校科技服务往往是依靠教师"单兵作战"，这种服务模式仅是与个体企业开展产学研合作、解决单一技术问题，很难满足现代企业对科研、教学、人才培养等多元化服务的要求，因为企业方对"综合性、整体式、打包式"的系统化服务需求明显增强。传统的技术技能创新服务平台团队在承担需要运用多学科的知识、方法和路径协同的服务项目时，往往会由于团队成员能力不足、服务效率不高、服务成果质量和综合服务能力不强无法胜任。另外，以往的科技服务往往以单一学院为主，服务团队的组建也集中在学院内部，鲜有其他学院的参与，这也会导致学校资源无法有效整合利用。因此，组建跨学科、跨专业的团队是未来打造高水平技术技能创新服务平台的必然，这样的团队可以通过交叉协同发挥各自优势，在科学研究、成果转化、人才培养等方面与企业开展全面合作，破解更加复杂的行业企业发展瓶颈和技术难题，实现产学研用的深度融合。

为打造高水平的跨学科和跨专业平台队伍，高职院校要主动求变，可从两个方面思考：一是跨学科和跨专业人才如何汇聚。高职院校应打破部门和

学科之间的界限，按照教师的专业领域、技术特长、服务意向等对接行业企业，创建优秀人才库，汇聚高质量科技服务人才的智力。学校可以按照任务的实际需要，通过信息化手段优化人员配置，同时利用校外资源，在组建队伍时将知名学者、企业专家和政府人员一并纳入人才库，形成应用基础研发、工程研发、技术推广等相结合的人才队伍结构。二是如何提升团队的管理和输出能力。跨学科和跨专业团队的管理需要专门化的、专职的运行管理团队，在研究方向、团队引进、人事管理、经费使用和绩效考核等方面进行运行管理。

### 六、制度与机制优化是技术技能创新服务平台可持续发展的必由之路

技术技能创新服务平台要可持续发展，必然要在传统平台管理和相应制度机制上做出改变和优化，这些优化主要包括四个方面。

一是平台与市场的紧密对接机制。在后续的技术技能创新服务平台建设中，学校越来越强调"有组织"科研和服务，逐渐摒弃传统平台的定位导向不明、技术研发缺少市场调研、研发项目和市场需求脱节等弊端，坚持市场驱动，实现研发服务实用化，杜绝供求"两张皮"现象，推动平台建设与市场、经济、区域发展需求紧密对接的机制。

二是自我造血的运行机制。在技术技能创新服务平台的成长初期，来自政府的资源支持不可或缺，但是这种支持也需要强调平台的市场性和自主性，在后续的平台建设中，高职院校要构建多元化的资金投入机制，如采取会员制、股份制、协议制、创投基金等方式，吸引企业、社会资本、高校院所等共同投入建设，使平台的收入主要来源于市场机制，如竞争性课题、市场化服务收入等。

三是创新服务与育人融入机制。高职院校技术技能创新服务平台不仅要以社会和市场为导向，发挥技术技能创新、服务、咨询、研发等多元服务功能，还需要服务学校育人需求，成为产教融合的渠道、育人的平台，要与教学育人深度融入和互动，这是技术技能创新服务平台创建的初衷，因此创新服务和育人深度融合也是必然要求和趋势。

四是多元成果的评价和认可机制。技术技能创新服务平台类型多元、产

出多元，成果不再局限于传统的论文、课题、著作、奖项等，而是涵盖工艺开发、产品升级、技术研发、技术成果转化、政策咨询报告、英才培养、创新创业、大师培育等。这些产出有效纳入技术技能创新服务平台的评价体系是必然趋势。这需要对传统的高职院校成果评价体系进行重新设计和改革，绩效评价要以技术研发成效、成果转化应用实效、对行业技术服务绩效、咨政采纳、推广应用等为评价重点，以有关客观数据、材料和服务对象评价为主要评价内容，制定符合平台相关产出的认定标准，出台激励这些多元化成果产出的制度，并且将成果的评价引入教师培养体系、职称评定、业绩认可等环节。

# 第二节

## 高职院校打造技术技能创新服务平台面临的主要挑战

### 一、平台的资金保障和后续投入需要加强

（一）高职院校办学经费相对不足影响平台投入

虽然近年来各级政府增加了对高职教育的投入，但办学经费不足仍是制约高职教育发展的主要瓶颈。2020年，高职高专教育投入仅占高等教育投入的19.70%，不足普通本科高校的1/4，而高职高专在校生占高等教育在校生的44.43%。根据全国职业教育质量年度报告数据统计，在公办高职院校中，生均财政拨款水平达12000元的约占75%，但仍有4%左右的公办高职院校生均财政拨款不足6000元。❶按联合国教科文组织测算，职业教育办学成本是普通教育的3倍左右，目前高职教育总体投入在同级教育中占比较低，投入力度与办学规模不相匹配，用于技术服务平台建设的经费有限，具有生产性和新技术（新产品）研发功能的设备更是不足。

（二）高职院校对平台的投入缺乏持续性

虽然国务院提出了"中央财政加大投入的同时，地方财政也要加强支持"

---

❶ 中国教育科学研究院，全国职业高等院校校长联席会议.2021中国职业教育质量年度报告［M］. 北京：高等教育出版社，2021：65.

的要求，但是在一些省份这一政策还未真正得到落实，仍须进一步加强省级统筹，加大政策供给、优化经费支出结构，健全稳定的生均财政拨款投机制，保障职业教育经费投入和发展需求相适应。❶ 据《中国教育经费统计年鉴2021》，2020年高职国家财政性教育经费投入共计1898.63亿元，较2019年增加306.07亿元，增幅近20%。但职业教育经费稳定投入机制建设依然任重道远。根据2020年、2021年各省级行政区职业教育质量年度报告"政策落实表"数据统计，与2020年相比，2021年15个省级行政区高职院校生均财政拨款水平有所提升，16个省级行政区有所下降，4个省份高职院校生均财政拨款水平未达到12000元。还有少数省份将学费计入生均财政拨款中，行业企业举办或民办院校的投入更低，财政经费补贴不到位，这直接导致部分高职院校教育教学资源投入不够，影响平台建设。

另外，科研需要长期的投入和关注才会获得回报，但是高职院校的技术技能创新服务平台建设往往是"项目式"，即相应的建设项目验收后，往往不再为技术研发平台投入经费，所建立的研发平台的运行缺乏稳定的、可持续的发展机制，有些研发平台甚至因为缺乏后续资金支撑而废弃。如何在不同的项目建设时期，兼顾技术技能创新服务平台的可持续资金投入及平台自我造血功能的实现，以保障平台的可持续运行，是困扰高职院校的课题之一。

## 二、平台的教研联动和多元主体参与不足

（一）平台缺乏和教学的深刻联动

高职院校应主动将科教融汇作为人才培养模式改革的新方向，以产科教一体化育人为切入点，以产科教平台为依托，将科技创新要素有机融入人才培养全过程。探索建立一整套以教促产、以产助学、产学互动、学研结合的行动体系，形成"企业项目进课堂、能工巧匠上讲台、师资队伍下企业、师生作品进市场"的局面。❷ 然而，目前高职院校的技术技能创新服务平台的工

---

❶ 中国教育科学研究院，全国职业高等院校校长联席会议.2022中国职业教育质量年度报告［M］.北京：高等教育出版社，2022：55.

❷ 王振洪.搭建产科教平台，融汇"产、学、研、训、创"［N］.光明日报，2023-02-14（14）.

作内容和教学内容缺乏关联，科研过程和教学过程是分割的，平台和教学并没有形成良性互动，同时学生参与平台工作的程度也不够，平台的育人作用没有得到较好的发挥。

（二）平台建设缺乏和其他高校、研发机构和企业的深度合作

目前职业院校跟政府、企业或科研院所合作时，合作主体之间的权责关系、资源整合及利益分配等，仍需要探索并给予体制机制方面的保障。由于一些高职院校的产教融合运行机制不健全，高职院校技术技能创新服务平台往往缺乏与其他高校、研发机构和企业的深度合作，即使有研发和服务项目，企业方也往往是挂名而已，未能深度参与具体研发过程，平台的共建共享流于形式。在这种背景下，高职教师开展技术技能服务往往是靠个人寻找合作企业，在单个技术服务结束后，基本就不会再次合作，这导致技术技能创新平台很难形成紧密协同的科研共同体和完整的科研创新链条，从而直接影响平台功能的释放。

### 三、高水平的平台和高质量研究成果不多

高职院校之所以不"高"，主要原因是学校的研究能力不足和研究成果质量不高，这制约了高职院校服务产业转型升级和育人的能力，也造就了高职院校的现有社会形象。

（一）缺乏支撑教师科研的高水平创新服务平台

高职院校的科研平台因为投入较少，往往在设备先进水平上较低、在建设体量上较小，设备设施的先进性不强、数量不足，能够服务于技术创新的设备设施有限，无法支撑教师的科研和其他创新工作需求。目前，高职院校的技术平台水平主要是校级和市级的，在1000余所高职院校中，仅深圳职业技术大学等几十所高职院校拥有省级、国家级科研平台。

（二）"研究"在高职院校内涵建设中的功能定位不准

近些年，虽然一些高职院校开始重视"研究"，但是研究注意力往往投向纵向重点课题的申报和在高水平期刊上发表论文，在技术研发和服务方面的作为不突出。据国家知识产权局网站数据，2020年全国高职院校的校均授权

发明专利数 2.69 项，有 959 所高职院校授权发明专利数为零；据《2021 中国职业教育质量年度报告》统计，全国有 217 所高职院校在 2020 年的科研社会服务经费为零。由此可见，高职在技术研发方面还存在产出能力不足的问题。

**四、平台的技术转化和应用率不高**

（一）科技成果供需双方的有效对接能力不足，科技成果的市场价值不高

企业需要的是成熟、直接能产生效益的科技成果，而高职院校以育人为主业，教师往往对技术技能服务重视不够，所开展的技术技能研究也往往是限于个人兴趣、学科背景，科研选题与市场需求结合不紧密，较少从企业挖掘技术难题开展攻关，研发过程与市场脱节，科技成果供需双方的有效对接能力不足，缺乏市场价值较高、技术较成熟的科技成果。科技成果多为实验室阶段成果，一般只做到样机或者初级产品阶段，大多不能"即时转化"，企业对科技成果"用不了"，远离生产实际的研究模式导致教师产生的论文、专利等成果难以在现实中得到有效转化，满足转化需求的高质量科技成果仍然不多。另外，高职院校科研人员申请专利的目的主要是结题验收与职称评定，存在较强的功利性，偏离了专利制度的初衷，即产生商业价值并且通过建立保护机制激励创新和投资，这种认知的偏差导致高职院校虽形成了一定的专利成果，但质量不高、商业化价值开发难度较大，企业很难用上。

（二）与普通高校比较而言，高职院校科技成果转化率较低

专利作为高职院校重要的科技成果，从相关数据来看，真正实现转让、许可转化的比例并不高。《中国科技成果转化 2021 年度报告（高等院校与科研院所篇）》显示，2020 年，3554 家高校院所以转让、许可、作价投资和技术开发、咨询、服务方式转化科技成果的合同项数及合同金额均有增长，合同项数为 466882 项，合同总金额为 1256.1 亿元。其中，转化科技成果超过 1 亿元的高校院所有 261 家。据高职发展智库统计，全国共有 1212 所高职院校。《2022 中国职业教育质量年度报告》显示，2021 年全国高职院校共获得

发明专利授权5828项，较上年增加43.57%；高职院校专利成果转化数量共计3316项，其中907所高职院校专利成果转化数量为0，占比达74.83%。双高校共获得发明专利授权1012项，专利成果转化数量超过50项的院校有6所，专利成果转化到款额超过100万元的院校有16所。从高职院校整体或者从双高校的科技成果转化来看，科技成果转化率均有待提升。

**五、平台的管理和激励措施亟待加强**

（一）缺乏专业化的管理人员

高职院校缺乏"大而强"的高水平服务机构，以实现科技成果转化链条的良性循环，难以真正促进技术、资本、市场资源的有效整合。在平台管理队伍横向比较方面，我国高校、科研机构与发达国家存在较大差距，如我国高校拥有的专利数量约是美国高校的30倍，但高校从事知识产权和成果转化管理的人员数量仅为美国高校的1/10[1]，且美国高校科技成果转化团队多是拥有博士学位、MBA学位的复合型人才，而我国高校、科研机构成果转化管理团队中复合型、专业化人才相对较少。技术成果转化在高职院校中也尚未受到应有的重视，甚至很多高职院校都没有设立专门的技术转移机构，缺乏专门服务岗位，在技术平台科技成果的转化和产业化引导方面的能力欠缺，即便设立了专门岗位，也缺乏专业化成果转化管理和服务人才，特别是懂成果转化并且具备法律、财务、市场等专业能力的技术经纪人才。

（二）平台管理和考核粗放

平台管理部门对平台成员的研究方向和过程缺乏规约和引导，导致在实际工作开展中，平台研究人员根据自己的兴趣开展研究，研究比较发散，或者教师会为了完成平台考核绩效而选择一些"短、平、快"的研究课题，研究成果缺乏市场针对性，也与平台的功能定位、研究方向缺乏关联，在平台

---

[1] 孙红艳."双高"背景下高职院校技术技能创新服务平台构建的现实困境和优化策略[J]. 中国职业技术教育，2020（24）：41-46.

成果考核时甚至会出现拼凑成果的问题，如一个专业组甚至一个分院的教师拼凑研发平台成果以应对考核。

(三) 研发服务激励亟待加强

一是高职院校缺乏专门的"技术技能服务型"教师职称评价设置。部分高职院校尚未设立技术技能服务型教师的职称设置，职称评价还主要以课题和论文为考核依据，这影响了教师对技术研发和服务的积极性。二是教师教学任务重，研发服务精力不足。根据教育部网站发布的《2022年全国教育事业发展统计公报》，我国普通本科学校生师比为17.65∶1，本科层次职业学校生师比为18.31∶1，高职（专科）学校生师比为19.69∶1，就生师比而言，高职（专科）的生师比整体偏高。根据《职业学校办学条件达标工程实施方案》，高职院校的生师比合格标准为18，根据《2022中国职业教育质量年度报告》，全国高职院校生师比的达标率为82%，其中1301所院校中有239所院校的高职师生比未达标，生师比最高的甚至达到101.14。相对较高的生师比，不仅影响个性化教学的实施，也导致教师的教学任务重，没有充足的精力开展技术技能服务与创新。

# 第三节

## 高职院校打造技术技能创新服务平台的建议

### 一、加大技术技能创新平台投入，高起点夯实平台硬件基础

(一) 给予技术技能创新服务平台充足的资金支持

国家重大建设计划的实施通常伴随着大规模的资金投入，只是在不同的时期资金的投入方向不同。在国家示范、骨干高职院校建设时，主要资金投向内涵建设相关的软件建设，给硬件建设分配的比例较小。教育部引领的高水平高等职业院校与专业的建设计划，其实也是高职院校的双一流建设工程，预计国家将在未来的建设过程中，投入650亿元的教育经费，而"双高计划"建设院校也是为建设项目筹措了充足的建设资金。以2019年10月24日教育部、财政部

联合发布的《关于中国特色高水平高职学校和专业建设计划拟建单位的公示》中A档10所高水平高职学校建设单位为例,其建设经费颇为雄厚,其中,北京电子科技职业学院6亿元、天津市职业大学3.4亿元、深圳职业技术学院9.8亿元、黄河水利职业技术学院8.5亿元,陕西工业职业技术学院8.2亿元、金华职业技术学院6.98亿元、无锡职业技术学院6.25亿元。在这充裕的建设资金中,应该为打造技术技能创新服务平台分配充裕的、持续性的建设资金,以便支撑平台的硬件投入、研发服务团队建设和其他研发消耗等。

杭职院在"双高计划"建设期间加大了对技术技能创新服务平台的支持力度,在5.28亿元的预算中,打造技术技能创新服务平台项目的预算达到了6100万元;在电梯工程与技术专业群的1.06亿元的预算中,技术技能创新服务平台的预算达到2675万元;在服装专业群的7800万元预算中,技术技能创新服务平台的预算资金达到1000万元。

(二)高起点夯实平台硬件基础

随着高职内涵建设的发展,技术技能创新服务平台的硬件建设水平需要大幅度提升,这不仅是科研的需要,也是技术和产品层面研究的需要,这种需求在工程技术学科方面尤其突出。技术研发平台的先进程度很大程度上影响研究水平,在"双高计划"建设过程中,要提升高职院校的技术技能创新服务水平,必须有过硬的技术技能创新服务平台。双高院校要抓住双高建设这一历史契机,夯实技术技能创新服务平台的硬件基础。在平台硬件投入之前要做好调研、专家论证和预算安排,针对新技术、新业态,高标准、高起点做好硬件基础设施建设规划,保障平台硬件的先进性和有效性。

## 二、强化"四服务",建立多元参与的开放创新体系

(一)平台要服务学生成才、教师成长、中小微企业发展和产业转型升级

结合科技研发项目和内容构建系统化的平台培养体系,制定和完善培养标准,开发基于项目研究过程的创新课程,产教融合、协同育人,推进课堂革命、实施有效教学、发挥平台育人功能;依托平台,与企业联合开展研究

开发、成果应用与推广、标准制定等活动，推动校企科技人员相互交流、相互兼职，有效带动专业教师专业技能和科研能力的提升；专业教师主动参与中小微企业课题研讨、技术攻关、新产品开发和技术转移，提供技术攻关和技能培训服务，解决中小微企业科研人员不足、科技创新能力不足的问题，有力支撑中小微企业健康发展；平台以有效推进传统行业优化升级、促进支柱产业稳步发展、推动地方高新技术产业快速成长、创新生产性服务业新型发展模式为核心，系统开展科技攻关、产品研发、技术推广、发展咨询、技能培训、成果转化等服务活动，为区域产业发展提供强有力的智力支持与人才保障。❶

（二）建立多元协同的开放创新体系

开放创新体系是当今新的一类创新模式，要求更多并行、多角度的创新资源整合，全面吸收全方位的创新要素，形成以创新利益相关者为基础的多主体创新模式，从而打破以往封闭型的、单一主体的技术平台建构模式。技术技能创新服务平台要吸纳企业参与共建平台、共构研发队伍，突出学校和企业的技术技能创新服务"双主体"地位，汇集学校、企业、行业和政府的多方优质资源，建立政校行企协同创新机制，实现多方共赢。

### 三、突出应用导向，提升各类服务平台的产出质量

（一）找准自身定位，突出平台的应用研究和实践价值

高职院校的技术技能创新服务平台不能和本科院校一样去发现真理，而是以解决实际问题为目的。根据"双高计划"对高职院校不同类型的技术技能创新服务平台的定位，为行业企业解决实际问题，提升平台的生命力，产出行业企业真正需要的技术创新成果。人才培养和技术创新类平台着重服务中小微企业的技术研发和产品升级，同时注重成果和技术的产业化，这类平台用于技术研发、技术咨询、专利转化及应用型人才培养；产教融合平台主要着眼于服务区域和产业发展，着力为地方政府、产业园区和行业提供政策

---

❶ 孙红艳．"双高"背景下高职院校技术技能创新服务平台构建的现实困境和优化策略［J］．中国职业技术教育，2020（24）：41-46．

咨询、产业转型对策、社会培训、行业标准制定等；技术技能类平台主要发挥专业群的技术服务供给能力，为重点行业、支柱产业开展产品研发、工艺开发、技术推广和技能人才培养，为企业发展提供动能。

(二) 提升平台产出成果的含金量

高职院校的技术技能创新服务平台要扭转追求高级别课题和核心论文数量的单一做法，要提升专利、技术标准制定、技术咨询、工艺革新和政策建议等应用性成果的含金量，逐渐将校级和市级研发平台提升为省级甚至国家级研发平台，提升服务能级，在深化产教融合上做好文章，做出高职特色。

## 四、以研究能力提升为突破口，构建多类型并存的平台团队

(一) 鼓励教师成为研究型人才

高职院校要鼓励教师成为"研究型"人才。这种研究包括对行业企业需求、产教融合、人才培养模式、日常教学问题、课程建设、技术服务方法、产品工艺改进等应用型研究。教师要有强烈的探究意识和钻研精神。

(二) 发挥平台负责人带领和支撑研究计划设计与实施的作用

平台负责人要带领成员了解服务对象的需求，把握平台的研究方向，选取重点项目开展攻关，制订可行的研究计划，并且保障平台项目按进度计划实施，同时要主动了解项目中出现的问题，做好项目建设的沟通，做好平台成员的考核与激励，保障平台的成果和服务质量。

(三) 根据教师能力的不同层级开展相应的技术服务和研究能力培养

针对高职院校教师在研究和服务方面缺乏研究方法、实施路径不明的突出问题，高职院校要重点加强教师研究方法的培训，这种培训应该是持续性、阶梯式和项目式的，要注重实效，切实让教师"懂研究、会研究"。

(四) 组建校企协同创新团队

平台要注重吸纳来自本科、研究所、行业企业的高水平研究专家、行业大师、技术专家等，共建技术技能创新服务队伍，经常性地开展成员交流和项目研讨，合作进行产业创新技术项目研发，带动教师研发和服务能力的提升。

### 五、健全考核评价和激励机制，提升成果转化效率

**（一）以提升科技成果产出为导向，建立有利于激发科研人员转化科技成果积极性的考核评价体系**

一是进一步完善以市场需求为导向的研发机制，以应用为导向，项目要立足产业需求，提升科技成果源头供应质量，同时吸引更多企业组织联合研发，形成主要由市场决定的技术创新机制；二是将科技成果的经济社会效益作为教师能力评价的重要参考指标，建立将成果转化收入与职称评定直接挂钩的评价机制；三是出台有利于促进科技成果转化的考核评价体系，高职院校要推进科研人员分类评价改革，将科技成果转化绩效作为对单位及人员评价、科研资金支持的参考和依据，建立完善单位内部科研人员和从事技术转移工作人员的考核评价体系和机制。

**（二）加大科研人员奖励力度，探索激励机制改革**

国务院印发《实施〈中华人民共和国促进科技成果转化法〉若干规定》规定，在研究开发和科技成果转化中作出主要贡献的人员，获得奖励的份额不低于奖励总额的50%。统计发现，随着促进科技成果转化相关政策的落实，研究开发机构、高等院校（普通本科院校）对科技人员的激励力度不断加大，科研人员获得奖励金额和人次大幅增加。《中国科技成果转化2021年度报告（高等院校与科研院所篇）》显示，2020年，我国以转让、成果许可、技术开发、技术咨询等途径转化科技成果超过1亿元的高校和科研院所达261家；多种方式转化的科技成果也呈上升趋势，统计显示，高校和科研院在科技成果转化方面的合同数量和合同金额都有明显的增长：2020年合同项数为20977项，比上一年增长39.9%；合同总金额达202.6亿元，比上一年增长32.3%。在2020年高校和科研院所的成果转化合同中，个人获得的现金和股权奖励金额为55.9亿元，比上年增长4.8%；研发与转化主要贡献人员所获现金和股权奖励达52.6亿元❶，比上年增长8.9%，显示出近年来国家相关促进科技成果转化政策对创新人才的激励作用。此外，在政策激励下，高校和科研院所创设和参股新公司的数量显著增长，达2808家，增幅高达28.9%。

---

❶ 公丕明. 构建多元化科技人才激励机制［J］. 中国党政干部论坛，2022（10）：85-88.

以上做法可以为高职院校提供借鉴,加强对教师的技术技能服务激励,提升其积极性。

(三)建立健全技术转移机构,加快平台成果转化

《中国科技成果转化 2021 年度报告(高等院校与科研院所篇)》显示,越来越多的高校、科研院所专门成立了适应自身特点的技术转移机构,科技成果转移转化不断向专业化、市场化和社会化发展。同时,高校院所与企业共建的各类研发机构、成果转化转移机构和技术技能创新服务平台数量得到快速增长,依托这些平台聚合各方优势资源,以此助力科技成果的转移与转化。统计显示,2020 年有 802 家高校、科研院所自建技术转移机构,比上一年增长 16.4%,1106 家高校院所与企业共建研发机构、转移机构、转化服务平台,比上一年增长 5.5%。打造高水平的技术技能创新服务平台,需要建立健全成果转化工作机制,引导建立专门从事科技成果转化的管理服务机构,加强培育专业服务人才,相关部门研究建立技术经纪人培养体系,试点开设科技成果转移转化专业及课程。发挥市场化技术转移机构作用,培育打造运行机制灵活、专业人才集聚、服务能力突出的技术转移机构,探索市场化运营的技术转移机构,借助第三方技术转移服务机构,形成"企业+高校+第三方技术转移机构"的成果转化模式,瞄准市场需求,推动高价值成果产业化,提升平台的技术技能成果转化、转移效率。❶

---

❶ 孙红艳."双高"背景下高职院校技术技能创新服务平台构建的现实困境和优化策略[J].中国职业技术教育,2020(24):41-46.

# 附　录

## 附录1　杭州职业技术学院技术技能创新服务平台建设相关制度文件

### 杭州职业技术学院技术技能创新平台管理办法（试行）

#### 第一章　总则

**第一条**　高校有组织科研是高校科技创新实现建制化、成体系服务国家和区域战略需求的重要形式，科研平台高质量建设是高校有组织科研的重点举措。为加强和规范我校技术技能创新平台的建设和管理，充分发挥科研平台在科技创新、专业建设、成果转化、人才培养、国际交流等方面的作用，激发科研创新活力，支撑学校"双高"建设，依据国家发展改革委、科技部、教育部等部委及浙江省有关文件精神，结合学校实际，制定本办法。

**第二条**　技术技能创新平台的任务是根据国家、地方或行业中长期科技发展规划、发展战略目标以及学校专业建设需求，面向科技前沿和现代化建设，围绕社会发展、国民经济的重大科技问题和关键技术，组建科研团队，开展创新性研究，培养创新型人才，推动科技成果转化和产业化，提高专业综合实力，增强学校核心竞争力。

**第三条**　本办法所指的技术技能创新平台包括：由上级主管部门批准成立、以我校为依托单位建设的重点实验室、工程（技术）研究中心等省部级和杭州市级科研平台；由杭州职业技术学院正式批准成立的研究院、研究中心、协同创新中心、大师工作站、技术转移中心等校级科研平台。

第四条  为支持创新平台长期稳定地开展科学研究、产出重大创新性的科研成果、培养高质量人才、形成良好社会经济效益，创新平台按照"系统规划、分类管理、资源统筹、定期评估、动态调整"的原则建设管理。

## 第二章  职责

第五条  学校作为科研平台的依托单位，负责统筹规划科研平台资源，指导全校科研平台整体建设，提供必要的物质保障和政策支持，协调解决科研平台建设和发展过程中的重大问题。成立"杭州职业技术学院科研平台建设工作委员会"（以下简称平台工作委员会），由主要校领导任主任，分管校领导任副主任，由科研处、人事处、教务处、财务处、设备管理处、国际合作与交流处等相关职能部门负责人任成员，在科研处设秘书处。各组成职能部门在各自职责范围内承担科研平台的相应监督、管理责任。

第六条  科研处是科研平台的归口管理部门，负责组织制定全校科研平台整体建设计划，制定学校科研平台建设和管理规章制度，组织省部级和杭州市科研平台建设项目申报、评审、考核与评估，指导与监督科研平台培育、建设和运行。

第七条  各二级学院是科研平台建设第一责任主体和业务管理单位，负责管理和监督科研平台业务建设与规范运行，提供必要的支持保障，组织科研平台向学校及上级主管部门报告平台建设和管理情况。科研平台可由一个二级学院独立建设或多个二级学院共同建设，多个学院共同建设的要明确一个二级学院作为牵头建设单位。建设单位应将科研平台建设纳入本单位建设的总体规划，将省部级科研平台任职作为学院职称评定、考核评优的加分项目。

第八条  科研平台主任是平台建设与运行管理的第一责任人，负责组织科研工作，组建学术委员会，组织高水平的科研学术队伍，组织制定内部管理规章制度，组织制定、实施科研平台建设发展规划并完成各项指标任务，组织编写科研平台建设方案、验收评估、年度工作报告等材料，向学校报告科研平台运行情况，负责经费的使用、管理和审批，负责科技保密、知识产权和学术道德建设。

## 第三章 规划培育与组织申报

**第九条** 根据学校事业发展和学科建设情况，结合国家和行业有关规划、重大战略部署、重大工程建设、重点区域创新发展等需要，制定全校科研平台整体建设计划，由平台工作委员会审定。

**第十条** 根据全校科研平台整体建设计划，培育有望获批市级以上平台、产出重大科技成果的科研平台。

（一）省部级科研平台培育点申请，由建设单位以省部级科研平台为基础提出培育点建设方案，科研处组织专家论证，报平台工作委员会审议。

（二）杭州市科研平台培育点申请，由建设单位组织本单位校级科研平台或者高水平科研团队提出培育点建设方案，建设单位组织科研处参与的专家论证，报平台工作委员会审议。

（三）平台工作委员会每年召开1~2次会议，集中审议国家级、省部级科研平台培育点申请及其分类资助方案。

**第十一条** 校级科研平台不进行培育，实行成熟一个认定一个。校级科研平台可申请纳入省部级科研平台培育点管理，应以培育省部级科研平台为建设目标，形成汇聚校内外相关学科资源和人才优势、拥有高水平科研团队的平台。不能纳入培育点的校级科研平台作为省部级科研平台的方向或者团队，形成梯队式平台体系。

**第十二条** 获得上级主管部门批准进入省部级以上科研平台筹建序列或者培育点的科研平台，一事一议，按照上级部门批复的建设方案，由建设单位会同科技管理理部门制定具体实施计划，报平台工作委员会审议。

**第十三条** 培育点必须组建稳定的科研团队，平台人员一般与其他培育点以及学校省部级科研平台人员不得重复。

**第十四条** 市级以上科研平台由科研处组织申报，根据上级部门发布的科研平台申报指南，优先从培育点中遴选推荐对象。申报组织中，科技管理部门负责落实申报牵头单位，组织专家论证申报材料和建设方案，报平台工作委员会审定后进行推荐；牵头建设单位负责组织编写申报材料，并提出具体可行的建设方案，包括建设目标、平台负责人、研究方向、研究方向带头

人、学术（技术）委员会、建设场地及经费来源等。

<h2 style="text-align:center">第四章 建设运行与管理要求</h2>

**第十五条** 科研平台应聚焦科学前沿和国家及地方需求，凝练研究方向，开展有组织的科学研究；加强团队建设，培养和引进优秀人才，建设具有创新意识和团队精神、知识结构和年龄结构合理的科研团队；积极承接各级各类科研任务，争取国家和地方科研项目，开展创新研究和技术攻关；开展政产学研合作，服务国家和区域经济社会发展，促进科技成果转化；组织国内外交流与合作，承担国际合作任务，承办国际和国内重要学术会议，扩大科研平台在国内外的学术影响力；重视科研育人，弘扬科学家精神，做好科教融汇，支持学生开展科研创新和实践工作。

**第十六条** 科研平台应按照建设目标要求，高质量、高水平完成各项建设任务。上级主管部门批准建设的科研平台，建设期满后根据上级主管部门相关办法组织年度、中期及期终评估。培育点根据学校批准的建设方案由科研处组织考核和验收。

**第十七条** 学校、建设单位和科研平台共同筹措资金，不断改善科研平台的科研条件和环境，创造有利于科研平台建设和发展的环境。

**第十八条** 科研平台的年度和周期经费预算，以及会议费、仪器购置费、绩效经费使用，需经科研处审核后，报财务处执行报销。

**第十九条** 科研处、人事处、教务处、设备管理处、财务处在各类科研计划、成果转化、人才（团队）计划、仪器设备购置、科研场地、经费投入等方面对科研平台给予支持。设备管理处指导科研平台开展安全管理、仪器设备等资源开放共享。国际合作与交流处负责指导科研平台开展国内外合作交流有关事项。

**第二十条** 科研平台实行学校领导下的主任负责制。

（一）科研平台原则上不具有行政级别、不设置管理岗编制。

（二）科研平台主任应是本领域高水平的学术带头人，具有较强科研组织能力，首次聘任时原则上不超过55岁，每届任期5年，一般连任不超过2届。

（三）省部级科研平台一般设主任1名，常务副主任或者副主任1~2名，专（兼）职秘书1名。校级科研平台一般设主任1名。与校外单位共建平台可根据实际需要，相应增加主任或者副主任。

（四）科研平台主任由建设单位提出人选建议，报平台工作委员会审定，省部级科研平台根据上级主管部门有关规定备案。

（五）省部级科研平台主任、常务副主任、副主任、教师兼职秘书给予相应工作量减免，每年由建设单位填报上述人员工作情况，报科研处审核备案。

第二十一条　省部级科研平台根据研究方向组建稳定的科研团队，实行团队负责人制度。省部级科研平台团队负责人一般不得重复，其他人员重复比例不超过30%。

第二十二条　科研平台根据实际情况组建学术委员会，负责指导审议科研平台的建设规划、发展目标、研究方向等重大事项。委员会成员应由国内外高校、科研平台及企事业单位知名学者组成，本校人员占比不超过三分之一。学术（技术）委员会每年至少召开1次会议。校级科研平台可由建设单位统筹通过省部级科研平台学术（技术）委员会进行工作指导。

第二十三条　省部级科研平台要建立完善的内部规章制度，保障平台安全管理、开放运行和工作服务，制定科研团队和人员考核、经费管理、学术交流、人才培养、实验室安全和仪器共享等办法，由建设单位学术委员会审核并报科技管理部门备案。承担国防科研任务的科研平台须严格遵守上级主管部门及学校相关保密制度。

第二十四条　科研平台应加强知识产权保护，规范研究成果对科研平台的标注。

第二十五条　科研平台要营造创新氛围，重视党的领导，加强学术道德和学风建设，做好平台学术交流和宣传工作。省部级科研平台每年要组织1次以上学术研讨、沙龙、年会等学术交流活动。

第二十六条　科研平台未经审批不得擅自在校外建立分支平台、对外签订具有法律效力的文件（包括但不限于合同、协议、备忘录等），不得从事商业性宣传、营利性活动以及其他可能对学校声誉产生不良影响的活动。违者须承担相应后果，学校也将同时追究科研平台主任责任。

第二十七条　科研平台的重大事项变更，包括管理人员和科研团队调整、

更名、管理制度修订、学术（技术）委员会会议、学术交流活动等，应事前向建设单位报告并在科技管理部门备案。

## 第五章 考核评估与经费支持

第二十八条 为保障科研平台更好发挥科技创新主体功能，科研处每年组织省部级科研平台和培育点年度考核。

第二十九条 校级科研平台根据其对所属省部级科研平台贡献度，由建设单位提交单位评价意见至科研处备案。

第三十条 考核成果须标注科研平台名称，同一成果一般用于一个平台的考核材料，如果一个成果是多个平台合作成果，由成果完成人申报并经建设单位审批，可作为相应平台的考核材料。

第三十一条 考核分设优秀、良好、合格、不合格四个等级，各等级不设比例。本年度接受上级主管部门考核的平台，其年度考核结果依据上级部门考核结果进行认定。

第三十二条 学校对年度考核合格以上的科研平台给予一定的经费支持。

（一）通过年度考核的平台中，经过上级部门考核验收并正式运行的省部级平台支持运行费；获得上级主管部门批准进入筹建序列或者培育点的省部级科研平台，以及纳入省级以上平台培育点的分类支持建设费。

（二）考核合格的省部级科研平台，根据学校年度预算资助给予相应的运行费支持，考核优秀等级可以适当增加经费支持。

（三）平台经费实行年度预算审批制度。平台工作委员会根据科研平台年度考核结果，制定资助方案。

（四）学校支持科研平台的运行费和建设费，原则上不得支出个人绩效。

（五）上级部门给予支持高于此标准的，学校不再给予支持；上级部门给予支持低于此标准的，学校按此标准补足。

第三十三条 考核结果为不合格的科研平台，建设单位组织科研平台提出具体整改措施，并限期一年整改。上级主管部门批准建设的科研平台，限期未能完成整改的，相关事项计入学校科研诚信管理档案，并报该平台上级主管部门，建议对该平台予以撤销处理。省部级科研平台培育点，考核结果为不合格，停止下一年度支持，限期未能完成整改的，取消培育点并在建设单位下一年度经费预算中扣减学校前期投入，建设单位两年内限制申报科研平台培育点。

## 第六章 附则

**第三十四条** 本办法与上级主管部门管理办法不一致时，以主管部门的管理办法为准。

**第三十五条** 本办法自发布之日起实施。

**第三十六条** 本办法由科研处负责解释。

# 杭州职业技术学院技术技能大师工作室（站）建设与管理办法（试行）

为贯彻落实《人力资源社会保障部财政部关于深入推进国家高技能人才振兴计划的通知》（人社部发〔2016〕74号）、《中共浙江省委人才工作领导小组办公室浙江省人力资源和社会保障厅浙江省财政厅关于高水平打造高技能人才队伍的意见》（浙人社发〔2017〕139号）有关要求，扎实推进"双高计划"建设，进一步实施人才强校战略，创新高技能人才的培养模式，积极发挥技能带头人技术创新、传授技艺和传承，确保我校技术技能大师工作站（以下简称"大师工作站"）顺利实施和健康发展，推动高技能人才队伍建设，特制定本办法。

## 一、指导思想

大师工作站是传承大国工匠精神的有益载体，是技能领军人才开展技术攻关创新和高技能人才培养的活动场所。学校大师工作站旨在对接区域内信息技术、高端装备制造、现代服务业等重点行业和支柱产业的发展需求，提升学校的技能传承、技术攻关和成果推广水平，加强与行业领先企业深度合作，提供有针对性的产品研发、工艺开发、技术推广等服务。

## 二、建设目标

经过3年培育和建设，打造10个以上能发挥带徒传技、技能攻关、技艺传承作用的大师工作站，探索实践"平台支撑、大师引领、师生共长"的创新模式和技术技能复合型人才培养机制。

通过大师工作站的建立，以技能大师为核心，中青年骨干教师为主体，以校企合作为平台，力争师生联合承担、解决一批企业技术难题，完成一批企业教学项目，培训鉴定一批高技能人才，培养一支结构合理的师资队伍，形成一批优秀的技术技能成果。以此作为基础，在国家级、省级技能大师工作站创建、科技计划项目申报、知识产权授权、技术成果转化、科技成果奖等方面取得重大突破。

**三、申报条件**

（一）有大师。工作站应由行业大师、领军人物或资深专家学者等高端人才领衔，在所从事的专业领域具有卓越业绩、有较高的理论研究水平和较为丰富的实践经验。一般应该具备副教授及以上职称或杭州市及以上技术能手、首席技师、工匠等称号。

（二）有团队。工作站拥有一支3~5人组成的技术技能人才团队，成员应是技能高超、业务精湛的高技能人才或专业技术人才。

（三）有保障。工作站所在专业特色优势明显，校企合作基础良好。所在二级学院高度重视，加强组织管理，出台帮扶政策，提供固定工作场所和相关设施设备，并提供相关经费支持，保障工作站顺利实施。

**四、申报和认定程序**

符合上述条件的大师工作站填写《杭州职业技术学院大师工作站建设申报任务书》，经工作室站全体成员签字确认并提交申报书和附件材料，由所在二级学院推荐申报。学院本着公开、公平、公正的原则，择优进行推荐，每个二级学院、马克思主义学院可推选1个，其中双高建设学院可推选2个。每位老师只可加入一个工作站。

**五、资助措施**

经学校批准组建的校级大师工作站，需及时落实工作站团队成员、管理制度、研究方向、建设内容、建设场地等基础条件，后期学校根据年度绩效考核情况，结合实际建设运行需要，给予经费补助。建设资助经费主要用于设备费、差旅会议费、图书资料费、培训费、材料费、专家咨询费、印刷费、办公经费等。工作站对专项资金应做到专款专用，并接受审计等部门的监督检查。工作站建设周期为三年。学校也可根据年度绩效考核结果，实行动态调整，变更及撤销由学校发文公布。

**六、管理与考核**

科研处对大师工作站的设立、变更、撤销、考核进行管理，工作站的日常事务由工作站负责人进行管理，其成员由校内专任教师兼任，不另行设定编制。

（一）考核指标。工作室站完成附件中的成果一项即为考核合格，完成两项即为考核优秀。相关成果不可与校团队、平台产出成果重复使用。

（二）工作站建设周期为3年，实行中期检查和建设周期验收相结合的考核方式。提前达到合格或优秀指标的也可申请即时考核。立项一年半后进行中期检查，未按要求提交中期检查材料或检查不合格工作站，限期整改，整改后仍未达到要求的，撤销项目。

（三）工作站实行项目负责人负责制，获批培育立项的工作站的《杭州职业技术学院大师工作站建设申报任务书》由科研处审查备案。

（四）建设期满，由负责人填写《杭州职业技术学院大师工作站建设总结报告》，学校根据工作站量化指标进行考核，考核不合格者限期整改，经整改后仍未达到要求的，撤销项目。

（五）工作站业绩考核原则上按照建设申报书确定的成员名单进行。成员实行动态管理，可申请增加或自愿退出工作站，但必须书面征得工作站负责人同意，并报科研处备案，成员退出后获得的业绩不计入工作站业绩，如从校外引入新成员，该成员在引入后且标注杭州职业技术学院的业绩可以计入工作站考核业绩，但在引入后须报科研处备案。

（六）工作站负责人因工作性质发生变化而不能继续履行职责的，由原负责人提出变更申请，经所有成员一致同意并新负责人签字确认后，报科研处审批。

七、附则

本办法由科研处负责解释，自发布之日起施行。

附件

### 技术技能大师工作室（站）成果考核一览表

| 序号 | 业绩名称 | 考核标准 |
| --- | --- | --- |
| 1 | 科技成果奖 | 国家级，参与 1 项记为优秀；省部级，主持 1 项记为优秀；排名前三记为 1 项 |
| 2 | 科研平台、基地 | 国家级，参与 1 项记为优秀；省部级，主持 1 项记为优秀；排名前三记为 1 项 |
| 3 | 纵向科研项目 | 国家级，主持 1 项记为优秀；省部级，主持 1 项记为 1 项 |
| 4 | 科技合作项目、科技成果转化 | 单项累计到账金额超过 100 万元，且通过省级鉴定验收达到国内领先水平以上的，主持 1 项记为 1 项 |
| 5 | 校企共建科研平台 | 当年度单项到账金额超过 300 万元，主持 1 项记为 1 项 |
| 6 | 发明专利 | 授权 3 项及以上，记为 1 项 |
| 7 | 标准制定 | 国际标准，参与 1 项记为优秀；国家和行业标准，主持 1 项记为优秀；排名前三记为 1 项 |
| 8 | 获批省部级以上大师工作室（站） | 记为优秀 |
| 9 | 获批杭州市大师工作室（站） | 记为 1 项 |

## 杭州职业技术学院协同发展中心建设与管理办法（试行）

为贯彻落实《国务院关于加快发展现代职业教育的决定》（国发〔2014〕19号）、《国务院办公厅关于深化产教融合的若干意见》（国办发〔2017〕95号）和浙江省教育厅《关于以市场为导向多方共建应用技术协同创新中心建设方案》的有关要求，制定本办法。

一、指导思想

协同发展中心建设旨在通过产教融合、校企合作，破解制约行业企业尤其是中小微企业发展的关键技术、核心工艺和共性问题，为企业发展创造新的效益增长点，推动技术技能人才培养质量大幅提升，专业设置与区域产业发展结合更加紧密，进一步推动我校应用技术研发能力和社会服务水平大幅提高。

二、建设目标

基于电梯工程技术、机器人及智能装备、信息安全与管理、新能源汽车技术、服装设计与工艺和电子商务等专业群优势，围绕品牌和特色专业群发展需要，经过3年时间培育和建设，与一流大学、重点行业、主流企业开展深度合作，共建10个以上协同发展中心。

三、申报条件

（一）有确定的合作企业。以市场为导向，与区域经济、科技和社会发展以及学院发展、专业建设、师资队伍建设等紧密结合，与行业企业、科研机构等联合共建，开展应用技术问题方面的研究。

（二）有明确的研究方向。要有明确的相对稳定的技术服务内容和研究方向，技术服务和研究内容应具有明显的应用前景或能为提升地方支柱产业服务或具有良好的经济效益和社会效益或处于本学科领先水平等。

（三）有合理的科研团队。负责人有开展科技协同创新工作的良好基础和必要条件，学术正派，讲奉献，讲团结，具有开拓精神，并具有较强组织、协调能力，原则上应具有副高及以上职称或博士学位，主持并按时完成2项市厅级及以上课题研究。主要成员原则上不超过8人，70%的主要成员需为校内人员，鼓励吸纳校外知名同行和研究院所专家 1~2 名，也可以吸纳有潜力的学生 1~2 名。

（四）有完备的条件保障。协同发展中心所在专业特色优势明显，校企合作基础良好。所在二级学院高度重视，加强组织管理，出台帮扶政策，提供固定的工作场所和相关设施、设备，并有相关经费支持，保障项目顺利实施。

**四、申报和认定程序**

符合上述条件的协同发展中心填写《杭州职业技术学院协同发展中心建设申报任务书》，经全体成员签字确认并提交申报书和附件材料，由所在二级学院推荐申报。学院本着公开、公平、公正的原则，择优进行推荐，每个二级学院、马克思主义学院可推选 1 个，其中双高建设学院可推选 2 个。每位老师只能加入一个协同发展中心。

**五、资助措施**

经学校批准组建的协同发展中心，需及时落实团队成员、管理制度、研究方向、建设内容、建设场地等基础条件，后期学校根据年度绩效考核情况，结合实际建设运行需要，给予经费补助。建设资助经费主要用于设备费、差旅会议费、图书资料费、培训费、材料费、专家咨询费、印刷费、办公经费等。协同发展中心对专项资金应做到专款专用，并接受审计等部门的监督检查。协同发展中心建设周期一般为三年。学校也可根据年度绩效考核结果，实行动态调整，变更及撤销由学校发文公布。

**六、管理与考核**

科研处对协同发展中心的设立、变更、撤销、考核进行管理，工作站的日常事务由协同发展中心负责人进行管理，其成员由校内专任教师兼任，不另行设定编制。

（一）考核指标。协同发展中心完成规定的成果 1 项即为考核合格，完成 2 项即为考核优秀。相关成果不可与校团队、平台产出成果重复使用。

（二）协同发展中心建设周期为 3 年，实行中期检查和建设周期验收相结合的考核方式。提前达到合格或优秀指标的也可申请即时考核。立项一年半后进行中期检查，未按要求提交中期检查材料或检查不合格的协同发展中心，限期整改，整改后仍未达到要求的，撤销项目。

（三）协同发展中心实行项目负责人负责制，获批培育立项的工作站的《杭州职业技术学院协同发展中心建设申报任务书》由科研处审查备案。

（四）建设期满，由负责人填写《杭州职业技术学院协同发展中心建设总结报告》，学校根据工作站量化指标进行考核，考核不合格者限期整改，经整改后仍未达到要求的，撤销项目。

（五）协同发展中心业绩考核原则上按照建设申报书确定的成员名单进行。成员实行动态管理，可申请增加或自愿退出工作站，但必须书面征得协同发展中心负责人同意，并报科研处备案，成员退出后获得的业绩不计入工作站业绩，如从校外引入新成员，该成员在引入后且标注杭州职业技术学院的业绩可以计入协同发展中心考核业绩，但在引入后须报科研处备案。

（六）协同发展中心负责人因工作性质发生变化而不能继续履行职责的，由原负责人提出变更申请，经所有成员一致同意并新负责人签字确认后，报科研处审批。

七、附则

本办法由科研处负责解释，自发布之日起施行。

# 杭州职业技术学院学生创新中心建设与管理办法

为了贯彻《国家职业教育改革实施方案》，落实《职业教育提质培优行动计划（2020—2023年）》提出的"为促进经济社会持续发展和提高国家竞争力提供多层次高质量的技术技能人才支撑"要求，激活青年学生创新动能，为学校打造技术技能人才培养高地提供助力，特制定杭州职业技术学院学生创新中心建设与管理办法。

## 一、指导思想

高举习近平新时代中国特色社会主义思想伟大旗帜，全面贯彻党的教育方针，落实立德树人根本任务，着力培养一批企业急需、技艺精湛、追求卓越的新时代高职大学生，不断提升学校的办学综合实力和核心竞争力。

## 二、建设目标

首轮双高建设期内（2019—2023年），学校将选拔和培育100个左右的学生创新中心，以培育高职大学生的创新思维、过硬技术、优良素质和国际视野，为高职大学生成长成为技术能手、行业精英、领军人物、大国工匠打下坚实基础。学生创新中心建设聚焦学生综合能力发展，建设类型包括：公益服务类、科技竞赛类、文艺体育类、劳动实践类、社会调研类、创新创业类等六种类型。

## 三、认定小组

由科研处、人事处、教务处、学生处、创业学院，以及马克思主义学院、公共基础部、各二级学院负责人组成学生创新中心工作认定小组。

## 四、申报条件

（一）创新中心坚持深化"三全育人"综合改革，坚持"四个相统一"。创新中心教师团队一般由学校专、兼职教师和来自行业企业的人员组成，师德师风良好，坚守专业精神、职业精神和工匠精神，践行社会主义核心价值观，以德立身、以德立学、以德立教，广受师生好评；人数在3人左右，相对稳定；其中，校外相关工作经验兼职教师数量最多1人，团队中具有指导各类学生竞赛获省赛二等奖以上的指导教师不少于1名。

（二）创新中心负责人须为本校教师，须有与建设类型对应的相关专业背景，拥有丰富的实践育人经验，具有较强的改革进取意识、较高的学术研究成就、较好的组织协调能力和学生创新赛事指导能力，年龄原则上不超过55周岁。

（三）创新中心学生负责人原则上为二年级学生（申报时），综合测评在班级排名前50%，有一定的协作合作能力和创新创业意识；团队构成人员要覆盖3~4个年级的在籍学生，鼓励跨专业跨学院组队，团队人数保持在10人左右。

（四）创新中心学生选拔采取自主申报和专业推荐相结合的方式进行，按照"自愿报名、不唯分数、素质优先"的基本原则，制定选拔规则，基于学业基础、个人兴趣、专业潜能、人文素养等几个方面进行综合考量。

## 五、遴选流程

（一）符合上述条件的学生创新中心负责人填写《杭州职业技术学院学生创新中心建设申报任务书》，经中心全体成员签字确认并提交申报书和附件材料，以各二级学院、马克思主义学院及公共基础部（含创业学院）为单位推荐申报。

（二）二级学院、马克思主义学院及公共基础部（含创业学院）须本着公开、公平、公正的原则审核，择优进行推荐。各二级学院、马克思主义学院及公共基础部（含创业学院）等单位限报15个；具体申报类型上，各申报单位要兼顾不同类型，实现不同类型全覆盖。

（三）工作认定小组进行资格初评，对符合申报基本条件的，通过邀请校内外专家联合评审，并经校长办公会、党委会审议通过后进行公示；公示如无异议，公布获批建设中心名单，并签订学生创新中心建设任务书。

## 六、支持政策

（一）学校对学生创新中心建设以立项方式给予专项支持，立项项目包括一般项目、重点项目和重中之重项目。立项时，学校将对于一般项目、重点项目和重中之重项目分别给予0.1万元、1.5万元和5万元的启动资金；验收时，学校将对于完成合格、良好和优秀指标的项目分别给予0.1万元、1.5万元和5万元的发展资金。

（二）专项经费用于设备费、图书资料费、劳务费、材料费、印刷费、交通费和制作设计费等项目相关支出。

（三）各二级学院、马克思主义学院及公共基础部（含创业学院）等单位和部门要高度重视，由各单位领导牵头成立中心建设工作专班，加强组织管理，保障项目顺利实施。

### 七、考核办法

（一）考核指标。创新中心项目的立项和验收实行量化考核，评价指标具体参照学生创新中心成果附件，国家级1项等同于省级2项；成果列表中的成果各完成1项的可认定为一般项目立项依据和合格指标；成果列表中的成果完成2项以上的，按照成果级别分别赋分，并按得分高低进行排序，排名前5%~15%的可认定为重点项目立项和考核良好依据，前5%的可认定为重中之重项目立项和考核优秀依据。

（二）考核方式。创新中心建设周期一般为3年，实行中期检查和建设周期验收相结合的方式进行考核；提前达到合格、良好和优秀指标的可申请即时考核；立项一年后进行中期检查，未按要求提交中期检查材料或中期检查不合格团队，限期整改，整改后仍未达到要求的，可撤销项目，并向项目负责人追回专项经费。

（三）考核验收。学生创新中心建设实行中心负责人负责制，获批培育立项的《杭州职业技术学院学生创新中心建设申报任务书》由学生处审查备案。建设期满或提前申请验收考核的，由中心负责人填写《杭州职业技术学院学生创新中心建设总结报告》，学校根据学生创新中心的量化指标执行情况对中心进行考核，验收通过的将给予挂牌，考核不合格者限期整改，经限期整改仍未达到要求的，将予以撤销项目，并向项目负责人追回专项经费。

### 八、其他

本办法自发布之日起施行，由学生处负责解释。

附件

### 学生创新中心成果申报一览表（一）

| 竞赛类别 | 竞赛级别 | 竞赛名称 |
|---|---|---|
| 职业技能竞赛 | 省级一类 | 职业院校技能大赛 |
| | | 人社部认定国家级一类大赛 |
| 专业学科竞赛 | 省级一类 | 各类学科竞赛 |
| 创新创业竞赛 | 省级一类 | "互联网+"大学生创新创业大赛 |
| | | "挑战杯"大学生课外学术科技作品竞赛/"创青春"大学生创业大赛/"挑战杯"职业学校创新创效创业大赛 |
| | | 大学生职业生涯规划大赛 |
| | | 大学生乡村振兴创意大赛 |
| 文体竞赛 | 省级一类 | 大学生运动会 |
| | | 大学生艺术节 |
| | | 单项锦标赛 |
| 其他竞赛 | | 经学生创新中心工作认定小组认定其他竞赛 |

### 学生创新中心成果申报一览表（二）

| 类别 | 要求 |
|---|---|
| 论文 | 公开发表相关论文，学生为第一作者，杭州职业技术学院为第一单位 |
| 专利 | 学生为第一作者，杭州职业技术学院为第一单位 |
| 实用新型、软著 | 学生为第一作者，杭州职业技术学院为第一单位（限报5项） |
| 新苗计划 | 以验收为准 |
| 暑期社会实践 | 获得市级以上荣誉 |
| 社会服务 | 培训500人次（含职业反哺等） |
| | 结合专业志愿服务个人平均服务时长300小时 |
| 承办活动 | 组织校级及上级活动2项 |
| 荣誉 | 省级及以上五一劳动奖章、青年五四奖章、青年岗位能手标兵、十佳大学生（含提名奖）、国家奖学金特别评选推荐资格、大学生自强之星（含提名奖）、优秀党务工作者、优秀党员、优秀团干部、优秀共青团员、青年志愿者优秀个人、大中专学生志愿者暑期文化科技卫生"三下乡"社会实践活动先进个人等 |

# 杭州经济技术开发区高职科技（学生）创业园管理办法（2022年修订）

## 第一章　总则

**第一条**　杭州经济技术开发区高职科技（学生）创业园（以下简称创业园）地址位于杭州职业技术学院（以下简称学校）校园内一号实训楼，由杭州经济技术开发区管委会与学校共建，开发区提供政策支持与业务指导，学校负责创业园运行与管理。为保障创业园规范运作，促进创业园健康、持续发展，以更好地为大学生创新创业、社会高素质创业型人才培养提供实践平台，为高校师生科技成果产业化提供服务，特制定本办法。

**第二条**　创业园旨在鼓励和吸引本校师生及其他高校大学生、优秀科技人才前来从事高新技术研发、成果转化以及产业化。目标是打造集"创业思想集聚中心、创业项目研发中心、高职学生就业创业中心、高职学生实践教学中心、高职院校科研成果转化中心"于一体的创新创业人才培养示范基地和高职教育"产教融合"创新实践基地。

**第三条**　创业园既是社会化的孵化器，同时也是校内创新创业实践基地，为大学生创新创业提供实践平台，为高校师生科研成果转化提供服务，同时反哺学校基于"专创融合"的创新创业人才培养。

## 第二章　管理机构及职责

**第四条**　杭州职业技术学院资产经营管理有限公司（以下简称资产公司）代表学校出资成立杭州高职科技园管理有限公司（以下简称管理公司），并委托管理公司具体负责创业园的日常运行与管理服务。管理公司受托向入园企业催缴房屋使用费，按相关规定收取管理费、代收电费，其中管理费用于学校创新创业教育和创业园建设发展。管理公司的日常运行实行双重管理，其中资产公司行使股东的权利和履行股东的义务，对管理公司进行全面的监督和负责，创业学院负责对管理公司进行业务指导。

第五条 管理公司具体职责如下：

（一）研究、编制创业园的发展规划；

（二）制订创业园管理制度和年度工作计划；

（三）负责园区企业入驻、变更、退出的申报和审核；

（四）为入园企业提供活动组织、政策咨询、导师结对、企业交流、文化讲座等园区公共服务；

（五）负责园区的对外宣传、联系和推广，定期汇总、上报园区内企业的相关统计数据；

（六）指导并协助入园企业申报各类政府补贴及奖励；

（七）受理他人对企业在园区公共秩序方面的投诉，并协助企业及时地沟通与整改；

（八）管理、维护园区公共设施，向企业收取在创业园孵化培育需支付的相关费用；

（九）负责各创业企业的考核管理及各类材料的归档工作；

（十）协同创业学院开展学校创新创业教育工作。

## 第三章　入园条件

第六条 申请入园的企业主营项目必须符合杭州市和钱塘区的产业导向，与我校的专业特色定位相契合，商业模式应具有较好的商品化、产业化前景，重点支持与学校专业契合度较为紧密的智能制造、信息软件、工业设计、纺织服饰、新能源、电子商务、云计算与大数据等相关领域及其产品的研究、开发、成果转化以及产业化的相关项目。

第七条 入园企业是按照自筹资金、自愿组合、自主经营、自负盈亏的原则创办的科技经济实体。原则以本校师生创办的科技型企业，且有成熟的、可产业化的科研成果或专利技术为主。校企合作项目须与学校或二级学院已签署合作协议，并为我校学生提供科研助理岗位或实训工位。

第八条 开发研究的项目要求工艺先进，无环境污染，产权明晰（含知识产权），市场前景良好。

第九条 入园企业须在创业园内注册，有符合规定的企业章程、严格的技术管理和财务管理制度；法定代表人和经理人员应具备良好的职业道德和职业素质。

**第十条** 未在园区内注册的企业，其法定代表人或已符合注册公司条件的申请人经审批入驻园区，必须在三个月内完成公司的注册，逾期场地予以收回。企业注册地和主要研发、办公场所须在本孵化器场地内，入驻时成立时间不超过24个月。

## 第四章　入园程序

**第十一条** 遵循"公平立项、择优入园"的原则，创业园采用入园项目申报制。拟入园项目在充分交流达成入驻意向后，须向管理公司提交下列申请资料：

（一）入园申请表；

（二）创业计划书；

（三）法定代表人及主要技术人员的简历材料（身份、职称、学历学位、专业技术职务等证明材料）；

（四）附加材料（在校生还需提供学生证复印件及成绩单材料、家长及所在分院审批意见；本校教职工还需提供兼职兼薪或离岗创业审批材料；校企合作项目需要提供二级学院合作协议）；

（五）其他相关的证件及资料。

**第十二条** 管理公司接受申请并初核资料后，组织创业园入园项目评审，对项目以及人员等情况进行评估和审定，并经公示后批准入园。

**第十三条** 经批准入驻的项目，按程序办理下列入驻手续：

（一）签订《杭州经济开发区高职科技（学生）创业园房屋使用合同》；

（二）凭房屋租赁合同及其他企业注册登记所需材料办理企业登记注册及其他相关手续；

（三）签订《杭州经济技术开发区高职科技（学生）创业园入园企业孵化协议》；

（四）签订《杭州职业技术学院校园治安综合治理责任书》和《杭州职业技术学院消防安全目标管理责任书》；

（五）根据相关协议规定，接受管理公司的孵化管理，按规定缴纳房屋租赁费、管理费等相关费用。

## 第五章 入园政策

**第十四条** 入园企业孵化时限一般不超过 48 个月，从事生物医药、集成电路设计、现代农业等特殊领域的企业，孵化时限一般不超过 60 个月。

**第十五条** 创业园为入园企业提供孵化服务，按照企业法人性质分类收取相关费用：

（一）本校在校学生创业项目使用创业园众创空间进行项目前期孵化的，在校期间创业园不收取房屋使用费；

（二）本校学生（含毕业 5 年内）创业企业第一年按每平方米 10 元/月收取房租，第二年按每平方米 15 元/月收取房租，第三年起，按每平方米 20 元/月收取房租；

（三）本校教师及校友（毕业 5 年以上）创业企业孵化期内按每平方米 20 元/月收取房租；

（四）非本校师生创业企业按每平方米 30 元/月收取房租；

（五）入园企业按每平方米 3 元/月收取物业管理费；

（六）经学校批准设立的校属企业，没有使用创业园办公场地的，不收取任何费用；如果使用园区办公场地，将参照本校教师创业企业收取相关费用；

（七）入园企业办公场地的电费实行预缴制，先充值后使用；

（八）入园企业按规定享受杭州经济技术开发区的各项优惠政策。

**第十六条** 在校企合作、创新创业教育、产学研成果转化等方面有突出贡献的企业，孵化期满后可以向管理公司提出申请并附相关证明材料，经管理公司审批后可以签订新的契约关系继续留驻创业园。超过孵化期限的在园企业，经审核批准延长孵化期的，按每平方米 30 元/月收取房租，不再享受各项优惠政策。

## 第六章 服务与管理

**第十七条** 入园企业内部装修方案需书面报管理公司备案同意后方可施

工，装修费用自理并及时清理建筑垃圾。

**第十八条** 企业入园后，管理公司协助做好学校网络宽带及电话接入等基础服务。

**第十九条** 管理公司将不定期举办各类创业培训，开展交流活动，组织入园企业申报各类资金资助项目。

**第二十条** 管理公司须及时了解入园企业的生产经营状况，与入园企业共同探讨创业园建设和企业发展的有效途径。企业在发展过程中遇到困难和问题，可直接向管理公司反映。

## 第七章 考核与奖惩

**第二十一条** 为提高入园企业孵化的成功率，推动企业创新，准确掌握入园企业运行发展状况，建立入园企业科学合理的管理监督机制，提高企业质量和孵化绩效，管理公司制定创业园《孵化企业考核办法》。

**第二十二条** 入园企业都必须按规定接受创业园组织的年度考核，及时提交相关材料。管理公司将依据创业园《孵化企业考核办法》，按照入园企业的不同性质进行考核，将考核结果作为园区政策扶持、经费资助、企业清退等的重要依据。

**第二十三条** 管理公司根据考核结果，每年评选表彰若干"优秀创业企业"和"大学生创业之星"，并加强宣传。

**第二十四条** 在创新创业过程中，符合条件的企业可申请"杭州职业技术学院护犊资金"的支持。

## 第八章 退出机制

**第二十五条** 企业退出方式有三种：

（一）毕业退出。企业毕业应至少符合以下条件中的一项：

1. 经国家备案通过的高新技术企业；
2. 累计获得天使投资或风险投资超过 500 万元；
3. 连续 2 年营业收入累计超过 1000 万元；
4. 被兼并、收购或在国内外资本市场挂牌、上市。

（二）主动退出。企业在孵化期间，经评估明显无法达到毕业标准，提前离园；已到孵化时限，仍难以达到毕业标准而离园；企业在孵化时限内，由于技术不成熟、经营失误、市场定位不准确等原因，企业息业或破产。

（三）责令退出：对于有下列情况之一的入驻企业，创业园有权单方面终止合同，发出《退出通知书》，要求其退出创业园：

1. 违反国家有关法律、法规，从事非法活动；

2. 未经批准更改经营范围；

3. 隐瞒真实情况，弄虚作假；

4. 将经营场地转让、转租或委托他人进行经营管理；

5. 不按规定缴纳相应费用，经催缴后无效的；

6. 园区办公场地经常处于关闭状态一年累计达到30天（不含寒暑假及国家法定节假日）；

7. 不接受园区管理，无故不按规定提交园区考核等相关材料，经警告后拒不整改的；

8. 出现重大安全生产、消防等事故；

9. 不适宜在创业园继续生产经营的其他情形。

**第二十六条** 企业退出程序。

（一）要求毕业的企业，应先填写《杭州经济开发区高职科技（学生）创业园毕业申请表》，并附上毕业证明材料，经管理公司核准后，办理毕业手续。

（二）主动退出的企业须提交书面报告，经核准后办理退出手续。消亡企业按国家相关规定办理息业、破产等手续。

（三）责令退出的企业，在收到《退出通知书》后的15日内，须自行撤出设施，清理场地，并按园区要求办理有关手续。

**第二十七条** 退园企业原则上应在6个月内主动变更注册地址，逾期不变更的，管理公司有权上报市场监管部门将相应注册地址列入异常名单，产生后果由企业自负。

## 第九章 安全管理

**第二十八条** 各入园企业的法人代表是本企业安全第一责任人，负责本企业的安全工作，严格落实安全工作责任制，建立健全安全制度，消除安全隐患，依法对安全事故承担全部责任。

**第二十九条** 各入园企业负责人必须加强员工安全教育，积极参加园区组织的各类安全培训及会议，增强安全防范意识。

**第三十条** 用电管理规定。

（一）文明用电，不准私拉乱接电线，不能在园区使用规定以外的大功率电器，下班前各公司人员必须切断电源。

（二）安装使用大型用电设备，必须事先报请学校相关部门批准。

**第三十一条** 治安、消防管理规定。

（一）不得在园区内从事违反国家法律、法规及校园管理规定的活动。对违反规定者将按相关规定进行严肃处理。

（二）不准存放易燃、易爆和有毒化学危险物品。

（三）严禁随意挪动灭火器，保证消防设备随时可用；严禁私自启动消防栓，严禁在消防栓玻璃上张贴通知等物品。

（四）要按学校规定的作息时间离开办公室，有特殊情况须报管理公司备案，不得在创业园内留宿。

**第三十二条** 房屋及其基础设施规定。

（一）爱护创业园内公共财物，损坏和丢失公共财物要维修或赔偿。

（二）离开时关闭好门窗，避免大风大雨造成门窗或玻璃损坏。

（三）不准自行对办公室内外进行装修、装饰。

（四）不得改动房屋的主体结构。

**第三十三条** 车辆交通管理规定。

（一）车辆出入应按《杭州职业技术学院校园机动车辆收费管理办法（试行）》执行。

（二）未经允许机动车辆不得进入园区。

## 第十章　附则

**第三十四条** 本办法由杭州高职科技园管理有限公司负责解释。

**第三十五条** 本办法自发布之日起实施，《杭州经济技术开发区高职

科技（学生）创业园管理办法（修订稿）》（杭职院〔2019〕13号）同时废止。

杭州职业技术学院

2022年3月21日

# 杭州市公共实训基地实训运行管理细则

为满足企业、院校和社会培训机构（以下简称"实训单位"）对培养高技能人才的需求，依据《杭州市公共实训基地管理试行办法》（杭劳社培〔2010〕275号）的精神，规范杭州市公共实训基地（以下简称"实训基地"）公共实训资源的使用管理，确保公共实训资源的安全、规范、高效使用，特制定本细则。

杭州市职业能力建设指导服务中心基地管理科具体负责实训基地实训运行管理工作，并依照《杭州市公共实训基地实训运行流程》，为实训单位提供优质、高效的公共实训服务。

一、实训准入申请

杭州市范围内各类本（专）科院校、中等职业学校、职业技能培训机构、企业和社会团体等可向杭州市职业能力建设指导服务中心（以下简称职建中心）申请进入公共实训基地开展实训。申请准入程序包括：准入申请、审核批准、签订协议。

1. 准入申请。凡申请进入实训基地进行实训的单位，应填写《杭州市公共实训基地准入申请书》，并提供相关证照复印件和内部管理制度。

2. 审核批准。主要以资料审核、实地考察等方式进行。根据审核的结果，职建中心向符合准入条件的申请单位发出《杭州市公共实训基地准入通知》；向不符合准入条件的申请单位发出《杭州市公共实训基地不予准入通知》。

3. 签订协议。获得准入的申请单位，与职建中心签订《杭州市公共实训基地实训协议书》，实训协议有效期原则上为一年（院校二年）。

二、实训计划安排

实训计划安排，是指实训申请单位获得准入资格后与职建中心签订实训协议书后，申请单位向职建中心基地管理科提出预约申请，由基地管理科作出统筹安排的过程。

1. 实训预约。签订协议的实训单位可以向职建中心基地管理科预约实训需求，企业和社会培训机构需提前7个工作日提出预约申请，提交《杭州市

公共实训基地实训预约表》，预约实训时间长度原则上应小于60天；职业院校需在学期放假前提出下一学期的实训预约。

2. 实训安排。职建中心基地管理科在实训预约申请提交后3个工作日内对预约申请作出安排并给予反馈。国家法定节假日以及各实训室实训设备维修保养期间不安排实训。实训资源使用安排原则上按照培训后在公共实训基地进行职业技能鉴定者优先、培训层次高者优先、申请时间前者优先等原则进行。

3. 实训安排公示。职建中心基地管理科通过职建中心网站将实训安排结果予以公示。

4. 实训安排通知。根据公示的结果，职建中心基地管理科向实训单位发出《杭州市公共实训基地实训通知书》，确认安排事宜，实训单位须提前做好相关实训准备工作。

5. 实训计划变更。实训单位因故需要变更实训计划时，应提前3个工作日向职建中心基地管理科提出申请，以便职建中心基地管理科做出变更安排。没有提出变更申请而未能按计划到场开展实训的，记入实训单位不良记录。

因考核鉴定、技能竞赛等活动需对实训计划作出调整时，由职建中心基地管理科书面通知有关实训单位，并在职建中心网站上发布实训计划变更通知。

三、实训运行管理

1. 实训师资管理。进入公共实训基地从事培训工作的师资，必须是经过职建中心认证通过，并获得实训指导教师资质的人员。实训师资原则上由实训单位自带，若确实有困难，可通过市职建中心基地管理科从公共实训师资库中加以聘任，其授课费由实训单位支付。职建中心每年开展一次实训指导教师综合考核，组织优秀指导教师评选，并给予奖励。

2. 实训资源维管。实训室的管理主要由实训资源维护管理单位负责，其主要任务是为实训基地各实训室提供日常运行管理与设备设施维护保养、维修等服务及技术支持，确保实训资源安全、规范、高效使用。

实训单位进入实训时，应做好安全教育，并与维管人员办理好设备、仪器交接手续。实训单位应积极配合维管人员工作，爱护实训资源，实训结束后做好所使用实训室的设备仪器恢复整理和卫生清洁及设备仪器交接工作。

3. 实训过程管理。实训单位应严格执行实训协议书中相关约定，遵守公共实训基地相关规章制度和操作规程，并指定专人负责对场地内的实训学员进行全程管理，确保安全、规范、高效使用实训资源。

4. 实训台账管理。实训单位须认真填写实训室使用登记表、设备使用登记手册等实训情况记录表。各实训室维管人员应做好相应信息的汇总，并根据有关记载内容，对实训质量情况进行分析，为进一步完善实训室建设和实训活动的组织实施提供依据。

5. 实训监督检查。职建中心基地管理科组织人员对实训设备运行情况、学员实训情况、实训室卫生情况、师资到位及授课情况等进行监督检查。

**四、实训绩效评估**

职建中心基地管理科应在实训协议期满前，对实训单位一个协议周期内的实训活动情况进行绩效评估。具体程序如下：

1. 实训单位在本轮实训协议期满前两个月向职建中心基地管理科递交《杭州市公共实训基地实训活动情况自评表》，对协议期间本单位进入实训基地开展实训活动情况和取得的成效进行自我总结和评价，并提出是否续签下一轮协议的意向。

2. 职建中心在收到实训活动情况自评表后，由基地管理科组织有关人员对该单位协议期间开展实训活动情况及取得的成效进行核实和综合评估，最终形成评估结论，以此作为是否续签下一轮实训协议的重要依据，并在协议期满前，将评估结果告知单位。

3. 职建中心根据绩效评估考核，组织优秀实训单位评选，并给予奖励。

**五、实训退出管理**

1. 实训协议期满后，实训单位自然失去准入资格。

2. 实训单位在使用公共实训资源期间出现以下情形之一的，实训指导中心将视其情节轻重，做出暂停使用、终止协议或取消准入资格等处理。

（1）不接受职建中心管理的；

（2）违反实训协议及有关规定的；

（3）考核评估不合格的；

（4）因不当使用或管理不善造成设备严重损坏和经济损失的；

（5）对教师、学生管理不严格，存在安全隐患或浪费实训耗材，屡禁不止的；

（6）多次出现缺课、改课、停课或到课率较低等现象，造成公共实训资源浪费的；

（7）其他严重影响实训基地正常运作的。

3. 处理决定由职建中心书面通知实训单位。

# 附录2 杭州职业技术学院技术技能创新服务平台团队管理相关制度

**杭州职业技术学院科研创新团队建设与管理办法（试行）**

为进一步提高我校科研水平，紧密围绕国家和浙江省中长期发展规划确定的重点发展领域、地方社会经济发展中的重大现实问题以及学校重点发展的专业方向和研究领域，实现科研工作又好又快发展，学校决定实施科研创新团队（以下简称团队）建设，以高端科研人才推动重大标志性科研成果的突破。

一、指导思想

凝练专业方向，汇聚专业队伍，营造学术氛围，培养具有较高专业水平和创新能力的专业领军人才和技术创新骨干。保持专业教学、研究方向和专业队伍可持续发展；挖掘潜力，整合资源，提高团队承担重大科研项目和服务社会的能力；促进多专业交叉与融合，培育新的专业和科技增长点，不断提高学校的办学综合实力和核心竞争力。

二、建设目标

"双高"建设期内，建设20支科研能力突出、能解决实际科研、技术难题的创新团队，提升学校自主创新能力和服务社会能力；主持国家级和省部级项目，获国家级奖项和省部级一等奖，培养国家级和省部级人才。

三、团队分类和具体建设目标

按大学科类别，科研创新团队分理工类和人文社科类两类。优秀指标要求完成重点项目1项，且一般项目人均1项；合格指标要求完成重点项目1项或一般项目人均1项。除特别注明外，主持项目均要求以杭州职业技术学院为第一单位，未注明排名的均要求排名第一，团队成员多人同时参与的成果算一项。

（一）理工类科研创新团队

1. 重点项目

（1）人才类：杭州市 C 类及以上人才或相当层次的人才称号（人才类项目必须由我校推荐申报获批）。

（2）项目类：主持国家级项目或省部级重大、重点项目（经费不少于 10 万）或经费 50 万以上的杭州市重大、重点项目。

（3）成果奖类：参与国家级科研类成果奖或省部级科研类成果奖一等奖（排名前三）、主持省部级科研类成果奖其他奖项。

（4）论文类：SCI 一区期刊论文 2 篇或 SCI 二区期刊论文 5 篇。

（5）专利类：欧美日发明专利 2 项。

2. 一般项目

（1）人才类：非教授获认定杭州市 D 类及以上人才。

（2）项目类：省部级项目或团队横向科研项目经费累计 50 万元。

（3）成果奖类：杭州市科学技术进步奖、参与省部级科研类成果奖（排名前三）。

（4）论文类：SCI 三区、四区期刊论文、EI 期刊论文、一级论文。

（5）专利类：中国发明专利。

（二）人文社科类科研创新团队

1. 重点项目

（1）人才类：杭州市 C 类及以上人才及相当层次的人才称号（所有人才类项目必须由我校推荐申报获批）。

（2）项目类：主持国家级项目或省部级重大、重点项目（经费不少于 5 万）或经费 30 万以上的杭州市重大、重点项目。

（3）成果奖类：参与国家级科研类成果奖或省部级科研类成果一等奖（排名前三）、主持省部级科研类成果其他奖项。

（4）论文类：《中国社会科学》、人文权威期刊论文、SSCI 一区期刊论文、《人民日报》《光明日报》《经济日报》《解放军报》《求是》发表 1000 字以上理论文章两篇。

2. 一般项目

（1）人才类：非教授获认定杭州市 D 类及以上人才。

（2）项目类：主持省部级项目或团队横向科研项目经费累计 20 万元。

（3）成果奖类：参与省部级科研类成果奖。

（4）论文类：核心以上期刊论文（注：若以五篇核心期刊论文为考核成果，则要求其中至少一篇为一级期刊论文）。

四、申报条件

（1）团队负责人应具备高级职称（或博士学位）且有较强的技术创新能力和团队管理能力，已形成较明确的研究方向。

（2）团队应是在长期合作基础上形成的研究集体（团队人数一般为 5 人），团队成员的职称结构合理，各成员应有相对集中的研究方向和研究成果。允许团队跨专业、跨学院进行组织申报，但必须明确挂靠学院，校外成员原则上不超过 1 人。

（3）团队成员的年龄结构合理，团队成员平均年龄不超过 45 周岁。其中，团队负责人年龄一般不超过 55 周岁，三级及以上教授不受此年龄限制，40 周岁以下中青年教师的比例原则上不低于 50%。

五、申报和遴选程序

（1）符合上述条件的科研创新团队填写《杭州职业技术学院科研创新团队建设申报任务书》，经团队全体成员签字确认并提交申报书和附件材料，由学院推荐申报。学院审核并择优推荐上报，每人只能加入一个团队。

（2）学校人事处联合科研处进行资格初审，符合申报基本条件的，由校学术委员会（根据需要邀请校外专家）评审，并经校长办公会、党委会审议通过后进行公示。公示如无异议，公布获批组建团队名单，并签订团队建设任务书。

六、资助措施

（1）理工类、人文社科类科研创新团队分别给予 10 万~50 万元和 5 万~25 万元经费资助。建设资助经费主要用于设备费和人文社科图书资料费（不低于资助经费的 30%）、培训、访学、材料费、资料费、专家咨询费、印刷费、办公经费等，按立项预算进行支出，符合《杭州职业技术学院中国特色高水平高职学校和专业建设资金管理办法》相关要求。

团队立项后先给予理工类 10 万元、人文社科类 5 万元的启动经费资助，完成合格指标后追加资助经费理工类 20 万元、人文社科类 10 万元，达到优秀指标再追加资助经费理工类 20 万元、人文社科类 10 万元。

未被立项的团队作为培育团队，培育团队完成合格指标后，可纳入立项团队，追加相应的资助经费。

（2）对于建设期内达到合格指标的团队，学校对入选教学创新团队的教师在出国进修、职称评聘、岗位聘任、教学能力大赛推荐、各类人才培养计划申报等方面给予重点推荐。

（3）团队成员在使用经费时，对于相同的预算科目，优先使用该团队成员所承担纵向科研项目的经费，再使用团队经费。

### 七、考核与奖惩

（1）科研创新团队建设周期为 3 年，实行中期检查和建设周期验收相结合的考核方式。达到合格或优秀指标的团队也可申请即时验收。

（2）科研创新团队实行团队负责人负责制，获批立项的科研创新团队的《杭州职业技术学院科研创新团队建设申报任务书》由人事处审查备案。立项一年半后进行中期检查，未按要求提交中期检查材料或检查不合格团队，限期整改，整改后仍未达到要求的，撤销项目。

（3）建设期满，由团队负责人填写《杭州职业技术学院科研创新团队建设总结报告》，学校根据科研创新团队量化指标对团队进行考核，考核不合格者限期整改，经整改后仍未达到要求的，撤销项目。

（4）团队业绩考核原则上按照建设申报书确定的团队成员名单进行。团队成员实行动态管理，可申请增加或自愿退出团队，但必须书面征得团队负责人同意，并报人事处备案，团队成员退出后获得的业绩不计入团队业绩，如团队从校外引入新成员，该成员标注杭州职业技术学院的业绩可以计入团队考核业绩，但在引入时须报人事处备案。

（5）科研创新团队负责人因工作性质发生变化而不能继续履行职责的，

由原负责人提出变更申请,经团队成员一致同意并团队新负责人签字确认后,报人事处审批。

**八、附则**

本办法自发布之日起施行,由人事处负责解释。

# 杭州职业技术学院学生人生导师团队建设与管理办法

为深入贯彻《国家职业教育改革实施方案》，按照《普通高等学校辅导员队伍建设规定》（教育部〔2017〕第43号）等文件精神，落实学校"双高"建设方案，推进我校学生工作队伍职业化、专业化、专家化，结合学校实际，特制定杭州职业技术学院学生人生导师团队建设与管理办法。

## 一、建设目标

经过3年左右的培育和建设，聚焦立德树人根本任务和学生成长成才，打造一批学生人生导师团队（包括若干个辅导员名师工作室、班主任名师工作室），从思想引领、职业规划、就业指导、心理咨询、学习指导、生活辅导、班级管理等领域对学生进行全面教育引导，深化"三全育人"综合改革，为培养有理想信念、有奋斗精神、有奉献意识的高素质技术技能人才提供师资支撑。

## 二、建设周期

学生人生导师团队培育和建设周期：三年。

## 三、立项条件

（一）团队师德师风高尚

全面贯彻党的教育方针，坚持"四个相统一"，深入推动全员全过程全方位育人；团队负责人及教师无违反师德师风情况，注重坚守专业精神、职业精神和工匠精神，践行社会主义核心价值观，以德立身、以德立学、以德立教，广受师生好评。

（二）团队成员结构合理

团队成员专业和年龄结构合理，涵盖大学生思想引领、职业规划、就业指导、心理咨询、学习指导、生活辅导、班级管理等领域，注重在大德育体系下，积极引入校内外相关资源，获得校外专家、校内思政教师及专业教师的理论支持，实现优质资源共建共享；骨干成员一般5至7人且相对稳定。

1. 辅导员名师工作室团队成员中高级专业技术职称（职务）或相关高级以上职业资格证教师不少于1名，"双师型"教师不少于1名，优秀校友不少于1名。

2. 班主任名师工作室团队成员中具有高级以上职称的教师不少于1人，"双师型"教师不少于1名，专职辅导员不少于1名。

（三）团队负责人能力突出

1. 辅导员名师工作室团队负责人应是专职辅导员，具备相关专业水平和职业能力背景，熟悉相关领域知识、职业技能等级标准和职业标准，具有个体咨询和团队辅导经验；具有改革创新意识、较高学术成就、较强组织协调能力和合作精神；年龄一般不超过50周岁。

2. 班主任名师工作室团队负责人应是班主任，并长期从事班级管理工作，对德育工作、班主任工作有着深刻的感悟和丰富的工作经验；具有较强的学术成就、创新意识和合作精神。

（四）团队研究和实践基础良好

重视教育改革与研究，关注思想政治教育的基本理论和相关学科知识，积极参加相关学科领域学术交流活动；能够运用新媒体新技术，推动思想政治工作传统优势与信息技术高度融合。

（五）理论和实践成果指向明确

1. 团队成员需要承担校内外思想政治教育课题或项目研究，有明确的科研或教改项目立项，公开发表高级别的期刊论文或学术专著，并广泛应用于学生的思想引领、教育引导，努力形成可供他人借鉴的成功经验。

2. 辅导员名师工作室团队工作要与学生成长成才的实际紧密结合，推动学生在技能大赛、创新竞赛、文体竞技、综合实践等方面成绩有突破，指导学生参与"互联网+"大学生创新创业大赛、"挑战杯"大学生课外学术科技作品竞赛、"创青春"大学生创业大赛、"挑战杯"职业学校创新创效创业大赛、大学生职业生涯规划大赛、大学生乡村振兴创意大赛、大学生艺术节、大学生运动会、大学生体育单项锦标赛以及一类专业技能竞赛，并获省级以上的高水平奖项。

3. 班主任名师工作室团队工作要与班级日常管理的实际紧密结合，在班风培育、学分建设上有实绩；团队成员所带班级在班级特色项目、寝室文化建设等方面有成效，曾获文明班级或先进班级荣誉称号；努力推动班级学生在技能大赛、创新竞赛、文体竞技、综合实践等方面成绩有突破。

4. 团队要在自身建设和能力提升上下功夫，团队成员积极参与政府组织的各级各类培训，并在学历进修和职称晋升上见成效。

（六）支持和保障措施完善健全

各职能部门和二级学院要高度重视，由二级学院领导牵头成立辅导员名师工作室和班主任名师工作室建设工作专班，加强组织协调和动态管理，出台配套政策，为团队提供办公场地及基本办公设备，保障工作室顺利实施。

四、立项程序

1. 申报条件。符合条件的辅导员和班主任可以自愿组队申报，须围绕落实立德树人根本任务，选择思想政治教育、学生发展指导、学生事务管理、班级事务管理中的某一类别进行申报；每个二级学院和相关部门本着公开、公平、公正的原则，择优进行推荐，辅导员名师工作室和班主任名师工作室各限报1个团队。

2. 评审立项。学生处联合人事处、科研处、专业建设指导处进行资格初审，符合申报基本条件的，由校学生工作委员会（根据需要邀请校外专家）对各二级单位推荐的学生人生导师团队及申报材料进行评审，报院长办公会审议、党委会审定，确定团队建设名单并进行公示，公示无异议后正式公布。

五、资助政策

1. 根据建设情况给予10万~15万元资助。建设资助经费主要用于设备费和人文社科图书资料费、培训、访学、材料费、资料费、专家咨询费、印刷费、办公经费等，按立项预算进行支出。

2. 团队建设采用立项培育方式，团队立项后先给予5万元的启动经费资助，完成合格指标后追加资助经费5万元，达到优秀指标再追加资助经费5万元。

3. 学校对建设期内达到合格指标的团队教师在出国进修、职称评聘、岗位聘任、科研项目申报、各类人才培养计划申报等方面给予重点推荐。

4. 未被立项的团队作为培育团队，培育团队顺利完成合格指标后，可纳入立项团队，并追加相应的资助经费。

**六、考核管理**

1. 考核方式。学校对团队建设加强过程指导和管控，按年度进行考核，团队在年度工作完成后，须向学生处提交《团队建设年度进展报告》，并接受学校组织的年度评估和检查；对于完成情况不好的团队，学校将提出警告，限期整改直至取消团队培育资格；团队业绩考核原则上按照建设申报书确定的团队成员名单进行目标考核，团队成员实行动态管理，可申请增加或自愿退出团队，但须书面征得团队负责人同意，并报学生处备案，团队成员退出后获得的业绩不计入团队业绩，如团队从校外引入新成员，该成员在引入后且标注杭州职业技术学院的业绩可以计入团队考核业绩，但在引入前须报学生处备案；团队负责人因工作性质发生变化而不能继续履行职责的，由原负责人提出变更申请，经团队成员一致同意并经团队新负责人签字确认后，报学生处审批。

2. 考核绩点。学生人生导师团队建设（包括辅导员名师工作室和班主任名师工作室）的工作绩效包含四个主要考核绩点，分别是思想引领、理论研究、工作实践和自身建设；思想引领具体指向是在育人的载体和方法上有创新，推进五育融合，推动所在分院、班级在育人品牌创建上出成果；理论研究具体指向是立项高水平研究课题（科研和教改）、公开发表相关研究论文、出版相关研究专著、获得相关研究成果奖项等；工作实践具体指向是推动学生组织、班级获得校级以上荣誉，推动学生在技能大赛、创新竞赛、文体竞技、综合实践等方面取得突破性成绩；自身建设具体指向是团队成员在学历进修、职称晋升上有成绩，团队成员在市级以上的业务能力竞赛上有成绩，团队成员获得市级以上荣誉等等。

3. 考核验收。团队建设完成后，学校将统一组织团队建设项目考核、验收；验收合格和优秀的，挂牌授予"杭州职业技术学院辅导员名师工作室""杭州职业技术学院班主任名师工作室"荣誉称号。

**七、附则**

1. 本办法自发文之日起试行。
2. 本办法由学生处负责解释。

## 杭州职业技术学院教学创新团队建设与管理办法（试行）

为深入贯彻落实《国家职业教育改革实施方案》，根据《教育部关于印发〈全国职业院校教师教学创新团队建设方案〉的通知》（教师函〔2019〕4号）精神，加快我校高素质"双师型"教师队伍建设，促进教师综合素质、专业化水平和创新能力全面提升，打造高水平、结构化教师教学创新团队，深化职业院校教师、教材、教法"三教"改革，制订本方案。

### 一、指导思想

通过教学创新团队建设，推进"三教"改革，促进专业教学、教改研究和专业队伍可持续发展；促进教师按照国家职业标准和教学标准开展教学、培训和评价的能力全面提升，教师分工协作进行模块化教学的模式全面实施，辐射带动全校专业开展高素质"双师型"教师队伍建设，为全面提高复合型技术技能人才培养质量提供强有力的师资支撑，促进教师综合素质、专业化水平和创新能力全面提升，打造高水平、结构化教师教学创新团队。

### 二、建设目标

团队申报分为教学创新团队与技能竞赛指导教师团队两类。经过3年左右的培育和建设，打造15个左右满足职业教育教学和培训实际需要的高水平、结构化、跨专业的平台课程教学、试点教材教法研究等不同层级的校级团队，力争2~3个团队进入省级教学创新团队。打造15支左右学生竞赛金牌指导团队。在国家级技能竞赛、学科竞赛、创新创业竞赛等领域的高级别学生竞赛中取得突破。

### 三、申报条件

1. 团队师德师风高尚。全面贯彻党的教育方针，坚持"四个相统一"，推动全员全过程全方位"三全育人"。团队教师注重坚守专业精神、职业精神和工匠精神，践行社会主义核心价值观，以德立身、以德立学、以德立教，广受师生好评。团队负责人及教师无违反师德师风情况。

2. 团队负责人能力突出。团队负责人应是具有相关专业背景和丰富企业实践经历（经验）的专业带头人；具有改革创新意识、较高学术成就、较强组织协调能力和合作精神；原则上应具有高级职称，年龄一般不超过55周岁；熟悉相关专业教学标准、职业技能等级标准和职业标准，具有课程开发经验。

3. 教学改革基础良好。重视教育教学改革与研究，及时将最新研发成果融入教学，推动信息技术与教育教学融合创新，团队承担国家职业教育专业教学资源库相关课程、省级在线开放课程（含资源共享课程、精品视频公开课程等）、市级精品课程开发，并广泛应用于教学实践。

4. 所在专业特色优势明显。校企合作基础良好，积极承担校级现代学徒制试点、1+X 制度试点等工作，学生毕业生对口就业率高，师生在全国职业院校技能大赛中获奖；中央财政支持建设的国家重点建设专业、国家骨干专业、省级优势特色专业等优先。

5. 保障措施完善健全。二级学院高度重视，由分院领导牵头成立团队建设工作专班，加强组织管理，出台政策，保障项目顺利实施。

6. 教师教学创新团队要求团队专业结构和年龄结构合理，骨干成员一般由 5 人组成，且相对稳定。团队中"双师型"教师占比超过一半，具有高级专业技术职务或相关高级以上职业资格证教师超过 40%；骨干成员有五年以上相关工作经验的行业企业高级技术人员兼职任教，数量不超过 1 人。

技能竞赛指导教师团队要求团队专业结构和年龄结构合理，骨干成员一般 3 人组成，且相对稳定，团队中具有省赛一等奖以上各类学生竞赛指导教师不少于 1 名，团队主要由学校专、兼职教师和来自行业企业的人员组成，团队负责人必须为学校教师，有指导竞赛经验的教师人数占比合理。熟悉学生竞赛相关情况，熟悉技能训练、技术创新，对科技、经济发展有预判能力；在竞赛指导方面有丰富经验或专业特长，校外成员不超过 1 名。

**四、申报和遴选程序**

1. 符合上述条件的教学创新团队填写《杭州职业技术学院教学创新团队建设申报任务书》，经团队全体成员签字确认并提交申报书和附件材料，由学院推荐申报。学院审核并择优推荐上报，每人只能加入一个团队。每个教学单位本着公开、公平、公正的原则，择优进行推荐，限报 3 个教学创新团队、3 个技能竞赛指导团队。

2. 学校人事处联合专业建设指导处进行资格初审，符合申报基本条件的，由校教学工作委员会（根据需要邀请校外专家）评审，并经校长办公会、党委会审议通过后进行公示。公示如无异议，公布获批组建团队名单，并签订团队建设任务书。

五、资助措施

1. 教学创新团队根据建设情况给予10万~30万元资助。建设资助经费主要用于设备费和人文社科图书资料费、培训、访学、材料费、资料费、专家咨询费、印刷费、办公经费等，按立项预算进行支出，符合《杭州职业技术学院中国特色高水平高职学校和专业建设资金管理办法》相关要求。团队采用培育立项方式，团队立项后先给予10万元的启动经费资助，完成合格指标后追加资助经费10万元，达到优秀指标再追加资助经费10万元。

未被立项的团队作为培育团队，培育团队完成合格指标后，可纳入立项团队，追加相应的资助经费。

2. 对于建设期内达到合格指标的团队，学校对入选科研创新团队的教师在出国进修、职称评聘、岗位聘任、科研项目申报、各类人才培养计划申报等方面给予重点推荐。

3. 团队成员在使用经费时，对于相同的预算科目，优先使用该团队成员所承担纵向教改项目的经费，再使用团队经费。

六、考核与奖惩

1. 考核指标。教学创新团队完成规定的成果一项记为考核合格，完成两项记为考核优秀。技能竞赛指导团队完成规定的比赛一等奖一项记为合格（其中三等奖两项可抵为二等奖一项，二等奖两项可抵为一等奖一项），完成一等奖两项记为优秀（优秀团队两项一等奖不能均由三等奖、二等奖抵用）。

2. 团队建设周期为3年，实行中期检查和建设周期验收相结合的考核方式。提前达到合格或优秀指标的也可申请即时考核。立项一年半后进行中期检查，未按要求提交中期检查材料或检查不合格团队，限期整改，整改后仍未达到要求的，撤销项目。

3. 教学创新团队实行团队负责人负责制，获批培育立项的科研创新团队的《杭州职业技术学院教学创新团队建设申报任务书》由人事处审查备案。

4. 建设期满，由团队负责人填写《杭州职业技术学院教学创新团队建设总结报告》，学校根据教学创新团队量化指标对团队进行考核，考核不合格者限期整改，经整改后仍未达到要求的，撤销项目。

5. 团队业绩考核原则上按照建设申报书确定的团队成员名单进行。团队成员实行动态管理，可申请增加或自愿退出团队，但必须书面征得团队负责人同意，并报人事处备案，团队成员退出后获得的业绩不计入团队业绩，如团队从校外引入新成员，该成员在引入后且标注杭州职业技术学院的业绩可以计入团队考核业绩，但在引入前须报人事处备案。

6. 教学创新团队负责人因工作性质发生变化而不能继续履行职责的，由原负责人提出变更申请，经团队成员一致同意并团队新负责人签字确认后，报人事处审批。

7. 团队建设完成，验收合格的，分别授予"杭州职业技术学院教学创新团队"荣誉称号、"杭州职业技术学院金牌导师团队"荣誉称号。

七、附则

本办法由人事处负责解释，自发布之日起施行。

# 杭州职业技术学院科研创新团队验收细则

根据《杭州职业技术学院科研创新团队建设与管理办法（试行）》（杭职院〔2020〕106号）的文件精神，结合团队建设目标以及考核指标要求，为进一步加强和规范团队建设，学校研究决定，制订杭州职业技术学院科研创新团队的验收细则，进一步提升校级团队的建设水平，具体内容如下：

一、创新团队建设和管理考核细则

1. 业绩成果与团队研究方向一致。

2. 团队负责人有业绩成果或业绩成果的主要参与人。

3. 团队成员大部分参与业绩成果的申报和建设，业绩成果的负责人为团队成员。

4. 团队建设期内，团队负责人应带领团队成员制订团队建设计划，明确建设目标和任务分工，定期召开团队建设研讨会，定期组织团队成员参加与研究方向相关的校内外各类培训、讲座、会议等学术交流活动。团队负责人要注重团队建设过程中的资料、数据和照片收集，形成团队建设的过程材料。

5. 团队负责人应根据团队建设目标与团队成员共同编制经费使用预算，团队经费使用合理，重点围绕标志性成果培育和团队成员的能力提升。

6. 团队建设按照以下评价指标，其中科研创新团队需达到70分以上。

| 类别 | | 指标名称 | 分值 |
| --- | --- | --- | --- |
| 团队建设 | 团队合作度 | 团队合作项目或成果（成员100%参与） | 10分/个 |
| | | 团队合作项目或成果（成员60%参与） | 5分/个 |
| | | 团队合作项目或成果（成员30%参与） | 1分/个 |
| | 标志性成果取得情况 | 团队取得国家级项目或成果 | 50分/个 |
| | | 团队取得省部级重大重点项目或省部级奖项 | 40分/个 |
| | | 团队取得省部级项目或市重点项目 | 30分/个 |
| | 负责人引领作用 | 团队负责人有业绩成果（排名第一） | 5分/个 |
| | | 团队负责人为业绩成果的主要参与人（前三） | 2分/个 |
| | 团队日常管理 | 定期召开团队建设研讨会 | 2分/次 |
| | | 定期组织团队成员参加校内外各类培训、讲座、会议等学术交流活动 | 2分/次 |
| | | 团队负责人与团队成员共同编制经费使用预算，围绕标志性成果培育和团队成员的能力提升，经费使用绩效100% | 5分 |

注 负责人引领作用至少2分以上；团队日常管理至少10分以上，上限20分。

## 二、科研创新团队业绩要求和验收细则

（一）优秀团队业绩要求和验收细则

1. 业绩成果与团队研究方向一致，能解决实际科研、技术难题，有较强的自主创新能力和服务社会能力，且完成团队总体建设目标之一：有团队共同申报的国家级或省部级科研项目；获科研类国家级奖项和省部级一等奖；培养国家级和省部级科研人才。

2. 达到团队建设优秀指标，完成管理办法中科研团队具体建设目标重点项目 1 项，且一般项目人均 1 项，其中团队横向科研项目经费累计 50 万元以上算一项，最多计算 2 项，各项业绩成果需有 60% 以上团队成员共同参与。

（二）合格团队业绩要求和验收细则

1. 业绩成果与团队研究方向一致，能解决实际科研、技术难题，有较强的自主创新能力和服务社会能力，且完成团队总体建设目标之一：有国家级或省部级科研项目；获科研类国家级奖项和省部级一等奖；培养国家级和省部级科研人才。

2. 达到团队建设合格指标，完成管理办法中科研团队具体建设目标重点项目 1 项或一般项目人均 1 项，其中团队横向科研项目经费累计 50 万元以上算 1 项，最多计算 2 项，各项业绩成果需有 60% 以上团队成员共同参与（除人才项目外）。

（三）结题团队业绩要求和验收细则

达到团队建设合格指标，完成管理办法中科研团队具体建设目标重点项目 1 项或一般项目人均 1 项。

## 三、验收业绩评分细则

团队在满足建设基本要求的基础上，按照最新的《杭州职业技术学院教科研高水平成果建设管理实施办法》，根据杭州职业技术学院教科研高水平成果清单的成果对应的业绩分值总和对团队进行排名（业绩成果负责人必须为团队成员）。未被立项的团队作为培育团队，可参与团队 PK，若最终业绩达到标准的团队超出文件中培育名额的，则按照业绩分数从高到低进行遴选，若业绩分相同则团队建设分高者优先。

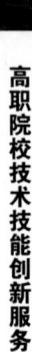

**四、后续建设要求**

各团队按照以上考核细则进行下一步团队建设，终期考核将按照此实施细则进行验收，人事处根据建设情况拨付后续经费，成熟一个验收一个，同时可纳入下一轮团队建设计划。各团队根据建设需要可申请结题或者适当延长建设年限，最多不超过一年，申请结题的团队后续不再给予经费支持。省级以上人才可直接申请团队建设，实施一团队一方案，经认定后根据业绩配备相应建设经费。

# 后 记

我最早接触高职技术技能创新服务平台建设，是在参与撰写2019年首轮"双高计划"建设方案的时候。当初，本人就职于杭州职业技术学院发展研究中心，被学校抽调参与"双高计划"申报，是技术技能创新服务平台项目的主笔人。在面对申报通知的时候，对于如何构建这些平台并没有整体的概念和深入的想法。然而，随着项目团队成员们研讨的深入和探究的加强，在一稿稿的推翻、改进和打磨中，我完成了学校技术技能创新服务平台的建设内容，这些内容成为平台的建设方案、任务书，也成为后续学校构建技术技能创新服务平台的蓝本。后来，学校成功成为"双高计划"建设单位，我离开学校科研处进入了"双高"建设办公室。我的角色由技术技能创新服务平台的初期策划者转变成建设督促者。

可以说，在五年的"双高计划"建设期间，学校在技术技能创新服务平台的建设方面付出了很多努力，进行了很多探索。学校相关部门针对不同类型的技术技能创新服务平台出台了相应的管理制度，构建了很多平台实体，组建了平台队伍，进行了运行机制创新，同时也加强了对平台的绩效考核。在学校的高度重视和大力助推下，学校一批协同创新中心、工程教学中心、学生创新中心、技能大师工作室等平台逐步建设起来了，有些平台还晋级为国家级和省级平台，平台建设案例入选国家教育行政学院、中国教育干部网络行政学院课程资源库，同时平台在科技成果转化、社会服务和知识技术创新等方面均有很明显的成效。

一晃五年建设期过去了，首轮"双高计划"建设绩效评价开始了。在此，我想是时候对学校的技术技能创新服务平台的建设进行总结和提炼了，因为五年来我对这个话题始终保持关注。因此，就策划了这部专著。技术技能创新服务平台专著的成书，我要感谢专著中引用案例的所在高职院校、相关参考文献作者。也要感谢本单位技术技能创新服务平台的主要建设人员，感谢他们躬身实践、开拓

创新、攻克难关，这些人是杭职院科研处王世锋处长、曾巧灵老师，还有学校两大专业群的负责人、学工部、人事处和创业园的同仁。还要感谢学校其他二级学院在平台建设方面的努力，是他们的探索为本研究提供了大量的实证案例和方法路径支持。同时，也感谢双高办的同事们给予的大力支持。

  这部专著是一个群体的探索成果，可以借鉴的参考文献并不是很多，本书仅仅是抛砖引玉，希望通过诸多案例的梳理和呈现学校在这方面的路径创新等，让更多的学者和高职一线的建设者关注和研究这个问题。此外，由于"双高"建设任务繁重，撰写时间匆忙，我只能忙里偷闲做点相关的梳理和研究工作，因此本专著难免存在疏漏之处，写作中引用的参考文献标注或许也有所遗漏，在此希望读者和作者谅解，这些不足在日后继续改进。

孙红艳

2024 年 1 月 18 日晚于杭州